Het creëren van helder denken

Het creëren van helder denken

Ik JN

Indië
2023

INHOUD

INVOERING

In oktober 2004 nodigde een Europese mediamagnaat mij uit naar München voor wat zij omschrijven als een informele uitwisseling van intellectuelen. Hoewel ik mezelf zelf niet als een intellectueel had beschouwd - omdat ik bedrijfskunde had gestudeerd in plaats van literatuur - moeten mijn twee literaire romans mij voor een dergelijke uitnodiging hebben gekwalificeerd.

Nassim Nicholas Taleb zat aan tafel. Destijds was hij een obscure Wall Street-handelaar met een passie voor filosofie die ik ontmoette als expert op het gebied van de Engelse en Schotse verlichtingsfilosofie, vooral die van David Hume. Kennelijk werd ik voor iemand anders aangezien. Geschokt door mijn fout, maar nog steeds in een poging mijn kalmte te bewaren, liet ik een aarzelende glimlach door de kamer zien in de hoop dat de stilte zou dienen als bewijs van mijn filosofische vermogens. Op dat moment zette Taleb een vrije stoel aan de kant en klopte op de zitting; nodigt mij uit om te gaan zitten. Dat deed ik. Nadat we Hume kort hadden besproken, ging ons gesprek snel over naar Wall Street. We verwonderden ons over de systematische fouten in de besluitvorming van CEO's en bedrijfsleiders - inclusief onszelf! We bespraken waarom onverwachte gebeurtenissen achteraf gezien waarschijnlijker lijken, terwijl we bespraken waarom beleggers weigeren aandelen te verkopen zodra hun waarde onder de aanschafprijs daalt.

Na het evenement stuurde Taleb mij pagina's uit zijn manuscript; een ongelooflijk juweeltje dat ik gedeeltelijk heb beoordeeld en becommentarieerd; dit werd onderdeel van The Black Swan, zijn internationale bestseller die hem naar de intellectuele all-star-status katapulteerde. Ondertussen werd mijn eetlust gewekt; Ik begon boeken te verslinden die waren geschreven door cognitieve en sociale wetenschappers over onderwerpen als heuristieken en vooroordelen. Ik begon steeds meer e-mailconversaties met onderzoekers te voeren en hun laboratoria te bezoeken. In 2009 realiseerde ik me dat ik naast romanschrijver ook sociaal-cognitief student was geworden. psychologie ook.

Deskundigen definiëren cognitieve fouten als systematische afwijkingen van de logica: optimaal, rationeel denken en gedrag dat afwijkt van een ideale toestand. Met 'systematisch' bedoel ik dat deze afwijkingen van het optimale denken niet alleen incidentele verkeerde inschattingen of beoordelingsfouten zijn, maar eerder herhaalde misstappen, obstakels voor de logica waar we generaties en eeuwen lang keer op keer mee te maken krijgen. Het overschatten van onze kennis komt vaker voor dan het onderschatten ervan! Bijvoorbeeld. Onderschatting is wat het vaakst gebeurt. Bovendien motiveert de angst om iets te verliezen ons veel meer dan het vooruitzicht om soortgelijke winsten te maken; wanneer we in de aanwezigheid van andere mensen ons gedrag vaak aanpassen aan dat van hen; anekdotes hebben de neiging de statistische verdeling (basispercentage) achter een gebeurtenis te verdoezelen, waardoor fouten zich als vuile was in de ene hoek opstapelen, terwijl andere hoeken relatief schoon achterblijven (dat wil zeggen in wat bekend staat als de 'overmoedshoek').

Ik begon een lijst met cognitieve fouten op te stellen om te voorkomen dat ik gokte met de rijkdom die ik tijdens mijn literaire carrière had vergaard en om me te beschermen tegen onnodige risico's met die rijkdom, zonder de bedoeling de lijst in toekomstige publicaties te publiceren. Oorspronkelijk was het de bedoeling dat deze lijst alleen door mijzelf zou worden gebruikt. Sommige denkfouten bestaan al eeuwen, terwijl andere pas onlangs zijn onderkend. Bij sommige zijn er ook twee of drie namen bijgevoegd; Ik heb de meest gebruikte gekozen. Al snel ontdekte ik dat het maken van een dergelijke lijst niet alleen mijn investeringsbeslissingen kon helpen, maar ook zakelijke en persoonlijke zaken. Toen ik deze lijst eenmaal voltooid had, voelde ik me rustiger en helderder in mijn hoofd. Ik begon mijn fouten eerder te onderkennen, waardoor ik de koers kon corrigeren voordat er blijvende schade werd veroorzaakt. Bovendien kon ik voor het eerst in mijn leven identificeren wanneer anderen ook het slachtoffer zouden kunnen worden van deze systematische fouten. Met mijn lijst kon ik nu hun aantrekkingskracht weerstaan – en zelfs de overhand krijgen in mijn transacties. Nu had ik categorieën, termen en verklaringen waarmee ik de dreiging van irrationaliteit kon afweren - zoals Benjamin Franklin die vliegert tijdens onweersbuien; donder en bliksem zijn niet minder frequent, krachtig of luider geworden, maar toch minder verontrustend; iets dat diep in mezelf resoneerde toen ik nu met mijn eigen irrationaliteit werd geconfronteerd.

Vrienden namen snel kennis van mijn compendium, toonden interesse en gaven aanleiding tot een wekelijkse krantencolumn in Duitsland, Nederland en Zwitserland, evenals tot talloze presentaties (meestal voor artsen, investeerders, bestuursleden, CEO's en overheidsfunctionarissen) totdat dit boek tot stand kwam.

Houd deze drie punten in gedachten terwijl u deze pagina's verkent: ten eerste is deze lijst onvolledig - er kunnen nieuwe fouten worden ontdekt. Ten tweede lijken de meeste fouten met elkaar verband te houden, wat geen verrassing hoeft te zijn; alle hersengebieden zijn immers met elkaar verbonden via neurale projecties die door ons lichaam reizen.
Ten derde ligt mijn expertise vooral als romanschrijver en ondernemer en niet als sociaal wetenschapper; als zodanig beschik ik niet over een eigen laboratorium voor het uitvoeren van cognitieve foutexperimenten of het inhuren van onderzoekers om gedragsfouten te monitoren. Bij het schrijven van dit boek beschouwde ik mezelf dus meer als een vertaler wiens rol het is om te interpreteren en samen te vatten wat ik heb gelezen en geleerd, zodat anderen het gemakkelijker kunnen begrijpen. Daarvoor ben ik enorme dankbaarheid jegens de onderzoekers die gedurende tientallen jaren gedrags- en cognitieve fouten aan het licht hebben gebracht; Hun onderzoek is dat de schuldenlast zijn vruchten afwerpt en dit boek mogelijk maakt, waarvoor zij mijn dankbaarheid verdienen, net zoals ik hen enorm bedank.

Dit boek is geen how-to-boek; er zullen hier geen zeven stappen zijn naar een foutloos leven. Cognitieve fouten zijn te diepgeworteld geworden om ons er ooit volledig van te kunnen ontdoen, en dit zou zelfs niet ons doel moeten zijn; sommige cognitieve fouten kunnen zelfs essentieel zijn voor het leiden van een gelukkig leven en moeten daarom blijven bestaan; Hoewel dit boek misschien niet de sleutel tot geluk bevat, fungeert het op zijn minst als bescherming tegen buitensporig, zelfgeïnduceerd ongeluk.

Mijn doel is simpel: als we grote blunders in het denken in ons persoonlijke, professionele en politieke leven zouden kunnen leren herkennen en vermijden, zou de welvaart misschien dramatisch toenemen. Het enige dat daarvoor nodig is, is minder irrationaliteit; al deze extra sluwe of nieuwe snufjes zijn hier niet nodig.

Rick kan overal waar hij kijkt rocksterren vinden: televisieschermen, tijdschriftpagina's, concertprogramma's en online fansites worden overspoeld met afbeeldingen en liedjes van hen; hun aanwezigheid kan niet worden vermeden in het winkelcentrum of de sportschool - er zijn er honderden! Rick gelooft dat er iets mis met hem moet zijn, aangezien deze sterren zo vaak en betrouwbaar in zijn leven verschijnen. Rick werd geïnspireerd door de verhalen van vele gitaarhelden om zijn eigen band te beginnen en livemuziek te gaan spelen, maar de kans is groot dat hij niet zo groot zal worden als zij; zoals zovelen vóór hem zal hij zich hoogstwaarschijnlijk aansluiten bij duizenden mislukte muzikanten die op een kerkhof van mislukte muzikanten wonen, waar 10.000 keer meer muzikanten zijn dan op het podium, maar geen enkele journalist wil verslag doen van andere mislukkingen dan gevallen superszterren - waardoor deze begraafplaats onzichtbaar wordt voor buitenstaanders .

Op het werk en in het dagelijks leven lijkt succes vaak zichtbaarder dan mislukking, waardoor we de kans op succes overschatten. Net als Rick trappen buitenstaanders vaak in deze illusie en schatten ze de waarschijnlijkheid ervan verkeerd in. Rick is gewoon weer een slachtoffer van "Survivorship Bias".

Achter elke succesvolle auteur staan misschien wel honderd andere schrijvers wier boeken nooit zullen verkopen; nog eens 100 hebben geen uitgevers gevonden; en nog eens 100 waarvan de onvoltooide manuscripten ongelezen in laden blijven hangen. Achter elk van deze boeken staan 100 mensen die ervan dromen ooit een boek te publiceren - maar je hoort alleen van succesvolle schrijvers (van wie velen in eigen beheer publiceren), die hun ongelooflijke kansen op literair succes niet inschatten. Fotografen, ondernemers, kunstenaars, atleten, architecten, Nobelprijswinnaars, televisiepresentatoren en schoonheidskoninginnen moeten zich ook losmaken van het overlevingsvooroordeel om de gevolgen ervan te bestrijden. Niemand anders zal het voor je doen! Om zelf de overlevingsvooroordelen te overwinnen.

Survival bias komt ook voor bij financiële beslissingen: bedenk dat je vriend een start-up opent. Als een van hun potentiële investeerders zie je hier een ongelooflijke kans: het zou de volgende Google of Amazon kunnen worden. Echter, reality check: in de meeste gevallen mislukken dergelijke ondernemingen regelrecht of sluiten ze binnen enkele maanden of jaren na de start; De tweede waarschijnlijke uitkomsten zijn een faillissement of gewoonweg overleven; beide opties zijn even waarschijnlijk.
Resultaat: de kans is groot dat elk gevormd bedrijf binnen drie jaar failliet gaat; van degenen die zo lang overleven, bereiken de meesten nooit meer dan tien werknemers. Moet u dus nooit uw zuurverdiende geld in welke onderneming dan ook riskeren? Niet noodzakelijk;

Vergeet niet dat de overlevingsvooroordelen de kans op succes net zo vertekenen als geslepen glas.

Neem bijvoorbeeld de Dow Jones Industrial Average Index: deze omvat uitsluitend succesvolle bedrijven; mislukt en kleine bedrijven betreden de aandelenmarkt niet, ondanks dat ze de meeste zakelijke ondernemingen vertegenwoordigen. Een aandelenindex geeft dus geen accuraat beeld van een economie, en op dezelfde manier rapporteert de pers niet in gelijke mate over alle muzikanten; Op dezelfde manier zou de overvloed aan boeken en coaches die over succes gaan, je op je hoede moeten maken, aangezien deze niet-succesvolle individuen geen boeken schrijven of lezingen geven over hun mislukkingen.

Overlevingsvooroordeel kan bijzonder gevaarlijk zijn als iemand deel gaat uitmaken van een winnend team. Zelfs als succes uit toeval voortkomt, kunnen overeenkomsten met andere winnaars ons ertoe verleiden deze overeenkomsten als belangrijke succesfactoren te identificeren; toch zal een bezoek aan begraafplaatsen van mislukte individuen en bedrijven veel vergelijkbare eigenschappen onder de huurders onthullen die hebben bijgedragen aan die van jou!

Als voldoende wetenschappers een fenomeen onderzoeken, zullen sommige onderzoeken door puur toeval statistisch significante bevindingen opleveren, bijvoorbeeld de correlatie tussen de consumptie van rode wijn en een hoge levensverwachting. Dergelijke 'valse' onderzoeken winnen snel aan populariteit en aandacht – in tegenstelling tot onderzoeken met minder opwindende maar correcte bevindingen die verborgen blijven op de achterpagina's van de academische wereld.

Survival bias verwijst naar mensen die hun kansen op succes overschatten. Eén manier om dit te bestrijden is door regelmatig de graven van ooit veelbelovende projecten, investeringen en carrières te bezoeken; Hoewel dit soms ongemakkelijk kan zijn, zou het je moeten helpen je hoofd leeg te maken en voor de broodnodige afsluiting te zorgen.
Zie ook self-serving bias (hfdst. 45); Beginnersgeluk (hfdst. 49); Basistarief verwaarlozing (hfdst. 28); Inductie (hfdst. 31); Verwaarlozing van waarschijnlijkheid (hoofdstuk 26); Illusie van vaardigheid (hfdst. 94) en intentie om fouten te behandelen (hfdst. 98).

MAAKT HARVARD U SLIMMER?

Nassim Taleb besloot iets aan zijn koppige extra kilo's te doen door verschillende sportactiviteiten te ondernemen, maar raakte al snel ontgoocheld door ze allemaal - van joggen en tennissers tot bodybuilders en bodybuilders. Zwemmen was aantrekkelijker vanwege hun goed gebouwde en gestroomlijnde lichamen - dus schreef hij zich in bij zijn plaatselijke zwembad en begon twee keer per week in dat zwembad te trainen.

Kort daarna realiseerde hij zich dat hij in een illusie verviel: professionele zwemmers bereiken geen perfecte lichamen door eindeloos te trainen; het is eerder zo dat hun lichaamsbouw bepaalt of ze geweldige zwemmers worden - en niet andersom. Vrouwelijke modellen die reclame maken voor cosmetica wekken ook de indruk dat het gebruik ervan iemand mooi maakt; maar deze overtuiging komt voort uit het feit dat consumenten ten onrechte denken dat de producten vrouwen modelachtig maken; het is eerder simpelweg hun natuurlijke aantrekkingskracht die kopers aantrekt; net zoals de lichamen van professionele zwemmers daardoor worden gekozen en niet andersom.

Wanneer we selectiefactoren verwarren met resultaten, worden we kwetsbaar voor wat Taleb 'de illusie van het zwemmerslichaam' noemt. Zonder dit zou de helft van de reclamecampagnes mislukken zonder dat het überhaupt zou werken - toch gaat dit vooroordeel veel dieper dan alleen een obsessie voor het hebben van gedefinieerde jukbeenderen en borstkas. Harvard wordt algemeen beschouwd als een van de beste universiteiten, waar veel succesvolle mensen studeren. Betekent dit dat Harvard een uitstekende onderwijsinstelling is? Nee. Misschien trekt Harvard alleen maar slimme studenten aan. Ik heb dit fenomeen uit de eerste hand ervaren aan de Universiteit van St. Gallen in Zwitserland, een van de tien beste business schools in Europa; toch vond ik de lessen (25 jaar geleden!) teleurstellend en veel afgestudeerden desondanks succesvol; mogelijk als gevolg van het klimaat of het eten in de cafetaria, maar waarschijnlijker als gevolg van strenge selectieprocessen.

MBA-scholen lokken kandidaten met indrukwekkende statistieken over toekomstig inkomstenpotentieel.
Veel aankomende studenten trappen in deze aanpak om aan te tonen dat het collegegeld zichzelf in de loop van de tijd terugbetaalt, maar velen worden er zelf ook het slachtoffer van. Ik suggereer niet dat scholen statistieken manipuleren; Toch moeten hun verklaringen niet zomaar worden opgevat, omdat individuen die een MBA nastreven aanzienlijk verschillen van degenen die dat niet doen, waarbij verschillen in inkomen voortkomen uit vele andere bronnen dan alleen de MBA zelf - nog een voorbeeld van de 'zwemmerslichaamsillusie'. Dus als verder studeren op uw agenda staat, doe dat dan om andere redenen dan alleen maar later meer geld verdienen.

Als ik gelukkige mensen vraag naar de sleutel tot hun tevredenheid, hoor ik vaak antwoorden als 'Je moet de dingen zien als halfvol in plaats van halfleeg' – wat suggereert dat ze niet beseffen dat ze gelukkig geboren zijn en in plaats daarvan kansen in alles zien. om hen heen. Uit onderzoek van Dan Gilbert aan Harvard blijkt dat opgewektheid grotendeels een blijvende persoonlijkheidskenmerk is die gedurende het hele leven onveranderd blijft. Sociale wetenschappers Lykken en Tellegen hebben dit punt duidelijk gemaakt; proberen gelukkiger te zijn is net zo nutteloos als proberen groter te worden. Dienovereenkomstig is de illusie van het zwemmerslichaam ook een zelfillusie; wanneer optimisten zelfhulpboeken schrijven en deze waanvoorstelling verder propageren. Op dit punt is het van cruciaal belang dat we niet te veel aandacht besteden aan advies van zelfhulpauteurs. Helaas helpen hun suggesties miljarden mensen niet. Maar aangezien de meeste ongelukkige mensen geen boeken over hun mislukkingen publiceren, blijft deze realiteit aan het zicht onttrokken.

Conclusie: het is het beste om voorzichtig te zijn als je wordt aangemoedigd om naar bepaalde dingen te streven - of het nu gaat om stalen buikspieren, een onberispelijk uiterlijk, een hoger inkomen, een lange levensduur of geluk - omdat deze kunnen leiden tot de illusie van het zwemmerslichaam. Voordat je een sprong in het diepe maakt en eerst in het diepe duikt, kijk eerst in de spiegel - wees eerlijk met wat je daar ziet!

Zie ook Halo-effect (hoofdstuk 38); Resultaatbias (hoofdstuk 20); Zelfselectiebias (hoofdstuk 47) en alternatieve blindheid (hoofdstuk 71) voor verder inzicht.

WAAROM JE VORMEN ZIET IN DE WOLKEN

Clusterende illusie
In 1957 kocht de Zweedse operazanger Friedrich Jorgensen een cassettespeler om zijn zang op te nemen. Terwijl ik terugluisterde, verschenen er vreemde geluiden en gefluister dat bovennatuurlijk leek. Een paar jaar later nam hij vogelgezang op; tijdens een opnamesessie was de stem van zijn overleden moeder op de achtergrond te horen fluisteren: 'Fried, mijn kleine Fried... Kun je me horen... Mammie roept.' Na deze ontmoeting wijdde Jorgensen zich aan de communicatie met de overledenen via bandopnamen.

Diane Duyser uit Florida maakte iets soortgelijks mee toen ze, terwijl ze in een stuk toast beet en het op haar bord legde, een afbeelding van Maria erin zag. Op dat moment stopte ze met eten en legde de goddelijke boodschap veilig weg (minus één hap). Later in november 2004 veilde Diane deze nog redelijk goed bewaarde snack via eBay en werd beloond met $ 28.000!

In 1978 ervoer een vrouw in New Mexico iets soortgelijks; De zwartgeblakerde vlekken op haar tortilla leken op het gezicht van Jezus. De media pikten dit verhaal op en trokken duizenden naar New Mexico om Jezus in burritovorm te aanschouwen. Twee jaar eerder, in 1976, fotografeerde Viking Spacecraft rotsformaties die er hetzelfde uitzagen. Het haalde de krantenkoppen over de hele wereld; bekend als 'Gezicht op Mars'.

Heb je al eerder gezichten in de wolken, dierencontouren in rotsen of verborgen berichten in diffuse signalen gezien? Waarschijnlijk. Dit is volkomen normaal: ons brein zoekt naar patronen en regels, en als die er niet zijn, creëert het ze gewoon zelf! Diffuse signalen, zoals achtergrondgeluiden op cassettebandjes, maken het makkelijker voor ons om 'verborgen berichten' op te merken. Vijfentwintig jaar na de ontdekking van het "Face on Mars", stuurde Mars Global Surveyor duidelijke beelden terug van rotsformaties met menselijke gezichten die oplosten in louter puin.

Deze grillige voorbeelden kunnen ervoor zorgen dat de illusie van clustering onschadelijk lijkt; maar het is verre van onschadelijk.

Neem bijvoorbeeld de financiële markten, die elke seconde enorme hoeveelheden informatie produceren.
Zonder dat hij het wist, legde mijn vriend met plezier uit hoe hij een anomalie tussen alle gegevens had ontdekt: het vermenigvuldigen van de procentuele verandering van de Dow Jones met de procentuele verandering in de olieprijs zou binnen twee dagen de beweging van de goudprijs opleveren - dat wil zeggen als de aandelenkoersen en olie stijgen of dalen tegelijkertijd, goud zal dit voorbeeld volgen en de volgende dag stijgen. Zijn theorie werkte

een aantal weken goed, totdat hij met steeds grotere bedragen begon te beleggen en uiteindelijk al zijn spaargeld kwijtraakte. Hij ontdekte een kunstmatig patroon dat er niet was!

Professor in de psychologie Thomas Gilovich interviewde honderden mensen om uit te zoeken of deze reeks willekeurig of gepland was, waarbij de meesten een willekeurige verklaring afwezen omdat ze geloofden dat een wet de volgorde ervan beheerste. Volgens het fysica-model van Gilovich is het eigenlijk heel goed mogelijk dat vier opeenvolgende worpen één getal onthullen; toch worstelen velen met de aanvaarding dat dergelijke gebeurtenissen uitsluitend door toeval plaatsvinden.

Tijdens de Tweede Wereldoorlog vielen Duitse bommenwerpers Londen aan met behulp van V1-raketten – een soort zelfnavigerende drone – als een vorm van munitie. Elke aanval omvatte het zorgvuldig uitzetten van inslaglocaties op kaarten om Londenaren te terroriseren; velen dachten dat ze patronen hadden geïdentificeerd en theorieën hadden ontwikkeld over welke delen van Londen het veiligst waren; Naoorlogse statistische analyses toonden echter aan dat de distributie volledig willekeurig was vanwege de onnauwkeurigheid van de V1-raket, aangezien het navigatiesysteem zo onnauwkeurig was.

Conclusie: als het om patroonherkenning gaat, hebben we de neiging om overdreven te reageren. Herwin uw scepticisme; als je denkt dat je een patroon hebt ontdekt, neem dan eerst aan dat dit toevallig kan zijn gebeurd en overweeg statistische analyse voordat je een beslissing neemt. En als de knapperige delen van je pannenkoek op wat voor manier dan ook op het gezicht van Jezus lijken, vraag jezelf dan af waarom Hij zichzelf niet hier op Times Square of CNN heeft laten zien!
Zie ook Illusion of Control (hfdst. 17); Toeval (hfdst. 24); Valse causaliteit (hfdst. 37).

Sociaal bewijs Stel je voor: je bent op weg naar een concert en je ziet op een kruispunt een groep mensen naar boven kijken. Zonder er twee keer over na te denken, kijk jij ook naar boven – zonder zelfs maar te beseffen waarom – en volg je onbewust het voorbeeld. Waarom? Sociaal bewijs. Tijdens het optreden van een uitzonderlijke solist in een concertzaal begint iemand te klappen, wat de anderen in de zaal ertoe aanzet ook mee te klappen; jij doet ook mee om geen andere reden dan sociaal bewijs. Nadat de voorstelling is afgelopen, ga je op pad om je garderobe op te halen, waar mensen voor je in de rij staan en munten achterlaat, ook al is de service inbegrepen in de ticketprijs, maar toch... waarna je, als je naar de garderobe gaat om het zelf op te halen, mensen ziet weggaan in plaats daarvan munten op borden, ondanks dat ze officieel bij de ticketprijs zijn inbegrepen, aangezien het geven van fooien in de praktijk wordt aangemoedigd door veel andere concertbezoekers die ook een fooi achterlaten voor sociaal bewijs!

Sociaal bewijs of het 'kudde-instinct' dicteert dat individuen zich gevalideerd voelen wanneer hun gedrag overeenkomt met dat van andere individuen. Simpel gezegd: hoe meer mensen een idee of gedrag steunen of adopteren, hoe meer mensen het als waar beschouwen; op dezelfde manier, wanneer meer mensen het wel dan niet laten zien. Hoewel uiteraard belachelijk, blijft deze logica bestaan.

Sociaal bewijs is de drijvende kracht achter financiële zeepbellen en paniek op de aandelenmarkten. Het manifesteert zich in mode, managementtechnieken, hobby's, religie en diëten; soms leidt dit tot zulke dramatische gevolgen als wanneer sekten massale zelfmoord plegen.

Solomon Asch voerde in de jaren vijftig een intrigerend experiment uit dat aantoonde hoe groepsdruk de werkelijkheid kan veranderen. De proefpersonen kregen een lijn te zien die op papier was getekend en drie identieke, korte, middellange en lange lijnen die daarmee corresponderen op verschillende delen van hun lichaam - allemaal gemarkeerd met "1, 2", vanwege de kortheid; langer dan de originele regel en hetzelfde als respectievelijk de originele regel. Hij of zij moet kiezen welke van de drie regels overeenkomt met de originele, wat niet verwonderlijk is gezien de eenvoudige taak. Zodra vijf mensen binnenkomen, geven alle acteurs die hij niet kent onjuiste antwoorden door te antwoorden met 'nummer 1', ook al is het duidelijk dat in plaats daarvan nummer drie moet worden aangegeven. Als het weer aan hem ligt, antwoordt hij vaak onjuist, in overeenstemming met wat andere mensen reageerden - in ongeveer een derde van de gevallen gaf hij ook verkeerde antwoorden.
Waarom handelen wij op deze manier? In het verleden werd het volgen van anderen vaak gezien als de beste overlevingsstrategie. Stel je voor dat je 50.000 jaar geleden samen met enkele jagers-verzamelaars door de Serengeti reisde, toen ze plotseling allemaal zonder

waarschuwing uiteenspatten en op de vlucht sloegen? Hoe zou jij dan reageren? Zou je daar hebben gestaan, verward en je afvragend of wat je zag echt een leeuw was of gewoon iets onschadelijks dat geweldige eiwitrijke maaltijden zou kunnen opleveren? Nee! In plaats daarvan zou je waarschijnlijk zijn vertrokken om je vrienden te achtervolgen. Later, toen je veilig was voor aanvallen, had je misschien de tijd genomen om na te denken over wie je 'leeuw' werkelijk was geweest. Iedereen die zich anders gedroeg dan zijn leeftijdsgenoten – en ik weet zeker dat die er waren – werd waarschijnlijk uit onze genenpool geëlimineerd; wij zijn de afstammelingen van degenen die kopieerden wat hun leeftijdsgenoten deden. Wij mensen zijn vastbesloten met dit patroon van sociaal bewijs; daarom gebruiken we het zelfs als er geen overlevingsvoordeel aan verbonden is; wat het grootste deel van de tijd is. Er zijn echter gevallen waarin sociaal bewijs voordelig kan zijn: bijvoorbeeld wanneer u uit eten gaat in een vreemde stad zonder goede restaurants in de buurt te kennen en hongerig te zijn - het kiezen van een restaurant waar de lokale bevolking vaak komt, kan zinvoller zijn en hun gedrag kopiëren in plaats van dat van u.

Komedies en talkshows maken gebruik van sociaal bewijs door op strategische plekken ingeblikt gelach in te voegen om kijkers aan te moedigen mee te lachen. Misschien wel een van de meest opmerkelijke en verontrustende voorbeelden is de toespraak van Joseph Goebbels voor een enorm publiek in 1943 (bekijk hem zelf op YouTube). Toen de oorlog voor Duitsland verergerde, eiste Goebbels van de aanwezigen: 'Wilt u een totale oorlog? Steunt u, indien nodig, een radicale oorlog, in tegenstelling tot alles wat we ons vandaag de dag zelfs maar kunnen voorstellen?" Zijn eis veroorzaakte een daverend applaus; als individuele aanwezigen individueel waren gevraagd, zouden ze dit krankzinnige voorstel waarschijnlijk niet hebben aanvaard!

Reclame maakt optimaal gebruik van onze hang naar sociaal bewijs; deze aanpak werkt goed als we met onzekerheid worden geconfronteerd (zoals het kiezen tussen verschillende automerken, schoonmaakproducten en schoonheidsproducten zonder duidelijke voor- of nadelen) en als er mensen verschijnen die 'zoals wij' lijken.

Wees sceptisch als een bedrijf beweert dat zijn product superieur is omdat het populair is. Dit argument heeft weinig zin als het verkopen van meer eenheden niet duidt op superioriteit! En denk aan de wijze woorden van W. Somerset Maugham: 'Zelfs als 50 miljoen mensen iets dwaas zeggen, blijft het dwaas.'
Zie ook: Groepsdenken (hfdst. 25); Sociaal luieren (hfdst. 33); In-Group Out-Group Bias (hoofdstuk 79) en False-Consensus Effect (hoofdstuk 77) voor verdere referentie.

WAAROM JE HET VERLEDEN MOET VERGETEN

Verzonken kostenmisvatting
Na anderhalf uur naar een vreselijke film te hebben gekeken, vroeg ik stilletjes aan mijn vrouw: 'Kom, laten we naar huis gaan.' Waarop ze reageerde met: 'Echt niet; we gooien geen dertig dollar weg.' Op dat moment protesteerde ik: 'Dat is geen reden om te blijven - dat is gewoon deformatie professionnelle die hier aan het werk is - die geen enkele rol zou mogen spelen in onze beslissing om te blijven of te vertrekken!' Natuurlijk gaf ik uiteindelijk toe en zakte weer terug in mijn stoel

De volgende dag zat ik in een marketingbijeenkomst waar een reclamecampagne werd besproken die al vier maanden liep maar niet eens één doel had bereikt. Terwijl ik pleitte voor de sloop ervan, maakte onze reclamemanager bezwaar: 'Maar we hebben er al zoveel geld in geïnvesteerd; Als we nu zouden stoppen, zou dat betekenen dat al ons geld voor niets was geweest' – nog een slachtoffer van de sunk cost fallacy.

Een van mijn vrienden heeft jarenlang een moeilijke relatie gehad. Zijn vriendin speelde herhaaldelijk vals en vroeg elke keer berouwvol om vergeving. Niettemin bleef mijn vriend energie in hun romance steken, omdat het verkeerd voelde om weg te gooien wat er al in was geïnvesteerd; een voorbeeld van de 'sunk cost fallacy'.

De 'sunk cost fallacy' is vooral gevaarlijk als we ergens een grote hoeveelheid tijd, geld, energie of emotie in hebben geïnvesteerd. Onze investering kan de basis worden om door te gaan, ondanks duidelijke redenen om te stoppen; hoe meer tijd en middelen er worden geïnvesteerd, hoe groter onze verzonken kosten zijn; vandaar onze behoefte om door te gaan, zelfs als iets onmogelijk of hopeloos lijkt. Hoe meer we ergens in investeren, des te sterker is onze drang om door te gaan;

Beleggers worden vaak het slachtoffer van de 'sunk cost fallacy'. Handelsbeslissingen kunnen uitsluitend worden bepaald door acquisitieprijzen; het aanvoeren van dit argument als rechtvaardiging is eenvoudigweg niet rationeel; wat belangrijker is dan de prijs zou de toekomstige prestatie (en andere beschikbare alternatieven om te beleggen) van elk aandeel of elke beleggingsportefeuille moeten zijn - ironisch genoeg zullen beleggers eraan vasthouden hoe meer geld verloren gaat!
Consistentie is onze bestaansreden; Wanneer er iets breekt met dit patroon van denken en handelen, vinden we de tegenstrijdigheden weerzinwekkend en kiezen we ervoor om halverwege te annuleren in plaats van toe te geven dat we op een bepaald moment in de levensduur van het project van gedachten zijn veranderd. Het uitstellen van pijnlijke realisatie door door te gaan met zinloze projecten houdt de schijn langer op.

De Concorde was een iconisch voorbeeld van overheidstekorten. Zowel Groot-Brittannië als Frankrijk wisten heel goed dat de supersonische vliegtuigindustrie niet zou werken, maar investeerden toch enorme bedragen om hun gezicht te redden. Het opgeven ervan zou hebben betekend dat je een nederlaag moest toegeven; vandaar de naam "Concorde-effect." Het leidt tot kostbare en zelfs rampzalige beoordelingsfouten; Vanwege dit fenomeen breidden de Amerikanen hun betrokkenheid bij de oorlog in Vietnam uit: ze dachten: 'We hebben zoveel opgeofferd; Nu opgeven zou verkeerd zijn.'

Denk je: "We zijn zo ver gekomen?" "Ik heb al zoveel van dit boek gelezen..." Als een van deze uitspraken op u van toepassing is, geeft dit aan dat de verzonken kosten-denkfout in uw hoofd aan het werk is.

Natuurlijk kan investeren om iets af te ronden zijn eigen voordelen hebben; wees er echter op uw hoede dat u dit uitsluitend doet om niet-recupereerbare investeringen te rechtvaardigen. Rationele besluitvorming vereist dat u de kosten uit het verleden vergeet; uiteindelijk zijn alleen toekomstige kosten en baten van belang bij het maken van rationele keuzes.

Zie ook: De misvatting dat het nog erger wordt voordat het beter wordt (hoofdstuk 12); Onvermogen om deuren te sluiten (hfdst. 68); Endowment Effect (hfdst. 23); Inspanningsgerechtvaardiging (hfdst. 60); Verliesaversie (hoofdstuk 32) en resultaatvertekening (hoofdstuk 20) als andere cognitieve vooroordelen die tot ongepaste beslissingen leiden.

WEDERKERIGHEID

Onlangs bent u misschien volgelingen van de Hare Krishna-sekte tegengekomen die rondzweefden in hun heldere saffraankleurige gewaden terwijl u op weg naar uw bestemming door luchthavens of treinstations snelde. Misschien heeft een lid je een bloemetje gegeven en hartelijk geglimlacht terwijl ze het gaven. Zoals de meeste mensen is de kans groot dat je de bloem hebt gepakt alleen maar om niet onbeleefd te zijn. Weigeren had een verklaring kunnen opleveren als: 'Neem het maar; dit is ons geschenk aan jou.' Toen ik de bloei probeerde weg te gooien in een prullenbak in de buurt, waren daar al meerdere arrangementen; toen je elders op zoek ging naar de afvoer ervan, ontdekte je dat er al meerdere stapels waren. Terwijl je slechte geweten sterker aan je begon te knagen, kwam er een andere discipel van Krishna naar je toe om om donaties te vragen; veel luchthavens hebben deze sekte uiteindelijk verboden vanwege deze succesvolle pitch;

Robert Cialdini kan het succes van deze campagnes verklaren met zijn onderzoek naar wederkerigheid. Hij ontdekte dat mensen het erg moeilijk vinden om schulden te hebben aan iemand anders.

Veel niet-gouvernementele organisaties en filantropische organisaties hanteren vergelijkbare strategieën: eerst geven, dan nemen. Onlangs ontving ik van een natuurbeschermingsorganisatie een envelop met ansichtkaarten met idyllische landschappen; hun begeleidende brief verzekerde mij dat ze als geschenk moesten worden bewaard, ongeacht mijn beslissing om geld te doneren. Hoewel ik hun tactieken goed genoeg begreep, vereiste het aanzienlijke wilskracht en discipline van mijn kant om ze opzij te zetten zonder er misbruik van te maken!

Helaas komt deze vorm van zachte chantage – ook wel corruptie genoemd – veel voor. Een leverancier van schroeven nodigt potentiële klanten uit om met hem mee te gaan naar een spannende sportwedstrijd; Als ze een maand later komen bestellen, is hun verlangen om geen schulden te hebben zo sterk dat de koper akkoord gaat en een bestelling plaatst via deze nieuwe kennis.

Wederkerigheid is een eeuwenoud principe dat voorkomt bij alle soorten met een fluctuerende voedselvoorziening. Stel je voor dat je een jager-verzamelaar bent die er op een dag in slaagt een hert te doden en het onder je groepsleden moet verdelen; Als u dit doet, zorgt u ervoor dat u profiteert van de buit van anderen als uw buit minder indrukwekkend was; ze dienen als koelkasten.
Wederkerigheid is een overlevingsstrategie en een vorm van risicobeheer van onschatbare waarde, zonder welke mensen – en ook vele diersoorten – spoedig ten onder zouden gaan.

Wederkerigheid vormt de kern van de samenwerking tussen mensen die niets met elkaar te maken hebben en is een integraal onderdeel van de economische groei en het scheppen van welvaart. Zonder wederkerigheid zou er helemaal geen wereldeconomie zijn! Dat is het voordeel van wederkerigheid.

Wederkerigheid brengt echter ook een donkere kant met zich mee: vergelding. Wraak kweekt tegenwraak totdat er een grootschalige oorlog ontstaat. Jezus predikte dat we deze cyclus moeten doorbreken door de andere wang toe te keren - hoewel dit moeilijk blijkt omdat wederkerigheid werkt, zelfs als de inzet veel minder hoog is.

Jaren geleden werden we uitgenodigd door een stel dat we slechts terloops kenden; ze waren leuk genoeg, maar verre van vermakelijk. Helaas verliep het precies zoals gedacht: hun etentje was meer dan saai; toch voelden we ons verplicht hen enkele maanden later uit wederkerigheid opnieuw uit te nodigen; slechts weken later kwam er weer een uitnodiging van hen... Ik vraag me vaak af hoeveel andere etentjes het hebben volgehouden om de wederkerigheid te behouden?

Net als bij het naderen in de supermarkt, zou mijn beste advies zijn om hun aanbod van wijn, kaas of olijven af te wijzen, tenzij je wilt dat je koelkast gevuld wordt met dingen die je niet eens lekker vindt.

Zie ook Framing (hfdst. 42); Stimulans-superresponsneiging (hfdst. 18); Vind Bias (hoofdstuk 22) en Motivation Crowding (hoofdstuk 56) leuk voor meer informatie.

LET OP VOOR 'HET SPECIALE GEVAL'

BIJ BEVESTIGING BIES PAS OP! (Deel 1).

Gil is op dieet om kilo's kwijt te raken. Elke ochtend stapt hij op de weegschaal, controleert de voortgang ten opzichte van het door hem geselecteerde plan en viert elk verlies of elke winst als bewijs dat het werkt of schrijft het af als normale fluctuaties. Maandenlang blijft zijn gewicht echter stabiel, terwijl Gil leeft in de illusie dat het dieet werkt, ondanks dat het eigenlijk niets doet - een voorbeeld van een vooroordeel over bevestiging dat in zijn onschuldige vorm speelt.

Bevestigingsvooroordelen vormen de kern van de meeste misvattingen. Het verwijst naar onze neiging om nieuwe informatie zo te interpreteren dat deze binnen bestaande theorieën, overtuigingen en overtuigingen past, waarbij effectief al het bewijsmateriaal wordt weggefilterd dat bestaande opvattingen tegenspreekt (bekend als ontkrachtend bewijsmateriaal) dat deze in twijfel zou kunnen trekken (waarover Aldous Huxley beroemd schreef als 'Facts do'). niet ophouden te bestaan als ze worden genegeerd"), maar deze gevaarlijke neiging blijft bestaan onder mensen - superinvesteerder Warren Buffett zegt het het beste: 'Mensen blinken uit in het interpreteren van alle nieuwe informatie, zodat hun eerdere conclusies intact blijven'

Bevestigingsvooroordelen zijn tegenwoordig springlevend in het bedrijfsleven. Denk hier bijvoorbeeld eens over na: een managementteam besluit over een nieuwe strategie en viert elk signaal dat deze goed zou kunnen werken — terwijl alle aanwijzingen die erop wijzen dat dit niet het geval is, ongezien blijven of snel worden afgedaan als uitzonderingen of speciale gevallen — totdat ontkrachtend bewijsmateriaal voor hen geheel onzichtbaar wordt.

Wat kan je doen? Wees op uw hoede als het woord 'uitzondering' opduikt; Vaak duidt dit erop dat er ontkrachtend bewijsmateriaal aanwezig is. Neem het voorbeeld van Charles Darwin: vanaf zijn vroege jeugd probeerde hij systematisch de vooroordelen over bevestiging tegen te gaan door alle waarnemingen die in strijd waren met zijn theorie zeer serieus te nemen en ze onmiddellijk vast te leggen zodra ze verschenen - omdat hij heel goed wist hoe gemakkelijk onze hersenen 'vergeten'. "Het ontkrachten van bewijsmateriaal nadat enige tijd is verstreken - hij nota neemt van elke tegenstrijdigheid zodra hij deze ziet verschijnen en actief op zoek gaat naar tegenstrijdigheden op basis van zijn inschatting van de juistheid ervan - des te meer hoe meer hij actief keek en opkeek.

Dit experiment laat zien hoe uitdagend het kan zijn om onze eigen theorieën in twijfel te trekken. Een professor presenteerde zijn studenten de getallenreeks 2-4-6.

Studenten werden door hun professor uitgedaagd om de onderliggende regel, geschreven op een vel papier, te bepalen door getallen in volgorde op te geven die wel of niet aan de regel voldeden, met antwoorden als 'past aan de regel' of 'past niet aan de regel' van hem . Terwijl studenten willekeurig talloze getallen van bijvoorbeeld 8-14 konden raden (de meesten stelden 8 voor en kregen als antwoord: 'Voldoet aan de regel.') Voor de zekerheid probeerden ze 10, 12 en 14 en kregen telkens van de professor te horen dat deze wel klopten). Velen concludeerden: 'De regel is dat er twee bij elk getal worden opgeteld;' alleen om Professor het niet met hen eens te laten zijn door te zeggen dat dit in feite niet de regel is;

Eén slimme student probeerde een onconventionele aanpak. Hij testte het getal -2, waarop zijn professor reageerde door te zeggen dat het niet aan de regel voldeed, voordat hij suggereerde dat zeven beter paste dan zijn voorganger -2. Toen dit vruchteloos bleek, experimenteerde de student verder door -24, 9, 43 te proberen... Toen er geen tegenvoorbeelden meer konden worden gevonden, stelde hij: 'De regel is: elk opeenvolgend getal moet zijn voorganger overtreffen.' Toen hij zijn vel papier omdraaide, werd deze exacte regel onthuld!

Wat onderscheidde de vindingrijke student van zijn leeftijdsgenoten? Terwijl de meeste studenten alleen probeerden hun theorieën te bevestigen, zocht hij actief naar bewijsmateriaal dat deze theorieën weerlegde. Je zou kunnen denken: 'Goed voor hem, maar geen probleem voor de anderen.' Ten prooi vallen aan de voorkeur voor bevestiging is echter geen klein intellectueel misdrijf; zoals in de volgende hoofdstukken wordt onthuld, kan dit ons dagelijks leven drastisch beïnvloeden.

Zie ook: mes disponibilite Bias (hfdst. 11); Het kenmerkende positieve effect (hfdst. 95); Toeval (hfdst. 24); Forer Effect (ch. 64) en Illusion of Attention (ch. 88).

VERMOORD JE LIEFHEBBERS

BEVESTIGINGSVOOROORDEEL DEEL 2

In ons vorige hoofdstuk hebben we een van de belangrijkste denkfouten onderzocht: de voorkeur voor bevestiging. Mensen moeten overtuigingen vormen over het leven, de economie, investeringen, carrières en nog veel meer – van ons wereldbeeld tot de politiek, van de economie tot de kunst – die vervolgens moeten worden ondersteund met bewijsmateriaal om deze aannames te ondersteunen. Of je nu door het leven gaat in de overtuiging dat mensen intrinsiek goed of slecht zijn, je zult bewijsmateriaal vinden dat beide standpunten ondersteunt. Zowel filantropen als misantropen filteren ontkrachtend bewijsmateriaal terwijl ze degenen bevoordelen die hun respectieve wereldbeeld hooghouden, door voorrang te geven aan degenen die hun opvattingen versterken met weldoeners of dictators die ze promoten.

Astrologen en economen hanteren vergelijkbare strategieën: voorspellingen zo vaag maken dat elke gebeurtenis ze zou kunnen onderbouwen: 'de komende weken zul je verdriet ervaren' of 'de druk op de dollar op de middellange termijn zal toenemen' zijn beide vaag genoeg om elke gebeurtenis te verdragen. deze voorspellingen uit; waardeverminderingsmaatregelen tegen goud, yen, pesos tarwe huizenprijzen in Manhattan Manhattan Hotdogprijzen in Manhattan

Religie en filosofische overtuigingen dienen als vruchtbare voedingsbodem voor de bloei van de voorkeur voor bevestiging. Hier gedijt het in zijn zachte sponsachtigheid wild en vrij - aanbidders vinden bijvoorbeeld altijd bewijs voor het bestaan van God, ook al laat Hij zich zelden openlijk zien - behalve aan analfabeten die in afgelegen bergdorpen wonen; zichzelf nooit laten zien aan een groot publiek zoals Frankfurt of New York. Tegenargumenten tegen zijn bestaan worden door gelovigen regelrecht van de hand gewezen, wat aantoont hoe sterk deze kracht werkelijk is.

Zakenjournalisten kunnen bijzonder gevoelig zijn voor vooroordelen over bevestiging. Bij het bedenken van theorieën komen bedrijfsjournalisten vaak met gemakkelijke verklaringen met weinig 'bewijsmateriaal' dat deze ondersteunt, en gaan dan snel verder met het schrijven van hun verhaal - bijvoorbeeld: Google is zo succesvol omdat zijn cultuur creativiteit bevordert. Als dit idee eenmaal is opgeschreven, bevestigen journalisten deze bewering meestal met voorbeelden van andere welvarende bedrijven die creativiteit cultiveren, terwijl ze zelden op zoek zijn naar weerleggend bewijsmateriaal, zoals worstelende bedrijven met de nadruk op creativiteit of bloeiende bedrijven die welke creativiteit dan ook ontberen. Beide groepen zouden geweldige resultaten opleveren. verhalen!

Journalisten hebben de neiging meerdere leden van een clan over het hoofd te zien; Elke poging van hen om er maar één uit te lichten, zou de hele verhaallijn van hun artikel kunnen laten ontsporen.

Zelfhulpboeken en boeken om snel rijk te worden zijn een ander voorbeeld van eenzijdige verhalenvertelling. Hun slimme auteurs verzamelen bewijsmateriaal dat zelfs ogenschijnlijk belachelijke theorieën ondersteunt, zoals 'meditatie is de sleutel tot geluk'. Elke lezer die zoekt naar ontkrachtend bewijsmateriaal zou hier geen dergelijk bewijs vinden: nergens zijn er voorbeelden van mensen die een vervuld leven leiden zonder meditatie of van mensen die ondanks het beoefenen ervan nog steeds verdrietig zijn.

Internetsites bieden een bijzonder vruchtbare voedingsbodem voor vooroordelen over bevestiging. Wanneer we door nieuwssites en blogs bladeren om op de hoogte te blijven, selecteren we vaak pagina's die onze bestaande waarden versterken – of ze nu liberaal, conservatief of ergens daartussenin zijn. Bovendien stemmen veel websites de inhoud nu specifiek af op individuele interesses of browsegeschiedenis, waardoor nieuwe of afwijkende meningen helemaal niet welkom zijn en ons op paden worden geleid die bestaande overtuigingen herbevestigen door ons te omringen met gelijkgestemde gemeenschappen die diezelfde overtuigingen versterken - wat de bevestigingsvooroordelen verder versterkt. en het versterken van onze overtuigingen, het verder versterken ervan en het verder versterken van overtuigingen, wat de voorkeur voor bevestiging versterkt.

Arthur Quiller-Couch had een blijvende mantra: 'Kill Your Darlings.' Dit advies voor schrijvers die moeite hadden om gekoesterde maar overbodige zinnen af te snijden, vond veel weerklank onder literaire critici en hackers; zijn advies vindt weerklank bij ons allemaal die lijden aan voorkeur voor bevestiging. Om dit te bestrijden kun je proberen al je overtuigingen op te schrijven – wereldbeeld, investeringen, huwelijks-, gezondheidszorg-, dieet- of carrièrestrategieën – en op zoek te gaan naar weerleggend bewijsmateriaal tegen al deze overtuigingen. Het doorbreken van overtuigingen die aanvoelen als oude vrienden is moeilijk werk, maar van levensbelang!

Zie ook: Introspectie-illusie (hfdst. 67); Salience-effect (hfdst. 83); Cognitieve dissonantie (hfdst. 50); Forer Effect (ch. 64) en News Illusion (ch. 99) voor meer details.

NEEM NOTA VAN DE WOORDEN VAN DE AUTORITEITEN

AUTORITEITSBIAS

In Genesis 1 vertelt God ons wat er gebeurt als we ongehoorzaam zijn aan een van zijn gezagsdragers: verdrijving uit het paradijs. Helaas willen minder goddelijke figuren (politieke experts, wetenschappers, artsen, CEO's, economen, regeringsleiders, sportcommentatoren en beursgoeroes) ons dit ook laten geloven.

Psycholoog Stanley Milgram voerde een experiment uit dat de vooringenomenheid van autoriteiten op levendige wijze illustreerde. Zijn proefpersonen kregen de opdracht om steeds meer elektrische schokken toe te dienen aan een persoon die achter een ruit zat. Beginnend met 15 volt, kregen ze de opdracht om geleidelijk te verhogen naar 30V, 45V en uiteindelijk de maximale dosis van 450V - hoewel er feitelijk geen elektrische stroom vloeide - Milgram gebruikte een acteur als zijn slachtoffer; helaas waren degenen die de schokken toedienden zich daar niet van bewust. De resultaten waren schokkend: terwijl de persoon in de andere kamer jammerde van de pijn en de proefpersoon die de shock toedient wilde stoppen, moedigde hun professor hen aan om door te gaan omdat 'dit experiment ervan afhangt'. De meeste aanhoudende elektrocutie; meer dan de helft ging uit pure gehoorzaamheid naar de volle spanning.

De afgelopen tien jaar zijn luchtvaartmaatschappijen zich ook bewust geworden van de gevaren die gepaard gaan met vooroordelen over autoriteiten. Vroeger regeerden kapiteins oppermachtig; hun commando's konden nooit worden aangevochten en elke co-piloot die een vergissing vermoedde, heeft zich daar misschien nooit over durven uitspreken. Sinds dit gedrag werd ontdekt, heeft bijna elke luchtvaartmaatschappij Crew Resource Management (CRM) geïmplementeerd. CRM coacht piloten en hun bemanningen om eventuele reserveringen open en snel te bespreken; met andere woorden: het deprogrammeren van autoriteitsvooroordelen. CRM heeft de afgelopen decennia meer bijgedragen aan de vliegveiligheid dan aan technische vooruitgang.

Veel bedrijven hebben geen vooruitziende blik. Vooral bedrijven met dominante CEO's lopen gevaar, omdat werknemers hun minder gunstige meningen voor zichzelf kunnen houden – wat waarschijnlijk ten koste gaat van het bedrijf als geheel.

Autoriteiten zoeken erkenning en vinden altijd nieuwe manieren om hun status te consolideren. Artsen en onderzoekers dragen vaak witte jassen. Bankdirecteuren dragen pakken en stropdassen; bankdirecteuren dragen stropdassen, terwijl koningen die een kroon dragen, ranginsignes van het leger gebruiken; leden van het leger dragen vaak ook rangbadges! Tegenwoordig worden steeds meer symbolen en rekwisieten gebruikt als blijk van expertise, zoals optredens in talkshows of tijdschriftomslagen, boekenrondleidingen of

Wikipedia-artikelen; waarbij de autoriteit evolueert zoals de mode dat doet, en de samenleving dienovereenkomstig opmerkt.

Conclusie: Voordat u een belangrijke beslissing neemt, moet u altijd goed nadenken over welke autoriteiten een grote invloed op uw redeneringsproces kunnen uitoefenen en uw best doen om de machthebbers indien nodig uit te dagen.

Zie ook: Twaddle Tendency (hoofdstuk 57); Chauffeurkennis (hfdst. 16); Voorspellingsillusie (hoofdstuk 40); Illusie van vaardigheid (hfdst. 94)

Robert Cialdini vertelt in zijn boek Influence het verhaal van twee broers genaamd Sid en Harry die in de jaren dertig in Amerika een kledingwinkel runden; Sid was verantwoordelijk voor de verkoop, terwijl Harry leiding gaf aan de kleermakerij. Sid werd slechthorend als klanten die voor zijn spiegel stonden overweldigend tevreden waren met hun pak, wat hem ertoe aanzette Harry te vragen: 'Harry, hoeveel voor dit pak?' Harry keek dan op van zijn snijtafel en reageerde snel door terug te schreeuwen dat dit prachtige katoenen pak $ 42 kostte. Sid gedroeg zich verward en deed alsof hij het niet had begrepen. Harry riep dan uit: 'Tweeënveertig dollar!' Sid draaide zich toen om en rapporteerde terug: 'Hij zegt $ 22.' Tegen die tijd zou zijn klant snel geld op tafel hebben gelegd voordat hij snel met zijn pak vertrok voordat de arme Sid zijn fout besefte.

Ken je dit experiment uit je schooltijd? : Vul twee emmers - één met lauw en de andere met ijskoud water - en dompel vervolgens uw rechterhand gedurende één minuut in elke emmer. Wissel de handen weer om en plaats ze allebei tegelijkertijd terug in lauw water - wat is je opgevallen? De rechterhand vindt het heet, terwijl de linkerhand vindt dat het prima afkoelt!

Deze verhalen illustreren het contrasteffect: als we iets lelijks, goedkoops of kleins voorgeschoteld krijgen, zijn we geneigd het als mooier of duurder te beoordelen; omgekeerd vinden wij een absoluut oordeel moeilijk.

Het contrasteffect is een alomtegenwoordige illusie: bij het kopen van leren stoelen voor uw nieuwe auto lijkt, vergeleken met het prijskaartje van $ 60.000, $ 3.000 onbelangrijk vergeleken met de totale kosten. Alle industrieën die upgrade-opties aanbieden, profiteren van deze misleidende perceptie om consumenten naar binnen te lokken en upgrades te verkopen.

Het contrasteffect kan ook elders een cruciale rol spelen: experimenten tonen aan dat mensen tien minuten extra zullen lopen als het $10 aan voedsel bespaart, maar nooit zouden overwegen om terug te lopen als ze $10 besparen op een duur pak; een irrationele zet, aangezien 10 minuten hoe dan ook gelijk zijn aan 10 dollar. Daarom moet teruglopen altijd worden ondernomen of helemaal niet gebeuren.

Zonder het contrasteffect zouden discountbedrijven volledig ophouden te bestaan.
Er bestaat een onhoudbare situatie als de productprijzen in een oogwenk dalen van $100 naar $70; Vanafprijs zou hier geen enkele rol moeten spelen. Een investeerder vertelde me eens dat een aandeel van grote waarde was omdat het 50 procent onder de piekprijs was gedaald; Ik reageerde op dezelfde manier door mijn hoofd te schudden: aandelenkoersen hebben nooit een laag of een hoog punt; het enige dat telt is of ze vanaf dat moment omhoog of omlaag gaan.

Als we contrasten tegenkomen, reageren onze hersenen net als vogels op een geweerschot: we fladderen naar buiten en bewegen snel. Helaas is onze neiging echter niet om geleidelijke veranderingen te herkennen wanneer ze zich voordoen: een illusionist zou je horloge kunnen laten verdwijnen zonder dat je het door hebt, want als je het tegen een deel van je lichaam drukt door tegen een ander deel te drukken, merk je niet wanneer zijn lichtere aanraking om uw pols verwijdert u uw Rolex-horloge; Op dezelfde manier zien we niet hoe ons geld verdwijnt door inflatie, waardoor het langzaam van waarde wordt beroofd, terwijl we, als we het in de vorm van belastingen opleggen (wat het in wezen ook is), veel sterker zouden reageren tegen dergelijke belastingen (wat het in werkelijkheid feitelijk neerkomt).

Contrast is een gevaarlijke kracht: een mooie vrouw trouwt met een meer gemiddelde man; maar omdat haar ouders beruchte individuen waren, lijkt hij haar een buitengewone figuur.

Nog een laatste gedachte: met alle advertenties waarin supermodellen voorkomen, beschouwen we mooie mensen nu als slechts matig wenselijk. Als je op zoek bent naar liefde, ga dan nooit uit met vrienden van supermodellen, omdat mensen je minder aantrekkelijk zullen vinden dan je in werkelijkheid bent als je alleen gaat of in plaats daarvan twee lelijke vrienden meeneemt.

Zie ook: Beschikbaarheidsbias (hfdst. 11); Endowment Effect (hfdst. 23); Halo-effect (ch. 38); Sociale vergelijkingsbias (hfdst. 72); Regressie naar gemiddelde (hfdst. 19); Schaarstefout (hfdst. 27); Inlijsten (hfdst. 42)

Aantrekkingsvooroordeel

Iets zeggen als: 'Roken is niet zo schadelijk als mijn grootvader erin slaagt te overleven door drie pakjes per dag te roken en ouder te worden dan 100' of: 'Manhattan is echt veilig; mijn vriend woont midden in het dorp zonder zijn deur op slot te doen zelfs tijdens vakantie - er is nooit ingebroken in zijn appartement!" kunnen worden gebruikt om een punt te bewijzen, maar bewijzen feitelijk helemaal niets; Daarbij bezwijken we voor beschikbaarheidsbias.

Zijn er meer Engelse woorden die met een K beginnen, of meer met deze als derde letter? Antwoord: Ruim twee keer zoveel Engelse woorden bevatten K op de derde positie dan ermee beginnen; hoewel velen geloven dat deze laatste talrijker zijn. Mensen denken ten onrechte dat dit anders is, omdat ze zich sneller woorden herinneren die met een K beginnen; daarom zijn deze gemakkelijker voor ons geheugen.

De beschikbaarheidsbias stelt: onze geest heeft de neiging een beeld van de werkelijkheid te creëren op basis van voorbeelden die we het gemakkelijkst in onze herinneringen vinden, ook al komen deze gebeurtenissen niet vaker voor omdat ze gemakkelijk kunnen worden voorgesteld.

Vanwege de beschikbaarheidsbias navigeren we vaak door het leven met een onnauwkeurige risicokaart in gedachten. Vanwege deze vooroordelen hebben we de neiging om onze risico's op vliegtuigongelukken, auto-ongelukken of moord te overschatten, terwijl we de risico's van minder spectaculaire oorzaken zoals diabetes of maagkanker onderschatten. Bomaanslagen komen minder vaak voor dan we denken, terwijl het aantal depressies veel hoger kan zijn. Deze vooringenomenheid zorgt ervoor dat we te veel gewicht toekennen aan spectaculaire uitkomsten, terwijl we stille of onzichtbare uitkomsten sneller degraderen dan we zouden moeten; onze hersenen geven eerder de voorkeur aan opzichtige uitkomsten dan alledaagse uitkomsten - dit zorgt ervoor dat we eerder op dramatische dan op kwantitatieve manieren gaan denken!

Artsen bezwijken vaak voor bias op het gebied van de beschikbaarheid: zij gebruiken in alle mogelijke gevallen hun gebruikelijke behandelingen, ook al bestaan er wellicht geschiktere behandelingen, maar deze blijven verborgen in hun geheugen. Ook adviseurs vallen vaak ten prooi aan dit fenomeen. In plaats van een volkomen onbekend geval af te wijzen door te zeggen: 'Ik weet het echt niet', doen ze hun best om niet op intuïtie te handelen, maar in plaats daarvan actie te ondernemen.
In plaats van erachter te komen wat ze je precies moeten vertellen, vallen mensen vaak terug op een van hun beproefde benaderingen, ongeacht of deze ideaal is of niet.

Herhaling kan een langdurige indruk in onze geest achterlaten; iets dat vaak genoeg wordt herhaald, wordt onderdeel van het collectieve bewustzijn, zelfs als de inhoud ervan vals is;

Vraag de nazi-leiders maar hoe vaak zij "Het Joodse Vraagstuk" herhaalden, voordat mensen begonnen te geloven dat het een belangrijke kwestie was! Het enige dat nodig is om deze concepten te gaan geloven, is het vaak genoeg zeggen van de woorden UFO, levensenergie of karma voordat mensen er nota van nemen en ze geloven!

De beschikbaarheidsbias is een gevestigde waarde geworden in raden van bestuur van bedrijven over de hele wereld. Bestuursleden hebben de neiging hun discussies te concentreren op wat het management heeft ingediend – meestal kwartaalcijfers – in plaats van zich te richten op belangrijkere zaken, zoals concurrentiebewegingen, problemen met de motivatie van werknemers of veranderingen in klantgedrag die rechtstreekse gevolgen voor hen kunnen hebben. Ze hebben niet de neiging om dingen te bespreken die buiten de agenda vallen. Mensen hebben de neiging om bij het nemen van beslissingen de voorkeur te geven aan gemakkelijk toegankelijke informatie – of het nu gaat om economische gegevens of recepten; Het maken van hun keuzes op deze basis in plaats van op relevantere maar moeilijker toegankelijke gegevens zou rampzalig kunnen zijn voor hun beslissingen. Voorbeeld: we weten al tien jaar dat de zogenaamde Black-Scholes-formule voor het prijzen van afgeleide financiële producten niet werkt, maar door een gebrek aan haalbare oplossingen blijven we een ongepast instrument gebruiken. Het zou hetzelfde zijn alsof je in een onbekende stad bent zonder kaart, maar dan ergens een kaart voor thuis zoekt en die in plaats daarvan gebruikt - waarbij je de voorkeur geeft aan onjuiste informatie boven helemaal geen informatie - waardoor banken miljarden aan verliezen lijden als gevolg van beschikbaarheidsbias.

Frank Sinatra zong het beroemde lied: 'Oh mijn hart klopt wild/Alles vanwege jou/Als ik niet in de buurt ben van degene van wie ik hou/Ik hou nog steeds van haar.' Dit is een voorbeeld van beschikbaarheidsbias - om dit effectief te bestrijden hebben we de input van anderen met andere ervaringen en expertise dan wijzelf om de effecten ervan te overwinnen. Zie ook Ambiguity Aversion (hfdst. 80); Illusie van aandacht (ch. 88); Associatiebias (hfdst. 48); Kenmerk-positief effect (hfdst. 95); Bevestigingsbias (hfdst. 7-8); Contrasteffect (hfdst. 10); Verwaarlozing van waarschijnlijkheid (hoofdstuk 26) voor meer informatie over dit onderwerp.

WAAROM "GEEN PIJN, GEEN WINST" ALARMBELGELS MOET GELUIDEN

DE 'HET ZAL EERST NOG ERGER WORDEN VOORDAT HET BETER WORDT'

Een keer, tijdens een vakantie op Corsica, werd ik ziek. De symptomen waren onbekend en de pijn nam met de dag toe. Daarom zocht ik medische hulp in een nabijgelegen kliniek. Een jonge dokter begon mij zorgvuldig te inspecteren; hij porde in mijn maag, pakte mijn schouders en knieën stevig vast en prikte in elke wervel op tekenen van problemen. Zijn onderzoek leek mij vreemd, maar ik zette door totdat zijn notitieboekje uitkwam met antibiotica erop: 'Neem driemaal daags één tablet totdat uw symptomen verdwijnen. Neem uw antibiotica totdat de symptomen verbeteren voordat u medicatie als behandeling overweegt!' Toen ik klaar was, ging ik met recept terug naar mijn hotelkamer.

De pijn verergerde de komende drie dagen - precies zoals voorspeld door mijn arts. Hoewel hij moet hebben geweten wat er met mij aan de hand was, belde ik hem, toen de pijn na drie dagen niet afnam, opnieuw om te vragen wat hij eraan kon doen en kreeg van hem het advies om de dosering te verhogen naar vijf maal daags omdat "het pijn kan doen voor een paar dagen." nog een tijdje". Nadat er weer twee pijnlijke dagen waren verstreken, besloot ik een internationale luchtambulance te bellen, waar de Zwitserse arts onmiddellijk een blindedarmontsteking diagnosticeerde voordat hij mij onmiddellijk opereerde, en daarna vroeg: "Waarom heb je zo lang gewacht?".

"Alles verliep precies zoals de dokter had voorspeld, dus ik vertrouwde op zijn advies."

'O nee! Je viel voor de misvatting dat de dingen alleen maar erger zullen worden voordat ze verbeteren.' Uw Corsicaanse arts was hier waarschijnlijk niet van op de hoogte; waarschijnlijk gewoon een toeristenval tijdens het hoogseizoen.'

Neem nog een voorbeeld: een CEO raakt gefrustreerd, met verkopen op het toilet, verkopers die niet gemotiveerd zijn en marketingcampagnes die volledig mislukken. Wanhopig huurt hij een consultant in voor $ 5.000 per dag, wiens beoordeling onder meer bevindingen omvat dat uw verkoopafdeling een gebrek aan visie heeft en dat uw merk niet duidelijk gepositioneerd is. Ik kan beide voor u oplossen, maar het kan langer duren voordat er verbeteringen plaatsvinden. Waarschijnlijk zal de omzet afnemen. verder voordat het beter gaat' De CEO huurt deze consultant in; een jaar later daalt de omzet opnieuw voordat er sprake is van vooruitgang, zoals benadrukt door deze consultant; herhaaldelijk tijdens dit overleg benadrukken zij hoe nauw de vooruitgang verbonden is met de vooruitgang van het

bedrijf, gemeten aan de hand van zijn bevindingen over analyses die vandaag beschikbaar zijn gesteld door zijn bevindingen door deze man wiens analyse.
Terwijl de verkopen in het derde jaar hun neerwaartse spiraal voortzetten, besluit de CEO de consultant te ontslaan.

De denkfout dat het nog erger wordt voordat het beter wordt, is eenvoudigweg een excuus, een voorbeeld van voorkeur voor bevestiging. Als het probleem zoals voorspeld blijft verergeren, bevestigt de voorkeur voor bevestiging zichzelf, terwijl als zich onverwacht een verbetering voordoet, de klant tevreden is en de expert de eer kan opeisen voor zijn vaardigheden; hoe dan ook, hij wint.

Stel je voor dat je president van een land bent, zonder de kennis om het effectief te besturen. Wat zou jouw eerste zet zijn? Wellicht door het voorspellen van 'moeilijke jaren', door de burgers te vragen de broekriem aan te halen en verbeteringen te beloven na deze delicate fase van 'zuivering', 'zuivering' en 'herstructurering', en daarbij open te laten hoe lang en ernstig deze periode zou kunnen duren?

Het christendom geldt als het ultieme bewijs van de effectiviteit van deze strategie: de gelovigen geloven dat voordat de hemel op aarde kan worden ervaren, de wereld eerst moet worden vernietigd door rampen zoals overstromingen, branden en sterfgevallen – deze maken allemaal deel uit van Gods grotere plan – elke verslechtering van de omstandigheden een indicatie dat hun profetie in vervulling ging; eventuele verbeteringen worden gezien als Gods zegen.

Conclusie: Als iemand zegt: 'Het zal eerst nog erger worden voordat het beter wordt', zou dit alarmbellen moeten doen rinkelen. Pas echter op: er zijn situaties waarin de zaken eerst verslechteren voordat ze in de loop van de tijd verbeteren; Een carrièreverandering brengt bijvoorbeeld vaak loonverlies met zich mee, terwijl de herstructurering van een bedrijf ook tijd kan vergen. Maar in al deze gevallen kunnen we relatief snel zien of de genomen maatregelen werken; mijlpalen bieden duidelijke indicatoren. Concentreer u in plaats daarvan hierop in plaats van verlichting te zoeken via magische oplossingen.

Zie ook Action Bias (hoofdstuk 43); Sunk Cost Fallacy (hoofdstuk 5); Regressie naar het gemiddelde (hfdst. 19) voor verdere uitleg.

Het leven kan verwarrend zijn. Stel je voor dat een onzichtbare marsmannetje je volgt met een even onzichtbaar notitieboekje om alles wat je doet, denkt en droomt te documenteren. Je leven zou er zo uit zien: 'Koffie gedronken met twee suikers'; "Stapte op een punaise en vloekte als een zeeman", "droomde dat ik mijn buurman kuste", "boekte een vakantie naar de Malediven maar had nu bijna geen geld meer", of "vond dat haar onder mijn oor uit stak - plukte het onmiddellijk uit". Dit zouden allemaal aantekeningen in je dagboek zijn die vastleggen wat er elke dag gebeurt - de aantekeningen zouden blijven komen. Mensen vinden het leuk om de stukjes van hun leven tot een samenhangend verhaal te verweven en verhalen te vormen uit verspreide details die we respectievelijk betekenis en identiteit noemen. Max Frisch, een gewaardeerde Zwitserse romanschrijver, merkte ooit op: 'We passen verhalen als kleding.

Als mensen gebruiken we verhalen om de mondiale geschiedenis te begrijpen, waarbij we ongelijksoortige gebeurtenissen condenseren tot een samenhangende verhaallijn. Door deze lens gaan we bepaalde kwesties begrijpen; zoals waarom het Verdrag van Versailles heeft bijgedragen aan de Tweede Wereldoorlog of waarom het soepele monetaire beleid van Alan Greenspan de ineenstorting van Lehman Brothers heeft veroorzaakt. Begrippen kunnen variëren; hier verwijzen we naar begrip als begrip, maar deze dingen kunnen niet in hun oorspronkelijke staat worden begrepen - we creëren er later betekenis uit. Verhalen zijn zeer subjectieve entiteiten. Ze vervormen vaak de werkelijkheid en filteren alles eruit wat niet past, maar toch zijn we machteloos zonder hen. Waarom dit is nog steeds onduidelijk. Wat we zeker weten is dat mensen eerst verhalen gebruikten als manieren om de wereld te verklaren voordat ze wetenschappelijk werden; waardoor de mythologie ouder wordt dan de filosofie en aanleiding geeft tot verhaalvooringenomenheid.

Verhaalbias komt veelvuldig voor in de mediaberichten. Om een voorbeeld te geven: als een auto over een brug rijdt en deze plotseling instort, wat lezen we dan de volgende dag? Een verhaal over zijn ongelukkige chauffeur; waar ze vandaan kwamen en waar ze naartoe gingen; we lezen zijn biografie (ergens geboren, elders opgegroeid, ergens anders de kost verdienen); als hij het overleeft en interviews kan geven, krijgen we details over wat hij precies voelde toen de brug instortte - maar geen van deze verhalen verklaart de oorzaak - sla ze gewoon allemaal over
Er moet ook aandacht worden besteed aan de brug zelf: waar was het zwakke punt, of vermoeidheid dit veroorzaakte en of er schade was aangericht; Er werd een geschikt ontwerp gebruikt en er waren soortgelijke bruggen als deze. Hoewel al deze vragen terecht zijn, leveren hun antwoorden geen boeiende verhalen op; we houden van verhalen boven abstracte details. Daarom krijgen vermakelijke zijverhalen voorrang op relevante feiten (wat, aan de positieve kant, zou betekenen dat we alleen maar non-fictieboeken zouden lezen!)

Hier zijn twee verhalen van de Engelse romanschrijver E.M. Forster die u kunt overwegen; welke zou jij je het beste herinneren? A) 'De koning stierf en de koningin stierf van verdriet.' B) 'De koning stierf en de koningin stierf van verdriet.' De meesten zullen zich verhaal B waarschijnlijk gemakkelijker herinneren, omdat de twee sterfgevallen niet alleen opeenvolgend plaatsvinden, maar emotioneel met elkaar verbonden zijn; A is feitelijker terwijl B een diepere betekenis heeft - de informatietheorie suggereert dat we A gemakkelijker zouden moeten onthouden omdat het korter is, maar onze hersenen werken niet op die manier!

Adverteerders hebben geleerd dit feit ook te exploiteren door boeiende verhalen rond producten te creëren in plaats van alleen maar over de voordelen ervan. Google heeft deze techniek perfect geïllustreerd in hun Super Bowl-commercial uit 2010 genaamd 'Google Parisian Love' op YouTube - kijk hier zelf maar eens.

Het reduceren van de werkelijkheid tot betekenisvolle verhalen vervormt de werkelijkheid en beïnvloedt onze beslissingen; Om deze vervorming te corrigeren is er één remedie. Haal deze verhalen uit elkaar. Vraag jezelf af: wat proberen ze te verbergen? Bezoek een bibliotheek en lees een halve dag oude kranten; je zult zien dat gebeurtenissen die nu met elkaar verbonden lijken te zijn, dat destijds niet waren; probeer daarnaast je levensverhaal uit zijn context te bekijken: graaf in oude dagboeken en aantekeningen om te ontdekken dat het leven niet een recht pad heeft gevolgd dat rechtstreeks naar het heden leidt; in plaats daarvan is het een ongeplande, onvoorspelbare reeks ervaringen en gebeurtenissen geweest — iets dat we in hoofdstuk 5 verder zullen onderzoeken.

Zodra je een verhaal hoort, bedenk dan van wie het afkomstig is en wat de bedoelingen ervan zijn; wat ongezegd is gebleven; welke details misschien zijn weggelaten die misschien nog relevanter zijn dan wat er wordt gepresenteerd, bijvoorbeeld bij het bespreken van financiële crises of oorlog. Eén probleem met verhalen: ze geven ons een vals gevoel van veiligheid.
Begrip drijft ons er onvermijdelijk toe om grotere risico's te nemen en voorzichtig onbekende wateren te betreden.

Zie Valse causaliteit (hoofdstuk 37); 'Omdat' rechtvaardiging (hfdst. 52); Personificatie (hfdst.87); Vooringenomenheid achteraf (hfdst. 14); Fundamentele attributiefout (hfdst. 36); Conjunctie-fout (hfdst. 41); Vervalsing van de geschiedenis (hoofdstuk 78); Cherry Picking (hoofdstuk 96) en News Illusion (hoofdstuk 99) als aanvullende kwesties om te overwegen.

Vooroordelen achteraf Onlangs kwam ik de dagboeken van mijn oudoom tegen. In 1932 verhuisde hij van een Zwitsers dorp naar Parijs op zoek naar mogelijkheden voor het maken van films. Slechts twee maanden nadat Frankrijk was binnengevallen, schreef hij het volgende: 'Iedereen gelooft dat de Duitse troepen in december zullen vertrekken, waarna Engeland snel zal vallen; dan kan ons leven in Parijs eindelijk hervat worden onder Duitsland.' Helaas duurde deze bezetting vier jaar.

De hedendaagse geschiedenisboeken presenteren de Duitse bezetting van Frankrijk als onderdeel van een georganiseerde militaire strategie; daarom lijkt het achteraf gezien waarschijnlijk. Helaas zijn we ten prooi gevallen aan vooringenomenheid achteraf.

Neem nu dit voorbeeld uit 2007: economische experts voorspelden mooie vooruitzichten voor de volgende jaren, maar binnen een jaar implodeerden de financiële markten. Toen verslaggevers vroegen om een verklaring voor deze crisis, noemden deskundigen de oorzaken ervan: de monetaire expansie van Greenspan; lakse normen voor hypotheekvalidatie; corrupte ratingbureaus; lage kapitaalvereisten, enzovoort – achteraf gezien lijken deze verklaringen steeds duidelijker.

Vooringenomenheid achteraf is een van de meest voorkomende denkfouten. We zouden het het 'ik zei het toch'-fenomeen kunnen noemen: als je terugkijkt, wordt alles duidelijk en voorspelbaar. Als een CEO succes behaalt door puur hard werken en puur geluk, is zijn perceptie van de waarschijnlijkheid ervan vaak veel groter dan hij in werkelijkheid was. Na de triomfantelijke verkiezingsoverwinning van Ronald Reagan op Jimmy Carter in 1980 voorspelden commentatoren zijn benoeming, ondanks de nauwe samenwerking, tot enkele dagen voor de laatste stemdag. De hedendaagse zakenjournalisten lijken overtuigd van de uiteindelijke dominantie van Google, ook al zouden dergelijke voorspellingen tot gelach hebben geleid als ze al in 1998 waren gedaan. Eén opzienbarend feit: vandaag de dag lijkt het hartverscheurend aannemelijk dat één schot in Sarajevo in 1914 zou leiden tot dertig jaar conflict en kostte 50 miljoen levens – iets wat ieder schoolkind op school leert – maar destijds had niemand ervan gedroomd.
Een escalatie zou te absurd hebben geleken.

Wat maakt vooringenomenheid achteraf zo gevaarlijk? Het zorgt er eenvoudigweg voor dat we geloven dat we betere voorspellers zijn dan we in werkelijkheid zijn, en veroorzaakt een arrogant overmoed in onze kennis, waardoor we te veel risico nemen met zowel mondiale als lokale kwesties: "Heb je het gehoord? Sylvia en Chris zijn uit elkaar. Het ging altijd mis omdat ze zulke verschillende persoonlijkheden zijn - of gewoon zo op elkaar lijken - of misschien brachten ze te veel tijd samen door of zagen ze elkaar nauwelijks".

Het overwinnen van vooroordelen achteraf kan moeilijk zijn. Studies hebben aangetoond dat zelfs mensen die zich ervan bewust zijn er vaak in trappen, dus het spijt me oprecht dat ik uw tijd heb verspild aan het lezen van dit hoofdstuk.

Als je zo ver bent gekomen, geef ik je nog een laatste tip die gebaseerd is op persoonlijke en niet op professionele ervaring: houd een dagboek bij. Registreer alle voorspellingen met betrekking tot politieke veranderingen, uw loopbaanontwikkeling, gewichtsproblemen of aandelenmarkten. Nadat enige tijd is verstreken, beoordeelt u deze voorspellingen met de feitelijke ontwikkelingen om eventuele discrepanties te beoordelen. Wees verbaasd over hoe slecht uw voorspellingsvaardigheden zijn! Lees ook niet alleen geschiedenisboeken - vertrouw niet uitsluitend op retrospectieve theorieën! Dagboeken, mondelinge geschiedenissen en historische documenten uit die periode bieden informatie van onschatbare waarde die zelfs experts ontgaat! Degenen die niet zonder nieuws kunnen, zouden kranten van vijf, tien of twintig jaar geleden moeten lezen - dit zal een nog dieper inzicht geven in hoe onvoorspelbaar onze wereld kan zijn. Terugkijken kan tijdelijk troost bieden; maar voor diepere onthullingen over hoe alles werkt zullen we er meer baat bij hebben als we vooruit kijken.

Zie ook: Misvatting van de enige oorzaak (hoofdstuk 97); Vervalsing van de geschiedenis (hfdst. 78); Verhaalbias (hoofdstuk 13); Voorspellingsillusie (hoofdstuk 40); Outcome Bias (hoofdstuk 20) en Self-Serving Bias (hoofdstuk 45) als aanvullende perspectieven waarmee rekening moet worden gehouden bij het overschatten van kennis en vaardigheden.

WAAROM OVERSCHATTEN WE ONZE KENNIS EN CAPACITEITEN CONSTANT?

Johann Sebastian Bach was niet zomaar een one-hit wonder; zijn werk is talrijk en zal aan het einde van dit hoofdstuk verder worden besproken. Voor nu is hier een eenvoudige opdracht waarmee je kunt proberen in te schatten hoeveel concerten hij heeft gecomponeerd; kies idealiter een bereik van 100-500 met 98% nauwkeurige schattingen en slechts 2-2% varianties tussen schattingen.

Hoe zeker moeten we zijn van onze eigen kennis? Psychologen Howard Raiffa en Marc Alpert stelden dezelfde vraag aan honderden individuen die zij interviewden via interviews en focusgroepen. Ze vroegen de deelnemers om de totale eierproductie in de VS te schatten of het aantal artsen en chirurgen te schatten dat vermeld staat in de Boston Yellow Pages-gids, of de import van buitenlandse auto's in de VS te schatten, of zelfs de tolheffingen van het Panamakanaal in miljoenen dollars te schatten. De proefpersonen werd gevraagd om elk gewenst bereik te selecteren met als doel niet meer dan 2% van de tijd onjuist te zijn, maar in werkelijkheid zaten ze er 40% naast! Onderzoekers bestempelden dit verbazingwekkende fenomeen als overmoed.

Overmoed is van toepassing op voorspellingen in termen van aandelenmarktprestaties over een jaar of winsten over drie jaar, evenals op voorspellingen van onze kennis en ons vermogen om te voorspellen. Mensen onderschatten vaak zowel onze kennis en ons vermogen om te voorspellen, als ons vertrouwen dat individuele schattingen juist of onjuist zijn; het meet eerder wat mensen weten versus hoe zeker ze het gevoel hebben dat ze voorspellingen kunnen doen. Het zal sommigen misschien verbazen dat experts zelfs meer dan leken lijden onder overmoed; als hem wordt gevraagd de olieprijzen over vijf jaar te voorspellen, kan een hoogleraar economie zijn voorspelling met meer overtuiging doen dan zijn tegenhanger zou doen; maar toen hem werd gevraagd de olieprijzen over vijf jaar te voorspellen, zelfs met meer vertrouwen dan hun tegenhanger zijn voorspelling zou doen!

Overmoed reikt verder dan de economie: uit onderzoeken blijkt dat 84% van de Fransen zichzelf als bovengemiddelde minnaars beschouwt; zonder overmoedseffecten had dat cijfer precies 50% moeten zijn; statistische mediaan betekent dat 50% respectievelijk hoger en 50% lager zou moeten scoren. Uit een ander onderzoek blijkt dat 93% van mening is dat ze ondanks dit overmoedseffect bovengemiddelde minnaars zijn.
Ondervraagde Amerikaanse studenten schatten zichzelf in als "bovengemiddelde" chauffeurs, en 68% van de faculteiten van de Universiteit van Nebraska beoordeelde zichzelf in de top 25% wat betreft onderwijsvaardigheid. Ondernemers en mensen die wilden trouwen, zagen zichzelf ook als superieur: ze geloofden dat ze de kansen konden verslaan. Zonder overmoed zou de ondernemersactiviteit waarschijnlijk dramatisch afnemen; Elke

restauranthouder hoopt bijvoorbeeld dat zijn restaurant het volgende restaurant met een Michelin-ster zal worden, maar velen gaan binnen drie jaar failliet vanwege de slechte rendementen op investeringen die consequent onder nul blijven.

Er zijn vrijwel geen grote projecten die ooit op tijd en tegen minder kosten worden voltooid dan voorspeld. Bekende voorbeelden zijn de Airbus A400M, het Sydney Opera House en Boston's Big Dig. Om te begrijpen waarom, spelen twee krachten tegelijkertijd een rol: overmoed is één factor; ten tweede hebben degenen die direct geïnteresseerd zijn in het project vaak prikkels om de kosten te onderschatten: consultants, aannemers en leveranciers zijn allemaal op zoek naar meer omzet. Bouwers voelen zich aangemoedigd door optimistische figuren, terwijl politici door deze activiteiten meer steun krijgen - we zullen strategische verkeerde voorstelling van zaken bespreken (hoofdstuk 89).

Wat overmoed zo wijdverbreid maakt en het effect ervan zo verontrustend maakt, is de onverbiddelijkheid ervan: het reageert niet op prikkels, omdat het eerder een instinctieve eigenschap is dan gedreven door prikkels; evenmin is de tegenhanger ervan, "ondermoed", aanwezig. Voor sommige lezers is dit niet verrassend: het overmoed van mannen heeft de neiging prominenter aanwezig te zijn, terwijl vrouwen de neiging hebben hun kennis en vaardigheden lang niet zo sterk te overdrijven; bovendien zijn optimisten niet de enigen als het gaat om het overschatten van zichzelf; zelfs zelfbenoemde pessimisten overschatten zichzelf nog steeds, ook al zijn ze minder extreem.

Conclusie: Vergeet niet om ons ervan bewust te blijven dat het gemakkelijk voor ons is om onze kennis te overschatten. Wees op uw hoede voor voorspellingen van experts; geef bij alle plannen de voorkeur aan het pessimistische scenario, omdat dit u de kans geeft om situaties nauwkeuriger en realistischer te beoordelen.

Terug naar onze vraag: Johann Sebastian Bach heeft 1127 werken nagelaten die tot op de dag van vandaag bewaard zijn gebleven, hoewel veel ervan in de loop van de tijd verloren zijn gegaan. Zie voor meer informatie: Illusion of Skill (hfdst. 94); Voorspellingsillusie (hfdst. 40) en strategische verkeerde voorstelling van zaken.
(hoofdstuk 89); Stimulans-superresponsneiging (hoofdstuk 18); Zelfbedieningsvooroordeel (hoofdstuk 45).

Nadat hij in 1918 de Nobelprijs voor de natuurkunde had gekregen, ging Max Planck op een landelijke lezingentournee door Duitsland om nieuwe theorieën over de kwantummechanica te presenteren. Waar hij ook ging, hij hield dezelfde lezing. Na verloop van tijd raakte zijn chauffeur vertrouwd met zijn toespraak: 'Professor Planck moet het herhalen van zichzelf eentonig vinden; laat mij het voor je doen in München? Op de eerste rij zitten met mijn chauffeurspet op en draag mijn chauffeurspet, want dat zou ons allebei wat afwisseling geven!' Planck was opgetogen over dit idee, dus hield de chauffeur een avondlezing over de kwantummechanica voor een elitair publiek. Toen een van Münchens natuurkundeprofessoren hem een vraag stelde, was zijn chauffeur verrast: 'Nooit had ik verwacht dat iemand uit zo'n geavanceerde stad als München zo'n eenvoudige vraag zou stellen! Mijn chauffeur geeft graag antwoord.'

Charlie Munger, een van de grootste investeerders ter wereld (van wie ik dit verhaal heb overgenomen), identificeerde twee soorten kennis. Echte kennis is te zien bij degenen die veel tijd en moeite hebben besteed aan het begrijpen van een onderwerp; chauffeurskennis verwijst naar kennis van mensen die weten hoe ze een show moeten neerzetten met indrukwekkende stemmen of verbluffende kapsels; hun woorden komen echter over alsof ze uit het script lezen.

Helaas is het een grotere uitdaging dan ooit geworden om echte kennis te onderscheiden van chauffeurskennis. Nieuwsankers zijn een goed voorbeeld van deze tweedeling; iedereen weet dat deze acteurs eenvoudigweg rollen vervullen, maar ik blijf me verbazen over het respect dat deze gepolijste scriptlezers afdwingen, naast het modereren van panels over onderwerpen die ze zelf nauwelijks begrijpen.

Journalisten presenteren meer uitdagingen. Sommige journalisten beschikken over echte expertise; deze ervaren verslaggevers specialiseren zich meestal jarenlang in één vakgebied. Deze verslaggevers doen hun best om de complexiteit van een onderwerp te begrijpen en leggen het vervolgens effectief uit via lange artikelen waarin gevallen en uitzonderingen gedetailleerd worden beschreven. De meeste journalisten lijken echter op chauffeurs: ze schrijven snel eenzijdige teksten via Google-zoekopdrachten zonder veel onderzoek te doen naar compensatie; hun teksten zijn doorgaans eenzijdig, kort en eendimensionaal van inhoud.
Deze individuen hebben de neiging weinig kennis aan de dag te leggen, terwijl ze een sfeer van superioriteit in toon uitstralen.

Het bedrijfsleven vertoont vaak oppervlakkigheid. Naarmate bedrijven groter worden, wordt van CEO's verwacht dat ze over 'sterrenkwaliteit' beschikken. Helaas worden toewijding, plechtigheid en betrouwbaarheid aan de top vaak ondergewaardeerd. Soms denken aandeelhouders en journalisten ten onrechte dat showmanschap betere resultaten zal opleveren, wat zeker niet waar is.

Warren Buffett, de zakenpartner van Munger, heeft een uitstekende oplossing bedacht: zijn 'cirkel van competentie'. Wat binnen deze cirkel valt, kan intuïtief worden begrepen, terwijl wat daarbuiten ligt misschien slechts gedeeltelijk zinvol is. Munger adviseert mensen om binnen wat hij hun competentiecirkel noemt te blijven: begrijpen wat je wel en niet begrijpt. Grootte doet er niet toe, zolang ze maar weten waar hun grenzen liggen.' Munger benadrukt dit punt. Om bij welke onderneming dan ook succes te vinden, moet men zijn eigen vaardigheden begrijpen. Als spelen tegen mensen met grotere vaardigheden dan zijzelf in jouw nadeel is, en jij niet, zal het waarschijnlijk eindigen in verlies - zoveel kan worden gegarandeerd. Daarom is het van het grootste belang om een voorsprong te vinden en binnen de cirkel van competentie te blijven.'

Conclusie: Let op de kennis van chauffeurs. Verwar bedrijfswoordvoerders, circusdirecteuren, nieuwslezers, schmoozers of woordenverkopers niet als experts met echte kennis. Eén duidelijke indicator: echte experts weten wanneer hun expertise eindigt en wanneer deze opnieuw begint; echte experts herkennen ook wanneer iets buiten hun expertisegebied valt, en houden zich stil of spreken vrijuit om dergelijke kennislacunes aan te geven; chauffeurs doen dit zelden met betrekking tot zichzelf!

Zie ook Authority Bias (hoofdstuk 9); Domeinafhankelijkheid (hfdst. 76); Twaddle Tendency (hoofdstuk 57) voor verdere verkenningen.

Elke avond rond negen uur, rond half negen, staat een persoon met een rode hoed op een plein en begint wild met zijn pet te zwaaien. Na vijf minuten verdwijnt hij en een dag later, toen hij werd benaderd door een politieagent, antwoordde deze persoon dat hij giraffen op afstand hield, maar hier was geen enkele te zien, dus het moet effectief zijn werk doen!' Hierop antwoordde de politieagent: "Nou, dan gaat het vast goed met mij!"

Toen mijn vriend met een gebroken been op een dag aan huis gebonden was en mij vroeg loten voor hem te kopen, ging ik de stad in, controleerde een paar dozen, schreef zijn naam erop en betaalde. Maar zodra ik het hem gaf, maakte hij bezwaar: 'Waarom deed je dat? Ik wilde het zelf invullen; deze cijfers zullen mij niets opleveren!"

'Denk je echt dat het kiezen van getallen enige invloed zal hebben op de trekking?' vroeg ik. Zijn gezicht ontmoette mijn blik wezenloos.
Casinospelers gooien de dobbelstenen vaak zo hard mogelijk als ze een hoog getal nodig hebben, en voorzichtiger als ze op een laag getal hopen - een absurde praktijk, net zoals voetbalfans hopen dat ze een spel kunnen beïnvloeden door voor een televisie te gebaren. Helaas delen ze deze illusie met anderen die ook proberen de wereldaangelegenheden te beïnvloeden door positieve gevoelens of 'karma' uit te zenden.

Jenkins en Ward ontdekten in 1965 de illusie van controle, de neiging om te geloven dat we iets kunnen beïnvloeden waar we geen invloed op hebben, door middel van een experiment met twee schakelaars en een lamp. Door schakelaars om te zetten konden ze beïnvloeden wanneer en of het licht willekeurig aanging; proefpersonen geloofden nog steeds dat ze de helderheid konden beïnvloeden door schakelaars om te zetten.

Kijk eens naar dit voorbeeld: een Amerikaanse onderzoeker voerde tests uit om de akoestische gevoeligheid voor pijn te onderzoeken door mensen in geluidscabines te plaatsen en het volume geleidelijk te verhogen totdat de proefpersonen hem het teken gaven om te stoppen. Zijn twee kamers (A en B) waren identiek, behalve dat B een rode paniekknop aan de muur had.
De knop was alleen bedoeld als illusie van controle; De aanwezigheid ervan gaf de deelnemers echter het gevoel dat zij hun situatie vorm konden geven en hen zo in staat konden stellen aanzienlijk hogere geluidsniveaus te tolereren. Als je ooit Aleksandr Solzjenitsyn, Primo Levi of Viktor Frankl hebt gelezen, zou deze bevinding geen verrassing moeten zijn; hun boeken beschrijven hoe zelfs kleine invloeden op het lot gevangenen ertoe aanzetten de hoop niet op te geven.

Het oversteken van straten in Los Angeles kan lastig zijn, maar met één druk op de knop kunnen we het verkeer tegenhouden – of toch? Het doel van de knop is om ons te laten geloven dat we enige controle hebben over verkeerslichten, zodat we langer kunnen wachten zonder ongeduldig te worden of ons geduld te verliezen door te wachten tot het geduldiger verandert. Soortgelijke trucs worden gebruikt als het gaat om de knoppen voor het openen/sluiten van de lift: veel knoppen zijn niet eens aangesloten op een elektrisch paneel! Soortgelijke maatregelen zijn ook geïmplementeerd in open kantoren: voor sommigen kan het altijd te warm zijn, terwijl voor anderen te koud. Slimme technici creëren de illusie van controle door valse temperatuurwijzerplaten te installeren; dit verlaagt de energierekening - en klachten. Dergelijke strategieën zijn bekend geworden als placeboknoppen en worden overal toegepast, van liften en kantoren tot winkels met kassa's.

Centrale bankiers en overheidsfunctionarissen maken vakkundig gebruik van placebo-knoppen. Een voorbeeld hiervan is de Federal Funds-rente – een extreem kortetermijnrente. Hoewel deze rente geen invloed heeft op de langetermijnrente (die afhankelijk is van vraag en aanbod en daarom cruciaal is bij beleggingsbeslissingen), lokt elke verandering ervan sterke reacties uit op de aandelenmarkt. Niemand begrijpt waarom de dagrente zo'n effect op de markten heeft, maar iedereen denkt van wel, en zo gebeurt het ook. Uitspraken van de voorzitter van de Federal Reserve kunnen dezelfde impact hebben: de markten bewegen, ook al bieden zijn woorden weinig tastbaar voordeel voor de reële economie; ze creëren alleen maar geluidsgolven. Toch staan we toe dat economische leiders met illusoire wijzerplaten blijven spelen. Er zou een echte wake-up call komen als alle betrokken partijen zouden begrijpen dat de wereldeconomie uiteindelijk niet in onze handen ligt en niet effectief kan worden beheerd.

Heeft u er vertrouwen in dat alles onder controle is? Waarschijnlijk minder dan je denkt
Zie ook Toeval (hfdst. 24); Verwaarlozing van waarschijnlijkheid (hoofdstuk 26); Voorspellingsillusie (hoofdstuk 40); Illusie van vaardigheid (hoofdstuk 94); Clusterende illusie (hoofdstuk 3); Introspectie-illusie (hfdst. 67) in dit hoofdstuk.

Superreactieneiging

Franse koloniale heersers in Hanoi voerden in de 19e eeuw een wet uit om een rattenplaag onder controle te houden: voor elke dode die bij de autoriteiten werd binnengebracht, zouden de vangers ervan een beloning ontvangen. Door dit initiatief zijn veel ratten vernietigd, maar er zijn er ook nog veel meer speciaal voor gefokt.

Archeologen die in 1947 de Dode Zeerollen ontdekten, stelden een vindersloon per perkament vast; in plaats van nog veel meer rollen te ontdekken, scheurden archeologen eenvoudigweg bestaande perkamenten uit elkaar om het honorarium van de vinder te verhogen. Soortgelijke prikkels werden in de 19e eeuw in China aangeboden: boeren vonden verschillende dinosaurusbotten op hun land en braken ze vervolgens uit elkaar om ze als beloning te verzilveren. Moderne bedrijfsbesturen bieden bonussen als de doelstellingen worden gehaald en managers hun energie besteden aan het verlagen van de doelstellingen in plaats van het laten groeien van hun bedrijf.

Deze voorbeelden illustreren de beroemde observatie van Charlie Munger over prikkels die superresponsneigingen veroorzaken. Mensen reageren op prikkels door te doen wat in hun belang is. Wat echter opmerkelijk is, is hoe snel en aanzienlijk het gedrag van mensen verandert wanneer er nieuwe prikkels binnenkomen of bestaande worden gewijzigd; bovendien lijkt het alsof mensen zelf rechtstreeks reageren op prikkels in plaats van op de grotere bedoelingen die erachter schuilgaan.

Goede stimuleringssystemen combineren intentie en beloning; In het oude Rome werden ingenieurs bijvoorbeeld uitgenodigd om tijdens openingsceremonies onder hun brugconstructie te staan. Slechte stimuleringssystemen daarentegen verdoezelen of verdraaien vaak het beoogde doel; het censureren van een boek kan de inhoud ervan alleen maar beruchter maken, het belonen van bankmedewerkers voor elke verkochte lening kan de kredietportefeuilles verder beschadigen en het openbaar maken van de salarissen van CEO's heeft niets anders gedaan dan deze te verhogen; niemand wilde gezien worden als 'verliezer CEO'.

Wilt u het gedrag van individuen of organisaties veranderen? Prediken over waarden en visies of een beroep doen op de rede zou kunnen werken, maar prikkels werken vaak beter – ze hoeven niet eens financieel te zijn!
Al het geleerde kan goed worden gebruikt – van goede cijfers en Nobelprijzen tot een speciale behandeling in het hiernamaals.

Lang voordat ik begon te begrijpen waarom goed opgeleide middeleeuwse edelen hun luxe leven opgaven om deel te nemen aan de kruistochten, had ik moeite om te begrijpen wat de goed opgeleide edelen uit deze periode ertoe kon brengen hun comfortabele levensstijl achter zich te laten en op paarden te gaan rijden, terwijl ze heel goed wisten wat de De reis duurde minstens zes maanden en ging rechtstreeks door vijandelijk gebied - toch namen ze het risico. Na wat nadenken en nadenken besefte ik: stimuleringssystemen speelden een essentiële rol. Als ze het overleefden, konden ze al hun oorlogsbuit behouden terwijl ze rijke mannen werden, terwijl degenen die stierven automatisch martelaren werden met alle voordelen van dien, of anders rechtstreeks als martelaren naar de hemel gingen – waardoor deze win-win-oplossing voor alle betrokken deelnemers mogelijk werd deze onderneming was vanaf de eerste dag winstgevend voor beide betrokken partijen als beiden levend thuis konden komen; het was hoe dan ook een win/win-situatie

Stel je eens voor dat krijgers en soldaten in plaats daarvan vijanden per uur zouden aanrekenen voor bewezen diensten - we zouden hen in feite aanmoedigen om er zo lang mogelijk over te doen, toch? Waarom betalen we dan uurtarieven bij het inhuren van advocaten, architecten, adviseurs, accountants of rij-instructeurs? Mijn advies: onderhandel in plaats daarvan over vaste prijsafspraken voordat u hun diensten inschakelt.

Wees op uw hoede voor beleggingsadviseurs die specifieke financiële producten onderschrijven; hun focus ligt misschien niet op uw financiële welzijn, maar op het verdienen van commissie. De bedrijfsplannen van ondernemers en investeringsbankiers blijken vaak waardeloos omdat verkopers alleen hun eigen belangen op het oog hebben; zoals het oude gezegde luidt: 'Vraag nooit aan een kapper of je een knipbeurt nodig hebt.'

Houd een oogje in het zeil voor de neiging tot superreacties; als het gedrag van iemand of een organisatie u verbijstert, vraag dan welke prikkels daarachter schuilgaan en u zult waarschijnlijk 90% van de gevallen gemakkelijk kunnen uitleggen; de resterende 10% kan hartstocht, idiotie, psychose of boosaardigheid zijn.

Zie ook Motivatie Crowding (hfdst. 56); Wederkerigheid (hfdst. 6); Overmoedseffect (hfdst. 15) voor aanvullend materiaal over motivatiecrowding.

REGRESSIE NAAR GEMIDDELDE

Zijn rugpijn schommelde tussen beter en slechter. Sommige dagen waren beter dan andere; er waren dagen waarop hij zin had om bergen te verzetten, andere dagen waarop zelfs minimale beweging onmogelijk was. Toen dit problematisch werd - wat gelukkig maar zelden voorkwam - bracht zijn vrouw hem naar een chiropractor; Eenmaal daar zou hij de volgende dag mobieler zijn en hem ten zeerste aanbevelen aan al zijn contacten.

Een andere, jongere man met een golfhandicap van 12, was enthousiast over zijn instructeur, bij wie hij een uur boekte als zijn spel haperde en kort daarna zijn prestaties aanzienlijk verbeterden.

Een beleggingsadviseur van een grote bank creëerde een bizarre 'regendans' en voerde deze telkens uit als zijn aandelen slecht presteerden op het toilet. Hoewel het destijds absurd leek, voelde hij zich gedwongen het te doen; en daarna ging het altijd beter.

Wat de drie mannen met elkaar verbindt, is een fout die bekend staat als regressie-naar-gemiddelde waanzin.

Stel dat uw regio een ongewoon koude periode heeft meegemaakt; De kans is groot dat de temperaturen de komende dagen geleidelijk terugkeren naar hun maandgemiddelde. Hetzelfde geldt waarschijnlijk voor extreme hitte, droogte of regen: het weer schommelt rond een gemiddelde. Het weer is slechts één indicator; Dat geldt ook voor chronische pijn, golfhandicaps, beursprestaties, geluk in de liefde, subjectieve geluksniveaus en testscores - ze fluctueren allemaal rond een soort gemiddelde. En op dezelfde manier voor verlichting van chronische rugpijn zonder chiropractische bezoeken; handicaps keren terug naar 12 zonder dat er lessen aan zijn toegevoegd; De prestaties van beleggingsadviseurs keren terug naar een gemiddelde marktprestatie - ongeacht toiletdansen!

Extreme prestaties worden afgewisseld met minder extreme. Zelfs de meest succesvolle aandelenselectie van drie jaar geleden zal dat over drie jaar waarschijnlijk niet meer zijn. Je kunt begrijpen waarom sommige atleten liever niet in het nieuws komen.
Kranten rapporteren vaak topresultaten, maar weten onbewust dat ze de volgende keer misschien geen vergelijkbare topresultaten behalen - iets dat niets te maken heeft met media-aandacht; maar is te wijten aan natuurlijke variaties in de prestaties.

Of neem het geval van een divisiemanager die probeert het moreel van zijn medewerkers een boost te geven door de minst gemotiveerde 3% van zijn personeelsbestand op een cursus te sturen, maar dan keert het motivatieniveau niet meer terug zoals voorheen (degenen die wel hadden deelgenomen vormen dit percentage niet meer – er zullen waarschijnlijk anderen zijn in plaats van zichzelf onderaan). Was de cursus de moeite waard? Moeilijk te zeggen, omdat de motivatieniveaus waarschijnlijk zelfs zonder training weer naar hun norm zouden terugkeren; vergelijkbaar met patiënten die vanwege een depressie in het ziekenhuis zijn opgenomen en die zich vaak wat beter voelen, maar het kan heel goed helemaal geen bijdrage hebben geleverd!

Voorbeeld 2: In Boston werden slecht presterende scholen in een intensief ondersteuningsprogramma geplaatst. Binnen een jaar waren hun prestaties verbeterd - iets wat de autoriteiten rechtstreeks aan deze inspanning toeschreven, in plaats van aan een natuurlijke achteruitgang naar gemiddeld.

Terugvallen op gemeen kan destructieve gevolgen hebben, waardoor leraren (of managers) gaan geloven dat discipline beter is dan lof, bijvoorbeeld door goede presteerders te belonen en slechte presteerders te straffen na tests. Als gevolg hiervan kunnen leraren tot de conclusie komen dat verwijten helpt en complimenten belemmeren – waardoor er een zich herhalende cyclus ontstaat waarin straffen helpt en complimenten de prestaties belemmeren – zodat hun geloof verandert in 'smaad helpt en complimenten hindert', wat aanleiding geeft tot een nieuwe denkfout die niet kan worden vermeden.

Conclusie: Bij het horen van verhalen als: 'Ik werd ziek, bezocht mijn dokter en ging geleidelijk vooruit' of 'Ons bedrijf ondervond in de loop van het jaar moeilijkheden; daarom hebben we een consultant ingehuurd en nu de resultaten weer normaal zijn', zou dit een aanwijzing kunnen zijn voor een regressie-naar-gemiddelde fout.

Zie ook Probleem met gemiddelden (hfdst. 55); Contrasteffect (hfdst. 10); Het zal eerst nog erger worden voordat het beter wordt Misvatting (hfdst. 12); Toeval (hfdst. 24); De denkfout van de gokker (hoofdstuk 29)

RESULTAATBIAS

Stel je voor dat een miljoen apen op de aandelenmarkt beleggen; schijnbaar willekeurig aandelen kopen en verkopen - wat gebeurt er? Na een week zal ongeveer de helft winst hebben gemaakt, terwijl de helft verliezen heeft geleden. Alleen de apen die winst hebben gemaakt mogen blijven; iedereen die verliezen heeft geleden, moet naar huis worden gestuurd. Na een week zal de helft nog steeds hoog scoren, terwijl de helft verliezen heeft geleden en moet worden weggestuurd; deze cyclus gaat de hele tijd door. Na tien weken zullen er ongeveer duizend apen overblijven die hun geld consequent verstandig hebben geïnvesteerd. Na twintig weken is er nog maar één over en deze aap – we zullen deze de Succesaap noemen – koos consequent aandelen waarmee hij winst kon maken en is nu miljardair! Laten we hem bellen.

Hoe zullen de media reageren? Ze zullen dit dier bespringen op zoek naar zijn 'succesprincipes', en zullen er ongetwijfeld enkele vinden: misschien eet de aap meer bananen dan zijn medeprimaten; misschien zit hij in een andere hoek van zijn kooi; misschien zwaait hij halsoverkop door de takken en neemt hij lange, nadenkende pauzes bij het verzorgen van zichzelf; Er moet toch een geheim ingrediënt bestaan waardoor deze briljante artiest twintig weken onafgebroken door kan gaan? Onmogelijk!

Het apenverhaal illustreert uitkomstbias: we hebben de neiging beslissingen te beoordelen op basis van hun resultaten in plaats van op basis van processen, ook wel bekend als historische fouten. Een klassiek voorbeeld van deze misvatting is de Japanse aanval op Pearl Harbor; Had de militaire basis moeten worden geëvacueerd voordat deze werd aangevallen? Vandaag: Ja. Het bewijs van een op handen zijnde aanval was overweldigend; Maar pas achteraf zijn de signalen duidelijk. Destijds leverde 1941 veel tegenstrijdige signalen op die op een aanval wezen; sommigen gaven dit aan, anderen niet. Om de kwaliteit van deze beslissing te beoordelen vanaf het begin (d.w.z. voordat deze zich voordoet), moet alleen rekening worden gehouden met de informatie die op dat moment beschikbaar is; alles wat we na de aanval leren, moet ook worden meegenomen.

Bij een ander experiment moet je drie hartchirurgen beoordelen. Om dit te doen, wordt iedereen gevraagd achtereenvolgens vijf moeilijke operaties op zichzelf uit te voeren. In de loop van de tijd is de kans op overlijden als gevolg van deze procedures gestabiliseerd op 20%. Chirurg A verliest niemand tijdens de operatie, terwijl chirurg B één patiënt verliest, terwijl bij chirurg C twee dat wel doen. Hoe moeten deze drie chirurgen tegen elkaar worden beoordeeld? Als u net als de meeste mensen bent, is het beoordelen van A als de beste, B als de op één na beste en C als slechtste eenvoudigweg het ten prooi vallen aan uitkomstvertekening – mogelijk als gevolg van het feit dat er te weinig steekproeven worden onderzocht – waardoor de resultaten betekenisloos worden. Een nauwkeurige evaluatie van een chirurg vereist eerst inzicht in zijn of haar vakgebied, gevolgd door zorgvuldige observatie tijdens de voorbereiding en uitvoering van operaties. Met andere woorden: u moet zowel het proces als het resultaat beoordelen bij het maken van dergelijke evaluaties. Als alternatief, als er voldoende patiënten zijn die deze specifieke operatie nodig hebben (100 of 1000 operaties), dan zou u een grotere steekproefomvang kunnen gebruiken. Op dit moment volstaat het om te begrijpen dat er voor een gemiddelde chirurg een kans van 33% is dat niemand sterft, 41% kans dat één persoon sterft en 20% kans dat twee mensen overlijden; dat is een eenvoudige waarschijnlijkheidsberekening en laat geen groot verschil zien tussen nul doden en twee doden; het zou zowel nalatig als onethisch zijn om deze drie chirurgen uitsluitend op basis van deze uitkomsten te beoordelen.

Conclusie: het is verstandig om beslissingen niet uitsluitend op de uitkomst te beoordelen, zeker niet als willekeur of invloeden van buitenaf een rol spelen. Een slecht resultaat betekent niet automatisch een slechte beslissing, en omgekeerd. Bedenk daarom, in plaats van te treuren over slechte keuzes die je hebt gemaakt of jezelf te applaudisseren voor keuzes die alleen maar per ongeluk of door toeval tot succes hebben geleid, waarom je hebt gekozen voor wat je deed; Waren uw redenen rationeel en begrijpelijk? Als deze methode voorheen werkte, maar deze keer geen resultaat opleverde, blijf er dan bij en kijk waar het nog meer toe kan leiden!

Zie ook Sunk Cost Fallacy (hoofdstuk 5); Zwemmerslichaamsillusie (hoofdstuk 2), vooringenomenheid achteraf (hoofdstuk 14) en illusie van vaardigheid (hoofdstuk 94) als gerelateerde concepten.

WAAROM MINDER MEER IS

Sinds mijn zus en haar man onlangs een onafgewerkt huis hebben gekocht, kunnen we alleen maar over badkamertegels praten: keramiek, graniet, marmer, metaal, steen, hout en glaslaminaat. Mijn zus roept vaak uit: "Er zijn er gewoon te veel om uit te kiezen", terwijl ze geërgerd haar handen in de lucht steekt voordat ze terugkeert naar de catalogus als haar favoriete bron van kennis.

Uit mijn onderzoek blijkt dat mijn plaatselijke supermarkt 48 soorten yoghurt, 134 soorten rode wijn en 64 schoonmaakproducten in voorraad heeft, voor een totaal van 30.000 artikelen; Amazon beschikt momenteel over twee miljoen titels die beschikbaar zijn voor online boekverkopers. Mensen worden tegenwoordig geconfronteerd met vele opties, van psychische stoornissen tot carrières, vakantiebestemmingen en levensstijlkeuzes - er is nog nooit zoveel keuze voor hen beschikbaar geweest!

In mijn ouderlijk huis in Zwitserland waren er slechts drie soorten yoghurt, drie televisiezenders, twee kerken, twee soorten kaas (mild of sterk), forel als de enige beschikbare vis en één telefoon van Swiss Post - met één enkele draaiknop alleen bedoeld om te bellen - wat het leven voor ons eenvoudiger maakt dan de huidige winkelpuien vol merken, modellen en contractopties!

Maar selectie is de maatstaf voor vooruitgang; het onderscheidt ons van de planeconomieën en het stenen tijdperk. Hoewel overvloed je gelukkig kan maken, kan het, wanneer het wordt overschreden, de kwaliteit van het leven ruïneren. Dit fenomeen staat bekend als de keuzeparadox.

Psychotherapeut Barry Schwartz legt in zijn gelijknamige boek uit waarom dit waar is. Een grote selectie kan tot innerlijke verlamming leiden; Om dit effect aan te tonen, zette een supermarkt een stand op waar klanten 24 soorten gelei konden proeven, die ze konden uitproberen voordat ze tegen een gereduceerd tarief kochten. Op dag twee van hun experiment met zes smaken steeg de verkoop vertienvoudigd. Waarom? Misschien maakt de grote verscheidenheid het besluitvormingsproces overweldigend?
Klanten konden niet beslissen, dus liepen ze naar buiten zonder iets te kopen. Dit experiment werd meerdere malen herhaald met verschillende producten; elke keer leverde het echter vergelijkbare resultaten op.

Ten tweede kan een brede selectie tot slechte beslissingen leiden. Op de vraag van jonge mensen welke eigenschappen een ideale levenspartner zijn, noemen velen intelligentie, goede manieren, warmte, het vermogen om te luisteren, humor en fysieke aantrekkelijkheid als prioriteiten. Maar worden deze criteria eigenlijk meegenomen bij het kiezen van iemand? In het verleden konden jonge mannen uit dorpen van gemiddelde grootte kiezen uit misschien wel twintig meisjes in hun schoolleeftijd die hij in overweging kon nemen om te trouwen. Hij kende hun families, waardoor hij een beslissing nam op basis van een aantal gemeenschappelijke kenmerken. In het tijdperk van online daten zijn er miljoenen potentiële partners voor ons allemaal beschikbaar. Studies hebben aangetoond dat mannelijke hersenen overweldigd raken door de overweldigende selectie van potentiële partners, waarbij hun selectieproces zich beperkt tot slechts één criterium: fysieke aantrekkelijkheid. U bent waarschijnlijk goed op de hoogte van dit selectieproces door uw persoonlijke ervaringen of door berichtgeving in de media.

Een grote selectie kan tot onvrede leiden. Hoe kun je er zeker van zijn dat je de juiste keuze maakt als 200 opties je bombarderen en verbijsteren? Dat kun je simpelweg niet. Met meer keuzes binnen handbereik komt er meer onzekerheid en uiteindelijk ontevredenheid achteraf.

Dus wat moet je doen? Denk goed na over de gewenste criteria voordat u naar beschikbare aanbiedingen zoekt, en houd u daar vervolgens strikt aan. Houd er ook rekening mee dat perfecte beslissingen niet kunnen bestaan gezien de enorme hoeveelheid keuzes die er zijn; streef in plaats daarvan naar goed genoeg en niet naar perfectionisme! Waardeer liever 'goed genoeg'-keuzes - waaronder levenspartners (maar alleen jij en ik kunnen precies die kiezen die we willen!).

Zie Beslissingsmoeheid (hfdst. 53); Alternatieve blindheid (hoofdstuk 71) en standaardeffect (hoofdstuk 81) voor verder lezen.

JE VIND ME HEEL LEUK; WIL JE ME DAT NIET ALLEEN VERTELLEN??!

Kevin heeft onlangs een impulsaankoop gedaan van twee dozen fijne Margaux-wijn. Hoewel hij normaal gesproken geen Bordeaux-wijnen drinkt, was hij zo gecharmeerd van hun verkoopassistent; niet nep of opdringerig maar echt aanspreekbaar dat hij besloot twee hoesjes te kopen als cadeau voor een speciaal iemand.

Joe Girard wordt algemeen beschouwd als de beste autoverkoper ter wereld. Zijn mantra voor succes: 'Er is niets effectiever in het verkopen van iets dan het overtuigen van klanten dat ze ertoe doen en dat je ze echt waardeert als mensen.' In plaats van alleen maar te praten, gebruikt Girard kaarten waarop elke maand één zin wordt voorgelezen om zijn genegenheid: ik vind je leuk'

Het fenomeen van voorkeursvertekening is verbazingwekkend eenvoudig te begrijpen, maar toch vallen we er vaak ten prooi aan. Simpel gezegd betekent het dit: hoe meer we van iemand houden, hoe groter de kans dat we die persoon kopen of helpen. Toch kun je je afvragen wat 'sympathiek' precies inhoudt. Volgens onderzoek beschouwen we mensen als prettig als ze A) aantrekkelijke eigenschappen hebben, B) een vergelijkbare achtergrond of interesse hebben als wij en C) onze interesses delen. In advertenties komen vaak aantrekkelijke mensen voor. Lelijke mensen komen onvriendelijk over en komen niet eens in aanmerking (zie A). In de reclame zijn ook 'mensen zoals wij' werkzaam, namelijk mensen die qua uiterlijk, accent of achtergrond op elkaar lijken: hoe meer op elkaar lijken, hoe beter! Mirroring is een effectieve verkooptechniek die wordt gebruikt om precies dit effect te bereiken. Hier probeert de verkoper de gebaren, taal en gezichtsuitdrukkingen van zijn potentiële klant te spiegelen om een maximaal effect te bereiken. Als een koper langzaam en stil praat en vaak op zijn hoofd krabt, zou het logisch zijn als de verkoper hetzelfde zou doen, waardoor zijn kansen op het sluiten van een zakelijke deal groter zouden worden. Adverteerders maken vaak gebruik van complimenten als onderdeel van hun verkooppraatje: hoe vaak heb je advertenties zoiets horen zeggen als: 'je verdient dit!'? Ook hier speelt factor C een rol: mensen vinden ons aantrekkelijker als ze ons leuk vinden; complimenten werken magisch, zelfs als ze vals overkomen.

Multilevelmarketing (verkopen via persoonlijke netwerken) is uitsluitend afhankelijk van het vermogen om aantrekkelijk te zijn. Hoewel er superieure plastic containers op de markt zijn, werkt multilevelmarketing nog steeds door te profiteren van de smaak.
Tupperware kan bogen op een jaaromzet van twee miljard dollar, dankzij de betaalbare verkoopprijzen en gezellige feesten georganiseerd door vrienden die perfect aan beide gezelligheidsnormen voldoen.

Hulporganisaties gebruiken de 'like bias' in hun voordeel. Campagnes gaan bijna uitsluitend over glimlachende kinderen of vrouwen; Nooit zul je een gewonde guerrillastrijder met een stenen gezicht terugzien staren vanaf reclameborden, ook al heeft hij ook jouw steun nodig. Natuurbeschermingsorganisaties gebruiken soortgelijke technieken; zoek niet verder dan welke brochure van het Wereld Natuur Fonds dan ook waarin spinnen, wormen, algen of bacteriën als de sterren voorkomen - ook al zijn deze bedreigde wezens misschien wel net zo cruciaal voor het ecosysteem als panda's, gorilla's, koala's of zeehonden! Maar we voelen niets voor deze wezens - in plaats daarvan verbinden we ons sterker met wezens die op dezelfde manier handelen en zich op dezelfde manier gedragen als wij, dan iets uitgestorven zoals de bottenkapitein is uitgestorven... dat is jammer!

Politici zijn meesters in het creëren van een sfeer van sympathie onder hun publiek. Op basis van demografische en interesseanalyses stemmen ze de boodschap af op woongebied, sociale achtergrond of economische kwesties - en vleien ze ons: elke potentiële kiezer krijgt het gevoel onmisbaar te zijn bij het horen van woorden als: 'Jouw stem telt!' en zelfs dan nog maar een heel klein deel - soms op de grens van irrelevant!

Een van mijn vrienden die handelt in oliepompen gerelateerd aan pijpleidingen vertelde me hoe hij met succes een achtcijferige deal sloot voor een pijpleiding in Rusland, zonder gebruik te maken van omkoping om deze te sluiten. "Omkoping?" Ik informeerde, waarop mijn vriend nee antwoordde: ze begonnen te kletsen over zeilen en ontdekten plotseling dat we allebei dol waren op zeilen met de 470 dinghy! Vanaf dat moment was hun deal compleet, waarbij minnelijkheid veel beter was dan omkoping."

Dus als u een verkoper bent, zorg er dan voor dat uw kopers denken dat u ze leuk vindt, door vleierij of andere middelen. Aan de consumentenkant: beoordeel producten altijd objectief, ongeacht wie het aan hen heeft verkocht - verban verkopers uit uw gedachten door te doen alsof u ze niet leuk vindt!
Zie Wederkerigheid (hoofdstuk 6); Personificatie (hfdst. 87) voor meer informatie over deze onderwerpen.

Endowment Effect Ik was verbijsterd toen ik de BMW zag die trots op de parkeerplaats van een tweedehandsautodealer stond, sprankelend als nieuw met nog maar een paar kilometer op de teller en die er zo goed als nieuw uitzag. Het leek mij ongeveer $ 40.000 waard. Helaas wilde de verkoper $ 50.000,- en wilde hij geen centimeter toegeven aan de prijs. Ik besloot ervoor te gaan toen hij de week daarop terugbelde en zei dat hij in plaats daarvan $ 40.000 zou accepteren, de eerste rit die dag zou maken en zou stoppen bij een benzinestation waar de eigenaar naar buiten kwam om mijn auto te bewonderen - alleen voor hem dan om bied me op dat moment $ 53.000 contant aan! Onnodig te zeggen dat ik beleefd weigerde. Toen ik naar huis reed, werd het me duidelijk hoe belachelijk mijn beslissing was geweest: een item ter waarde van $ 40.000 was in mijn bezit gekomen en was onmiddellijk meer dan $ 53.000 waard! Als mijn denken echter puur door rationaliteit was gedreven, zou de auto onmiddellijk zijn verkocht - maar helaas voor mij, vanwege iets dat bekend staat als het endowment-effect (waarbij objecten waardevoller worden als ze eenmaal in bezit zijn), en daarom hebben we de neiging om meer te vragen. bij het verkopen van een artikel dan bij het rechtstreeks zelf kopen.

Psychotherapeut Dan Ariely voerde een experiment uit om deze theorie te testen: in een van zijn lessen verlootte hij kaartjes voor een grote basketbalwedstrijd en ondervroeg hij studenten om hun waardering ervoor te peilen; studenten met lege handen schatten ongeveer $ 170; winnende studenten zouden hun kaartje echter nooit verkopen onder de gemiddelde verkoopprijs van $ 2.400, waarbij eigendom gepaard gaat met hogere verkoopprijzen dan verwacht.

Onroerend goed heeft het schenkingseffect al lang aangetoond. Verkopers raken emotioneel gehecht aan hun huis, wat er vaak voor zorgt dat ze de waarde ervan overschatten en verwachten dat kopers meer betalen dan wat de marktprijs toestaat - iets wat eenvoudigweg niet kan gebeuren omdat dit overschot alleen maar sentimentele waarde vertegenwoordigt.

Richard Thaler voerde een opzienbarend klaslokaalexperiment uit aan de Cornell University om het schenkingseffect te meten. Hij deelde willekeurig koffiemokken uit aan de helft van zijn studenten en vertelde hen dat ze deze konden meenemen of verkopen tegen de gewenste prijs; degenen die er geen hadden, werd vervolgens gevraagd hoeveel ze bereid zouden zijn ervoor te betalen; Kortom, Thaler mat wat bekend staat als het endowment-effect.
Zet een markt op voor koffiemokken. Je zou aannemen dat ongeveer 50% van de studenten handel zou drijven, hetzij verkopen, hetzij kopen. Maar het resultaat was veel lager; slechts 1 op de 4 eigenaren verkocht onder de $ 5,25, terwijl kopers doorgaans niet meer dan $ 2,25 per mok betaalden.

Je kunt gerust zeggen dat mensen beter zijn in het verzamelen van dingen dan in het weggooien ervan, wat verklaart waarom we zoveel rommel in huis verzamelen en waarom verzamelaars van postzegels, horloges en kunst zelden afstand doen van hun waardevolle bezittingen.

Verbazingwekkend genoeg strekt het schenkingseffect zich niet alleen uit tot bezit, maar ook tot bijna-eigendom. Veilinghuizen als Christie's en Sotheby's profiteren van dit fenomeen: mensen die tot het laatste moment bieden, hebben het gevoel dat een object praktisch van hen is en zijn bereid veel meer te betalen dan gepland; elke terugtrekking uit het bieden wordt ondanks alle logica als een verlies gezien. Op grote veilingen, zoals die voor mijnbouwrechten of mobiele radiofrequenties, wordt vaak de "vloek van de winnaar" getoond, waarbij een aanvankelijke winnaar feitelijk economisch aan het verliezen is wanneer hij wordt ingehaald door vurige biedingen en overbiedingen. Voor meer inzicht in dit onderwerp verwijzen wij u graag terug naar hoofdstuk 35!

Er is een soortgelijk fenomeen op de arbeidsmarkt. Als u solliciteert naar een baan en geen feedback ontvangt of wordt afgewezen tijdens een sollicitatiegesprek, kan uw teleurstelling nog groter worden doordat u emotioneel betrokken raakt bij wat anders een routinematig selectieproces had kunnen zijn. Of je krijgt de baan of niet; niets anders zou er toe moeten doen.

Conclusie: Raak niet gehecht aan fysieke objecten; beschouw ze als tijdelijke geschenken uit het universum die snel en zonder voorafgaande kennisgeving kunnen verdwijnen. Houd dit in gedachten en geniet van de weinige tijd die er nog rest.
Zie ook het huisgeldeffect (hoofdstuk 84); Verzonken kostenmisvatting (hoofdstuk 5); De vloek van de winnaar (hoofdstuk 35); Contrasteffect (hfdst. 10); Verliesaversie (hfdst. 32); Cognitieve dissonantie (hfdst. 50); Not-Invented-Here-syndroom (hoofdstuk 74) en angst voor spijt (hoofdstuk 82)

De onvermijdelijkheid van onwaarschijnlijke gebeurtenissen

Toeval

Op 1 maart 1950 om 19.15 uur in Beatrice, Nebraska zouden de 15 leden van een kerkkoor repeteren. Om verschillende redenen liepen ze allemaal achter op schema; vooral omdat de familie van de minister vertraging opliep bij het strijken van de jurk van hun dochter. Om 19.25 uur ontplofte de kerk, waardoor schokgolven door het dorp gingen en muren en daken verbrijzelden. Wonder boven wonder kwam niemand om het leven bij de ontploffing die door de brandweercommandant werd toegeschreven aan een gaslek, ook al geloofden de koorleden dat het een goddelijke tussenkomst was of louter toeval.

Iets de afgelopen week deed me denken aan Andy, een oude schoolvriend met wie ik al een tijdje niet meer had gesproken. Tot mijn verbazing en verbazing ging mijn telefoon op dat moment over, zonder enige andere beller dan Andy erop! 'Je moet telepathisch zijn!' was mijn uitroep van opwinding toen ik hem oppakte om te antwoorden... Maar was dit toeval of telepathie?

Op 5 oktober 1990 meldde The San Francisco Examiner dat Intel zijn rivaal AMD voor de rechtbank zou aanklagen nadat hij had ontdekt dat ze van plan waren een computerchip uit te brengen met een acroniem bekend als AM386, dat duidelijk verwijst naar Intel's 386-chip. Intel was alleen op de hoogte van de bedoelingen van AMD door puur toeval: beide bedrijven hadden iemand in dienst die Mike Webb heette; beide mannen checkten op dezelfde dag uit uit hetzelfde hotel nadat ze samen hadden verbleven; De receptie ontving een pakket bedoeld voor Mike Webb, maar stuurde het in plaats daarvan naar Intel, waar het onmiddellijk werd doorgestuurd voor juridische analyse en onmiddellijk actie tegen AMD door advocaten van de juridische afdeling van de juridische afdelingen van beide bedrijven.

Hoe waarschijnlijk zijn dit soort verhalen? Zwitserse psychiater C.G. Jung zag daarin het bewijs van een onzichtbare kracht die hij synchroniciteit noemde; Hoe moeten rationele denkers dergelijke verhalen benaderen? Bij voorkeur met papier en potlood; Overweeg bijvoorbeeld om in het geval van de kerkexplosie vier vakjes te tekenen om de mogelijke uitkomsten weer te geven, waarvan de eerste is wat er feitelijk plaatsvond: het koor vertraagde en de kerk ontplofte (in werkelijkheid); deze vier vakjes kunnen dan vier mogelijke gebeurtenissen vertegenwoordigen: (1) koor vertraagd voordat de kerkexplosie plaatsvond (2) mogelijke koorvertragingen zonder dat er een explosie plaatsvond (3) mogelijke koorannuleringsgebeurtenissen die plaatsvonden tussen koorvertragingen voordat de kerk explodeerde (in werkelijkheid was dit precies wat nodig was plaats) vóór de vernietiging ervan (uitgestelde repetitie van het koor, explosie van de kerk). Er zijn vier

mogelijke mogelijkheden bij het benaderen van dergelijke verslagen met papier en potlood:
1) Het koor stelde de repetitie uit, waarna een kerkexplosie plaatsvond (dat wil zeggen
Schat de frequentie van deze gebeurtenissen en schrijf ze in de overeenkomstige vakjes,
waarbij u speciale aandacht besteedt aan hoe vaak 'koor op tijd en kerk niet ontplofte' heeft
plaatsgevonden; Merk op hoe vaak miljoenen koren samenkomen voor repetitie en niet te
maken krijgen met vergelijkbare omstandigheden als wat er plaatsvond in Beatrice, Nebraska
(wat eens in de eeuw of vaker zou kunnen gebeuren op basis van statistische
waarschijnlijkheden), dus er kan geen goddelijke tussenkomst zijn (bovendien is het Het lijkt
nogal dwaas dat God een kerk wil opblazen!)

Pas deze manier van denken toe op telefoongesprekken: denk aan alle keren dat 'Andy' aan je
denkt, maar niet belt; als je aan hem denkt, maar hij belt niet; of wanneer jullie geen van
beiden aan hen denken, maar ze nog steeds bellen?... Er kunnen een aantal gevallen zijn
waarin geen van beiden aan elkaar denkt - toch neemt iemand uiteindelijk op en belt, vooral
met 100 vrienden om uit te kiezen!

Het inschatten van kansen kan lastig zijn. Als iemand 'nooit' zegt, registreer ik dit meestal als
een schatting hoger dan nul, omdat 'nooit' nooit kan worden gecompenseerd door negatieve
waarschijnlijkheden.

Laten we ons dus niet laten meeslepen: onwaarschijnlijke toevalligheden zijn inderdaad
onwaarschijnlijke maar volkomen mogelijke gebeurtenissen; hun verschijning zou geen schok
moeten zijn; het zou verrassend zijn als ze nooit werkelijkheid zouden worden.

Zie ook: Valse causaliteit (hfst. 37); Bevestigingsvooroordeel (hfst. 7-8); Regressie naar
gemiddelde (hfdst. 19); Illusion of Control (ch 17) en Clustering Illusions (ch 3).

CONFORMITEIT WORDT NIET IN ELKE SITUATIE AFGEDWONGEN

Heeft u ooit groepsdenken ervaren tijdens een vergadering? Zeker. Daar zitten, zachtjes
meeknikken, in de hoop niet de voortdurende stem van onenigheid te zijn, is moeilijk als
iedereen in de buurt het ermee eens is, dus je besluit om je mening niet te geven. Helaas
speelt hier groepsdenken: wanneer alle leden zich op deze manier gedragen, nemen ze
roekeloze beslissingen omdat ze allemaal hun mening afstemmen op wat consensus lijkt te
zijn, ondanks dat individuele leden beter weten; Dit resulteert op zijn beurt in het aannemen
van moties die anders niet zouden zijn aangenomen zonder dat er sprake was van
groepsdruk - een effect dat we uitgebreid hebben besproken in hoofdstuk 4.

In maart 1960 begon de Amerikaanse geheime dienst anticommunistische ballingen die in
Miami woonden vanuit Cuba te rekruteren als wapens tegen het regime van Fidel Castro.
Slechts enkele dagen na zijn aantreden werd president Kennedy geïnformeerd over dit
geheime plan om Cuba binnen te vallen. Drie maanden later, tijdens een cruciale bijeenkomst
in het Witte Huis, bijgewoond door Kennedy en zijn adviseurs, stemden allen vóór een
invasie. Op 17 april 1961 landden 1.400 verbannen Cubanen in de Varkensbaai aan de
zuidkust van Cuba, met steun van de Amerikaanse marine, de luchtmacht en de CIA.
Aanvankelijk verliep alles zoals gepland in hun poging om de regering van Castro omver te
werpen. Op de eerste dag bereikten echter geen bevoorradingsschepen Cuba; twee werden
door de Cubaanse luchtmacht tot zinken gebracht voordat er nog twee naar huis
terugkeerden - ze keerden allemaal terug, keerden zich om of vluchtten helemaal terug naar
Amerika. Op dag twee omsingelde Castro hun brigade en vernietigde deze volledig. Op de
derde dag werden alle 1.200 overlevenden gevangengenomen en vastgehouden in militaire
gevangenissen. De invasie van president Kennedy in de Varkensbaai wordt algemeen
beschouwd als een van de ergste blunders in het Amerikaanse buitenlandse beleid; de
conceptie en implementatie ervan lijken zelfs nu nog absurd. Alle aannames ten gunste van
een invasie waren vals; Kennedy en zijn team onderschatten bijvoorbeeld de Cubaanse
luchtmacht met een enorme marge. Als onderdeel van de noodstrategie was het ook de
bedoeling dat de brigade, mocht zich een uitbraak voordoen, naar het Escambray-gebergte
zou kunnen ontsnappen en van daaruit ondergrondse oorlogvoering tegen Castro zou
kunnen voeren. Een snelle blik op de kaart laat zien dat deze potentiële veilige haven zich op
160 kilometer van de Varkensbaai bevond, wat voldoende dekking bood.
Maar Kennedy en zijn adviseurs beschikten over opmerkelijke intelligentie voor het leiden
van een Amerikaanse regering. Wat ging er mis tussen januari en april 1961?

Professor psychologie Irving Janis heeft uitgebreid onderzoek gedaan naar talloze fiasco's.
Hij vond een gemeenschappelijk thema: hechte groepen ontwikkelen teamgeest door
(onbewust) illusies te creëren. Eén van die misleidingen is een gevoel van
onoverwinnelijkheid: als zowel onze leider [Kennedy] als onze groep er vertrouwen in

hebben dat ons plan werkt, dan zou het geluk onze kant op moeten komen. Unanimiteit draagt ook bij aan het creëren van deze waanvoorstelling: als iedereen het ergens over eens is, moeten alle uiteenlopende standpunten ongeldig zijn. Niemand vindt het leuk om de persoon te zijn die de teameenheid verstoort. Individuen stellen het over het algemeen op prijs om erbij betrokken te worden, dus het uiten van bezwaren kan uitsluiting betekenen; een dergelijke verbanning zou waarschijnlijk de dood betekenen voor onze soort, vandaar ons sterke instinct om deel uit te maken van een groep.

Groepsdenken in het bedrijfsleven is niets nieuws, zoals blijkt uit Swissair. Hier schaarde een groep goedbetaalde consultants zich achter de voormalige CEO en ontwikkelde een risicovolle expansiestrategie (waaronder de aankoop van verschillende Europese luchtvaartmaatschappijen). Terwijl hun ijver een overweldigende consensus binnen hun team opriep, werden zelfs rationele bedenkingen onderdrukt tot de ineenstorting ervan in 2001.

Als je ooit in een omgeving terechtkomt waarin iedereen het over alles eens is, moet je je mening niet alleen tolereren, maar ook verwelkomen; Het ter discussie stellen van stilzwijgende aannames, zelfs als deze het risico lopen te worden uitgezet, kan ook helpen het stagnerende denken te doorbreken en een zinvolle dialoog tot stand te brengen. Overweeg om als leider iemand als advocaat van de duivel aan te wijzen. Hoewel ze misschien niet het populairste lid is, maar wel het meest nuttig zou kunnen zijn.

Zie ook: Sociaal bewijs (hfdst. 4); Sociaal luieren (hfdst. 33); In-groep out-groep bias (hfst. 79) en planningsfout (hfst. 91).

WAAROM JE BINNENKORT MEGATRILJOENEN SPEELT

Verwaarlozing van waarschijnlijkheid

Stel je twee kansspelen voor waarbij je elk een gelijke kans hebt om €10 miljoen te winnen; welke zou jij kiezen? Het winnen van de eerste zou je leven transformeren; je zou je baan kunnen opzeggen, je baas kunnen ontslaan en van je winst kunnen leven; als je daarentegen $ 10.000 wint, krijg je vrij van je werk terwijl je een onvergetelijke vakantie naar het Caribisch gebied maakt, zonder bang te hoeven zijn dat je ansichtkaart kort daarna weer op je werk arriveert - de kans voor beide is respectievelijk één op 100 miljoen - dus welke zou je kiezen? De kans voor elk is 1/10.000! Welk spel kies jij?

Emoties zorgen er vaak voor dat we het ene spel boven het andere verkiezen, ondanks een objectieve evaluatie van hun kansen (verwachte winst maal waarschijnlijkheid). De trend is dus in de richting van steeds grotere jackpots zoals Mega Millions, Mega Billions of Mega Trillions, ongeacht de kleine kansen.

Bij een experiment uit 1972 werden de deelnemers in twee groepen verdeeld; degenen die aan de ene categorie waren toegewezen, kregen te horen dat ze een elektrische schok konden krijgen, terwijl degenen in de tweede groep te horen kregen dat er slechts 50% risico bestond dat dit zou gebeuren. Onderzoekers namen kort voordat ze begonnen metingen van fysieke angst (hartslag, nervositeit en zweten). Wat ze ontdekten was onthutsend: er was absoluut geen verschil in stressniveau in beide groepen – alle deelnemers in beide groepen waren evenzeer overweldigd door zorgen. Vervolgens kondigden onderzoekers een reeks verlagingen van de kans op een schok aan voor de tweede groep: van 50% naar 20%, vervolgens naar 10% en uiteindelijk naar 5%. Toch kon er geen verschil worden opgemerkt! Toen beide groepen echter te horen kregen dat ze de sterkte van de verwachte stroming gingen vergroten, steeg het angstniveau weer – in ongeveer dezelfde mate. Dit laat zien hoe we op gebeurtenissen reageren op basis van de verwachte omvang in plaats van hun waarschijnlijkheid; we missen een intuïtief begrip van waarschijnlijkheid.

Het verwaarlozen van waarschijnlijkheid leidt tot fouten in de besluitvorming. We investeren in start-ups omdat hun potentiële winsten onze interesse trekken, maar we verzuimen (of zijn te lui) om te onderzoeken of nieuwe bedrijven daadwerkelijk een dergelijke groei realiseren. Of na uitgebreide berichtgeving in de media over een vliegtuigongeluk annuleren we vluchten zonder onze opties volledig te overwegen.
Omdat het onwaarschijnlijk is dat een crash zal plaatsvinden (en dus hun rendement niet zal veranderen), vergelijken amateurbeleggers hun beleggingen vaak uitsluitend op basis van het rendement. Google-aandelen met een verwacht rendement van 20% worden bijvoorbeeld als twee keer zo wenselijk gezien dan vastgoed met een rendement van 10%. hun gedachten.

Helaas gaat die aanpak voorbij aan risico's, iets wat onze natuurlijke intuïtie ons niet vertelt om goed over na te denken.

Terug naar het experiment met elektrische schokken: in groep B werd de kans op het ontvangen van een elektrische schok geleidelijk verlaagd van 5% naar 4% naar 3% totdat de waarschijnlijkheid nul bereikte; pas toen reageerde groep B anders dan groep A; dit leek oneindig veel beter dan zelfs maar 1% te riskeren!

Laten we dit op de proef stellen door twee benaderingen voor de behandeling van drinkwater te overwegen. Stel dat een rivier twee even grote zijrivieren heeft, die beide worden behandeld met methode A en B, waardoor het risico op overlijden als gevolg van besmetting met respectievelijk 5 procentpunten en 2 procentpunten wordt verlaagd; en B dat het van 1 procentpunt naar nul terugbrengt, waardoor het volledig wordt geëlimineerd, d.w.z. de dreiging volledig wordt geëlimineerd. Het lijkt voor de meeste mensen verstandig om voor B te kiezen; dit zou echter dwaas zijn, aangezien bij maatregel A drie keer minder mensen sterven dan bij maatregel B; terwijl methode A drie keer beter is! Deze misvatting staat bekend als zero-risk bias

Een iconisch voorbeeld is de Amerikaanse Food Act van 1958, die voedingsmiddelen verbood die kankerverwekkende stoffen bevatten om het risico op kanker nul te maken. Hoewel dit verbod aanvankelijk effectief was, leidde het tot de introductie van gevaarlijkere (maar niet-carcinogene) levensmiddelenadditieven. Paracelsus demonstreerde in de zestiende eeuw dat vergiftiging altijd een kwestie van dosering is, waardoor elke wet die vergiftiging verbiedt in wezen ineffectief is, aangezien er geen manier zou zijn om elk verboden molecuul uit voedselproducten te elimineren. Elke boerderij zou moeten functioneren als een hypersteriele computerchipfabriek en de voedselkosten zouden omhoogschieten; economisch gezien is nulrisico zelden zinvol; met uitzondering van dodelijke virussen die uit biotechlaboratoria ontsnappen of zware stormen die een landbouwgewas vernietigen.

Mensen hebben geen intuïtief inzicht in risico's en kunnen daarom slecht onderscheid maken tussen bedreigingen. Wij ervaren een toename van het risico als minder geruststellend als we te maken hebben met een emotioneel onderwerp als radioactiviteit; twee onderzoekers van de Universiteit van Chicago hebben deze bevinding aangetoond.
Angst voor besmetting door giftige chemicaliën is vaak een irrationele reactie; toch blijft het begrijpelijk.

Zie ook Beschikbaarheidsbias (hoofdstuk 11); Basistariefverwaarlozing (hoofdstuk 28), Probleem met gemiddelden (hoofdstuk 55), overlevingsbias (hoofdstuk 1), illusie van controle (hoofdstuk 17), exponentiële groei (hoofdstuk 34) en afkeer van dubbelzinnigheid (hoofdstuk 80).

WAAROM MAAKT HET LAATSTE KOEKJE IN DE POT MONDWATER

Op een avond bij mijn vriendin thuis voor een kopje koffie begonnen haar drie kinderen op de grond te worstelen en we deden ons uiterste best om met hen in gesprek te gaan, terwijl hun lichamen vochten om wie er nog een laatste knikker uit mijn zak met glazen knikkers zou halen - ik herinnerde me dat ik sommigen en spreidden ze uit in de hoop dat ze vreedzaam samen zouden spelen; tot mijn ongeloof brak er een verhitte discussie uit! Wat er was gebeurd was volkomen onverwacht: tussen al de vele blauwe knikkers was er maar één blauwe waar de kinderen achteraan klauterden; alle andere knikkers hadden exact dezelfde afmetingen en helderheid, maar de ene blauwe knikker had het voordeel omdat hij uniek was; Ik moest hardop lachen om hoe kinderachtig kinderen konden zijn!

Zodra ik hoorde dat Google in augustus 2005 zijn e-mailservice zou lanceren, wist ik dat ik er een wilde hebben (wat ik uiteindelijk ook deed). Destijds waren nieuwe accounts echter uiterst beperkt en alleen op uitnodiging toegestaan - dit maakte mijn verlangen nog groter! Niet dat ik nog een e-mailaccount nodig had (ik had er toen al vier); niet omdat Gmail superieur was aan de concurrentie; alleen dat niet iedereen er toegang toe had en mijn verlangen ernaar nog groter maakte! Als ik terugkijk, moet ik glimlachen; volwassenen kunnen soms kinderachtig zijn!

Rara sunt cara, zoals de Romeinen zeiden. Zeldzaam is waardevol. Mensen hebben inderdaad lang geleden onder deze misvatting van schaarste. Mijn vriend met drie kinderen werkt parttime als makelaar; telkens als ze potentiële kopers heeft die niet kunnen kiezen tussen twee vastgoedopties, belt ze en zegt: "Een dokter uit Londen heeft het gisteren bezocht". "Hij vond het erg leuk. En jij, heb je nog steeds interesse?"' De dokter uit Londen (soms kan het ook professor of bankier zijn) is uiteraard fictief; toch kan zijn effect heel reëel zijn: prospects zien een kans voor zich verdwijnen en handelen snel om een deal te sluiten, opnieuw vanwege een potentieel tekort aan aanbod; deze situatie kan niet objectief worden verklaard, omdat ze de grond tegen de vastgestelde prijs willen hebben, of niet; ongeacht eventuele fictieve artsen uit Londen die zouden kunnen opduiken.

Professor Stephen Worchel verdeelde de deelnemers in twee groepen om de kwaliteit van koekjes te testen: de ene kreeg een hele doos, terwijl de tweede er maar een paar kreeg. Subgroep B bevatte slechts twee cookies; toen hen werd gevraagd hun kwaliteit te beoordelen, overtroffen deze proefpersonen die van groep 1 ruimschoots. Het experiment werd verschillende keren herhaald, telkens met vergelijkbare resultaten.

In advertenties wordt vaak aangeprezen: "Alleen zolang de voorraad strekt." Posters waarschuwen ons regelmatig om snel te handelen als zich schaarstefouten voordoen. Galerie-eigenaren profiteren van deze fout door rode 'verkochte' stippen onder de meeste schilderijen te plaatsen, waardoor de resterende zeldzame en wenselijke stukken nog aantrekkelijker worden en zo schaarstefouten ontstaan die snel moeten worden verholpen voordat ze schaarser worden. snel. Postzegelverzamelaars, muntenliefhebbers en liefhebbers van oldtimers verzamelen vaak postzegels, munten en auto's, ook al dienen deze niet langer een praktisch nut - de aantrekkingskracht komt eerder voort uit schaarstefouten dan uit iets praktisch! Dit klopt allemaal.

De leerlingen kregen de opdracht om tien posters te rangschikken op basis van aantrekkelijkheid, met dien verstande dat ze er daarna één mochten houden als beloning voor hun deelname. Vijf minuten later kregen ze te horen dat er één niet beschikbaar was; drie waren niet beschikbaar omdat ze door beveiligingspersoneel waren teruggetrokken. Daarna werd hen gevraagd alle tien de posters helemaal opnieuw te beoordelen, waarbij één poster die niet meer bestond ineens de mooiste werd. Psychologen noemen dit fenomeen reactantie: wanneer we geconfronteerd worden met keuzes die we niet kunnen hebben, reageren onze hersenen vaak door alternatieven die niet langer bestaan een grotere aantrekkelijkheid toe te kennen - een daad van verzet tegen het verlies van controle over een optie. Het Romeo en Julia-effect is bekend: een verboden romance tussen Shakespeare-tieners leidt hen naar een onstuitbaar verlangen dat geen grenzen kent. Niet noodzakelijkerwijs romantisch van aard - in Amerika zijn studentenfeesten gevuld met wanhopige dronken studenten omdat de drankwetten voor minderjarigen verboden zijn.

Conclusie: Als reactie op schaarste hebben de meeste mensen de neiging om beslissingen te nemen zonder helder nadenken. Wanneer u aankopen doet en beslissingen neemt die uitsluitend op een kosten-batenanalyse zijn gebaseerd, zouden eventuele tekenen dat een item snel zou kunnen verdwijnen er niet toe doen; noch zouden Londense artsen zich moeten interesseren.
Opmerkingen over contrasteffect (hfdst. 10); Angst voor spijt (hfdst. 82) en huisgeldeffect (hfdst. 84) Voor meer inzicht: verwacht bij het horen van hoefslagen geen zebra!

ALS JE HOOBBEATS HOORT, VERWACHT ER DAN GEEN!

BASISTARIEF VERWAARLOZING

Stel je voor dat Mark een magere, brildragende man uit Duitsland is die graag naar Mozart luistert. Is hij hoogstwaarschijnlijk: A) een vrachtwagenchauffeur in Duitsland, of B) een hoogleraar literatuur in Frankfurt? De meesten zullen B raden, wat onjuist zou zijn aangezien Duitsland 10.000 keer meer vrachtwagenchauffeurs heeft dan literatuurprofessoren - wat betekent dat hij waarschijnlijk een vrachtwagenchauffeur zou moeten zijn! Onze geest werd voor de gek gehouden door een gedetailleerde beschrijving die ons wegleidde van de statistische realiteit; Wetenschappers noemen deze logische fout een verwaarlozing van de basisrente, wat ons ervan weerhoudt fundamentele verdelingsniveaus in ogenschouw te nemen – een van onze meest voorkomende redeneerfouten! Veel journalisten, economen en politici worden er regelmatig het slachtoffer van, wat ertoe leidt dat er verkeerde beslissingen worden genomen bij het maken van aannames over welke uitkomst kan optreden, omdat onze aannames over fundamentele distributieniveaus worden genegeerd bij het nemen van beslissingen die ons op deze weg kunnen leiden!

Hier is nog een scenario waarin een jongeman dodelijk wordt neergestoken: welke optie is waarschijnlijker? A) Een aanvaller kan een illegale Russische immigrant zijn die illegaal gevechtsmessen importeert, of B) Een aanvaller komt uit de middenklasse van Amerika en importeert deze messen illegaal - optie B is veel waarschijnlijker aangezien er miljoenen meer Amerikanen uit de middenklasse zijn dan Russische messen importeurs.

Verwaarlozing van de basisfrequentie speelt een cruciale rol in de geneeskunde. Migraine kan bijvoorbeeld op alles duiden, van een virusinfectie of een hersentumor tot hartproblemen; Artsen beoordelen gewoonlijk eerst op virale infecties voordat ze op tumoren testen om het welzijn van de patiënt te garanderen. Bewoners van medische scholen besteden veel tijd aan het opruimen van verwaarlozing; een motto dat vaak wordt herhaald voor toekomstige artsen in de VS is: 'Als je hoefslagen achter je hoort, verwacht je niet dat je een zebra ziet!' wat betekent: onderzoek eerst de meer waarschijnlijke aandoeningen voordat je exotische aandoeningen diagnosticeert, zelfs als dat specialisme je vereist.

Artsen zijn de enige professionals die toegang hebben tot een dergelijke uitgebreide opleiding; Helaas krijgen maar weinig mensen in het bedrijfsleven zo'n introductie. Ik word vaak opgewonden als ik de bedrijfsplannen van hoogvliegende ondernemers lees die de volgende Google zouden kunnen worden! Maar bij nader onderzoek besef ik dat de kans dat hun bedrijf de eerste vijf jaar zal overleven slechts 20% is; daarom moet hun overlevingskans ook deze realiteit weerspiegelen.

Warren Buffett legde ooit uit waarom hij niet in biotechbedrijven investeert: 'Hoeveel van deze bedrijven maken een omzet van enkele honderden miljoenen dollars? Gebeurt het gewoon niet?...?Het meest waarschijnlijke scenario voor deze bedrijven zal waarschijnlijk ergens in het midden blijven.' Dit is helder basisdenken. De verwaarlozing van de basiscijfers bij de meeste mensen kan worden toegeschreven aan overlevingsvooroordelen (hoofdstuk 1): ze hebben de neiging alleen succesvolle individuen en bedrijven te zien, omdat niet-succesvolle gevallen vaak niet worden gerapporteerd (of te weinig worden gerapporteerd), waardoor ze de meer 'onzichtbare' gevallen over het hoofd zien. binnen bestaan.

Stel je dit eens voor: bij het proeven van wijn in een restaurant wordt het etiket van elke fles verwijderd, waardoor alleen een indicatie over de herkomst overblijft: Frankrijk is doorgaans goed voor driekwart van de aangeboden wijnen, dus zonder beter te weten zou je hoogstwaarschijnlijk Frankrijk verkiezen boven Chileense of Californische opties.

Soms heb ik het ongelukkige genoegen om te spreken voor studenten van prestigieuze business schools. Wanneer hen wordt gevraagd naar hun carrièredoelen, antwoorden velen dat ze zichzelf op de middellange termijn zien in raden van bestuur van mondiale bedrijven; soortgelijke antwoorden werden gegeven door mijn medestudenten toen we aanwezig waren. Wanneer ze deze informatie krijgen, antwoorden studenten meestal dat met een diploma van deze school de kans op een plek in het bestuur van een Fortune 500-bedrijf minder dan 0,1% is - dat ze hoogstwaarschijnlijk ergens in het middenmanagement terecht zullen komen - wat altijd geschokte blikken oplevert maar ik denk dat ik een kleine bijdrage heb geleverd aan het verzachten van hun toekomstige midlifecrises!
Zie ook: hesitez 1 26 Gambler's Fallacy (hoofdstuk 29); Conjunctie-fout (hfdst. 41); Probleem met gemiddelden (hoofdstuk 55) Informatiebias (hoofdstuk 59); Ambiguïteitsaversie (ch 8) (onzintheorie 29 - een bewezen feit).

De denkfout van de gokker Er gebeurde iets opmerkelijks in Monte Carlo in 1913: grote menigten verzamelden zich rond een roulettetafel en waren verbaasd toen ze zagen hoe de bal twintig keer achter elkaar op zwart landde! Spelers profiteerden ten volle van dit fenomeen door snel geld op rood te plaatsen, maar een andere keer kwam de bal op zwart terecht, ondanks dat meer mensen op rood gokten dan voorheen - tot uiteindelijk bij de zevenentwintigste draai, toen de bal uiteindelijk op rood terechtkwam - waardoor miljoenen ingezet worden en spelers binnen enkele minuten failliet gaan.

Stel je dit eens voor: het gemiddelde IQ van leerlingen in een grote stad is 100. Om dit verder te onderzoeken, neem je een willekeurige steekproef van 50 studenten, waarbij één getest kind een IQ van 150 heeft, en observeer je hun vooruitgang over een aantal maanden. De meeste mensen raden 100; misschien denkend dat de superslimme leerling zal worden gecompenseerd door iemand met een gemiddeld IQ van respectievelijk 50 of twee ondergemiddelde leerlingen met respectievelijk 75 IQ's - maar dit scenario is hoogst onwaarschijnlijk; we moeten eerder verwachten dat elk van onze resterende 49 hun bevolking zal vertegenwoordigen door elk een gemiddeld IQ van 100 te hebben, wat ons een gemiddelde score van 101 oplevert voor uw 50 studenten.

Monte Carlo- en IQ-experimenten laten zien hoe mensen geneigd zijn te geloven dat er een onzichtbare 'balancerende kracht van het universum' bestaat; dit staat bekend als gokkersmisvatting. Bij onafhankelijke gebeurtenissen bestaat deze kracht echter niet: ballen kunnen zich niet herinneren hoe vaak ze op zwart terechtkomen. Toch voert een van mijn vrienden zijn wekelijkse Mega Millions-nummers in een Excel-spreadsheet in voordat hij de nummers speelt die het minst vaak zijn verschenen - al dit werk voor niets - ook hij wordt het slachtoffer van de denkfout van de gokker!

Een grap illustreert dit fenomeen: een wiskundige die bang is om te vliegen vanwege het risico op een terroristische aanval, neemt elke vlucht met een bom in zijn handbagage voor het geval er iets zou gebeuren aan boord; Met deze maatregel neemt de kans dat hij er een aan boord heeft aanzienlijk toe.
"De kans dat twee bommen zich in één vliegtuig bevinden, is buitengewoon klein!" Hij stelt verder.

Stel je voor dat je gedwongen wordt om duizenden dollars van je eigen geld uit te geven door te wedden op de uitkomst van de volgende toss, waarbij je elke keer kop krijgt. Gegeven dit scenario zouden veel mensen waarschijnlijk voor staarten kiezen, ook al is kop net zo waarschijnlijk. De misvatting van de gokker doet ons geloven dat er iets moet veranderen!

Opnieuw dwingt iemand je om een weddenschap te plaatsen. Kies jij deze keer kop of munt? Nu je enkele voorbeelden hebt gezien, ben je bekend met het spel; wetende dat het beide kanten op kan gaan. Helaas zijn we zojuist een andere valkuil van de deformatie professionnelle (professioneel toezicht) van wiskundigen tegengekomen; logica vertelt je dat kop waarschijnlijk de verstandigste optie is, aangezien de munt tegen munt lijkt te zijn opgetuigd.

Recente artikelen onderzochten regressie als betekenis. Beschouw ter illustratie dit scenario: als er in uw regio sprake is van een recordkoude, is de kans groot dat de temperatuur de komende dagen terugkeert naar normale waarden - net als in een casino! Complexe feedbackmechanismen in de atmosfeer zorgen ervoor dat extremen zichzelf in de loop van de tijd in evenwicht brengen, terwijl extremen soms intenser worden - bijvoorbeeld wanneer rijke mensen rijker worden, en aandelen die exploderen extra vraag creëren als gevolg van opvallen - waardoor een soort omgekeerd compensatie-effect ontstaat.

Houd rekening met zowel onafhankelijke als onderling afhankelijke gebeurtenissen in uw omgeving. Zuiver onafhankelijke evenementen bestaan alleen in casino's, loterijen en theoretische omgevingen - deze kunnen bestaan op casino's, loterijen of theoretische niveaus; het echte leven presenteert ons vaak met onderling samenhangende gebeurtenissen die elkaar beïnvloeden – denk aan financiële markten of gezondheid. Gebeurtenissen uit het verleden hebben invloed op toekomstige gebeurtenissen. Hoe geruststellend een idee ook mag klinken, er bestaat eenvoudigweg geen evenwichtskracht die onafhankelijke gebeurtenissen tegen negatieve invloeden kan beschermen; Zo'n 'wat rondkomt, komt rond'-concept bestaat ook niet!
Zie ook: Gemiddelden (hfst. 55); Basistariefverwaarlozing (hfdst. 28); Deformatie Professionnelle (hfdst. 92); Regressie naar het gemiddelde (hfdst. 19); Simple Logic (hfdst. 63) voor aanvullende bespreking van deze onderwerpen. 29

WAAROM MAAKT HET WIEL VAN FORTUNE ONS SPIRAAL?

Waar werd Abraham Lincoln geboren? Hoe zou u zo'n vraag beantwoorden zonder onmiddellijke toegang tot een antwoord en terwijl de batterij van uw smartphone net leeg is? Misschien is de wetenschap dat hij president was tijdens de Amerikaanse Burgeroorlog van 1860 en dat hij de eerste Amerikaanse president werd die ooit werd vermoord, genoeg voor u? Het bekijken van het Lincoln Memorial in Washington roept geen beelden op van een energieke jonge persoon, maar eerder van een oude veteraan van 60 jaar oud. Omdat hij ergens tussen 1860 en 1864 werd vermoord (hij stierf in 1809), is 1805 ons geschatte geboortejaar (het zou eigenlijk 1809 moeten zijn). Hoe hebben we dit bedacht? Door een ankerpunt als 1865 als uitgangspunt te nemen en van daaruit terug te werken om een weloverwogen schatting te maken.

Als we iets moeten raden – bijvoorbeeld de lengte van de rivier de Mississippi, de bevolkingsdichtheid in Rusland of het aantal kerncentrales in Frankrijk – gebruiken we ankers. Vertrekkend van iets bekends verkennen we van daaruit onbekend terrein. Welke andere manier zou er kunnen zijn om dit te doen, als we geen willekeurige getallen uit ons hoofd halen? Dat zou volkomen irrationeel zijn!

Helaas kunnen ankers ook misbruikt worden. In een collegeklas liet een professor zijn studenten bijvoorbeeld de laatste twee cijfers van hun burgerservicenummer opschrijven voordat ze op basis van die cijfers een beslissing namen over het al dan niet bieden op een fles wijn op een veiling - wat ertoe leidde dat ze bijna twee keer meer boden als hun aantal was hoger vergeleken met lagere! Zo wordt aangetoond hoe burgerservicenummers als anker fungeren; zelfs als dit op een indirecte of misleidende manier gebeurt.

Psycholoog Amos Tversky voerde een experiment uit met behulp van een rad van fortuin. Deelnemers draaiden het, en daarna werd gevraagd hoeveel lidstaten de Verenigde Naties hebben; hun gissingen bevestigden het ankereffect: individuen die hoge getallen op het rad hadden gedraaid, hadden hogere schattingen gegeven dan mensen die er niet zulke hoge getallen op hadden gedraaid.

Russo en Shoemaker voerden onderzoek uit om te ontdekken wanneer Attila de Hun in Europa werd verslagen - vergelijkbaar met het vragen aan studenten in welk jaar de sociale zekerheid werd ingevoerd.
Deelnemers kregen vervolgens ankerpunten op basis van de laatste paar cijfers van hun telefoonnummer, waarbij degenen met hogere nummers latere jaren kozen en vice versa (Attila werd in 453 vermoord)

Ankers zijn er in overvloed, en we houden ons er allemaal aan vast. Veel producten bevatten bijvoorbeeld een geadverteerde 'aanbevolen verkoopprijs', die als ankerpunt fungeert. Verkoopprofessionals weten dat ze prijzen vroeg moeten vaststellen – lang voordat er een aanbieding is gedaan – om verkoopsucces te garanderen. Bovendien heeft onderzoek aangetoond dat het kennen van de eerdere cijfers van leerlingen van invloed is op de manier waarop leraren nieuw werk beoordelen; de laatste cijfers fungeren als uitgangspunt.

Mijn eerste jaren bracht ik door bij een adviesbureau. Mijn baas was bedreven in het gebruik van ankers. In zijn eerste gesprek met elke klant stelde hij een openingsprijs vast die, volgens de wet, onze interne kosten ruimschoots overtrof: 'Om ervoor te zorgen dat u niet verrast wordt als u uw offerte ontvangt, meneer Zo-en-zo: heeft onlangs een een soortgelijk project voor een van uw concurrenten bedroeg ongeveer vijf miljoen dollar". Dat anker werd vervolgens laten vallen; de prijsonderhandelingen begonnen voor precies dit bedrag.

Zie ook Framing (hfdst. 42).

In eerste instantie lijkt het schuwe dier sceptisch; Uiteindelijk neemt de weerstand echter af en beginnen ze regelmatig van elkaar te eten. Maar uiteindelijk bezwijkt hun wantrouwen en uiteindelijk wordt hun vertrouwen sterker dan voorheen. Na een aantal maanden gaat de gans geloven dat zijn boer het beste met hem voor heeft, aangezien elke extra dag voeren deze veronderstelling bevestigt. Ze was stomverbaasd toen hij hem op eerste kerstdag uit zijn verblijf haalde - om haar in plaats daarvan af te slachten! David Hume gebruikte een allegorie over kerstganzen als waarschuwing tegen inductief denken – de neiging om universele waarheden af te leiden uit individuele observaties. Hoewel zijn verhaal misschien alleen relevant lijkt tijdens de kersttijd, reiken de lessen ervan veel verder dan deze symbolische vakantievogel. Maar inductief redeneren heeft niet alleen invloed op ganzen.

Een belegger koopt aandeel X en wordt aanvankelijk achterdochtig als de aandelenkoers omhoog schiet, in de veronderstelling dat er mogelijk een zeepbel bestaat. Maar naarmate de tijd verstrijkt en de koers verder omhoog gaat, maakt zijn achterdocht plaats voor opwinding: dit aandeel zal misschien wel nooit dalen! In slechts een half jaar tijd belegt hij al zijn spaargeld erin, zonder rekening te houden met het clusterrisico dat gepaard gaat met het erin beleggen van zijn spaargeld - om later duur te moeten boeten voor zulke dwaze beslissingen die uit hebzucht en onwetendheid zijn genomen.

Inductief denken hoeft u niet op een pad naar een ramp te leiden; Sterker nog, je zou van inductief denken een bron van winst kunnen maken door e-mails te versturen met voorspellingen voor zowel stijgende prijzen volgende maand als dalende prijzen - waarbij wordt voorspeld dat ze kunnen dalen. Stuur de eerste e-mail naar 50.000 mensen en vervolgens naar een aparte groep van 50.000 mensen na een maand, toen de indices aanzienlijk waren gedaald. Stuur nu nog een e-mail, maar deze keer alleen naar de 50.000 mensen die in hun eerste e-mail nauwkeurige voorspellingen hebben ontvangen. Na 10 maanden blijven er ongeveer 100 van uw klanten over. Vanuit hun perspectief heb je je profetische krachten bewezen. Sommigen zullen je hun geld toevertrouwen - neem het en ga weer leven in Brazilië.
We worden echter niet alleen voor de gek gehouden door naïeve vreemden; zelfs wij kunnen voor de gek gehouden worden; degenen die zelden ziek worden, geloven dat ze onsterfelijk zijn. CEO's die opeenvolgende kwartalen van hogere winsten boeken, hebben de neiging zichzelf onverslaanbaar te vinden, net als hun werknemers en aandeelhouders. Ik had ooit een vriend die dol was op basisspringen. Hij lanceerde zichzelf van kliffen, antennes, gebouwen enz., waarbij hij pas op het laatste moment aan zijn trekkoord trok voordat hij veilig op aarde landde. Op een dag informeerde ik naar het risiconiveau dat zijn gekozen sport met zich meebracht en zijn antwoord was vrij nonchalant: 'Ik heb meer dan duizend sprongen achter de rug en er gebeurt nooit iets met mij.' Twee maanden later was hij

gestorven toen hij van een bijzonder gevaarlijke klif in Zuid-Afrika sprong - deze tragische gebeurtenis weerlegde alle theorieën die herhaaldelijk bewezen waren.

Inductief denken kan rampzalige gevolgen hebben, maar toch zijn we er elke dag van afhankelijk om te overleven. Wanneer we aan boord van een vliegtuig gaan, blijven de aerodynamische wetten van kracht; we vertrouwen erop dat er geen willekeurige aanvallen op straat zullen plaatsvinden; ons hart zou morgen nog steeds moeten kloppen – dit zijn essentiële garanties zonder welke het leven niet zou doorgaan – maar we moeten altijd bedenken dat alleen zekerheden zoals de dood en belastingen permanent zijn; Benjamin Franklin zei het het beste: 'Niets is zeker behalve de dood en belastingen.'

Inductie kan ons in slaap sussen door dingen te geloven als: 'De mensheid heeft altijd overleefd, dus we zullen ook toekomstige uitdagingen het hoofd kunnen bieden.' Hoewel dit in theorie logisch lijkt, erkennen velen niet dat dergelijke uitspraken alleen afkomstig kunnen zijn van soorten die tot nu toe hebben overleefd; het maken van aannames dat onze overleving vandaag de dag toekomstige overleving aangeeft, zou een epische vergissing zijn en mogelijk de ernstigste redeneerfout ooit.

Valse causaliteit (hfdst. 37); Survivorship Bias (hoofdstuk 1) wordt hier ook behandeld.

WAAROM RAAKT HET KWAAD HARDER DAN HET GOED?

Verliesaversie Hoe voelt u zich momenteel op een schaal van 1 tot 10? Stel je nu eens voor wat jou op de 10 zou brengen, zoals die reis naar het Caribisch gebied waar je altijd naar hebt verlangd of een toename in carrièremogelijkheden? Door deze oefening gaande te houden: wat zou uw score met hetzelfde cijfer kunnen verlagen? Verlamming, de ziekte van Alzheimer, kanker, depressie, oorlog, honger, marteling, financiële ruïnering, reputatieverlies, vriend, ontvoerd worden, blindheid, dood, het zijn slechts een paar beschikbare opties die groot ongenoegen teweeg zouden brengen; Door simpelweg al deze mogelijkheden te doordenken, worden we ons ervan bewust hoeveel obstakels er bestaan als het gaat om het in stand houden van het geluksspectrum, vergeleken met al die positieve invloeden; al deze opsommingen benadrukken hoeveel obstakels er bestaan en de gevolgen ervan zijn veel ernstiger dan de voordelen; geen wonder dat we het geluk niet zoeken dan ooit tevoren.

Op een bepaald punt in ons evolutionaire verleden was dit zelfs nog meer waar: één kleine fout kon onmiddellijk tot de dood leiden. Er zijn allerlei dingen die ervoor kunnen zorgen dat u snel uit het leven stapt: onzorgvuldige jachtpraktijken, peesontsteking of uitsluiting uit de groep. Mensen die onzorgvuldig of roekeloos waren, stierven vaak voordat ze hun genen aan toekomstige generaties hadden doorgegeven; alleen de voorzichtige hebben het overleefd en zijn vandaag de dag onze nakomelingen.

Het is dus begrijpelijk waarom we meer bang zijn voor verlies dan voor winst; Het verliezen van $ 100 kost ons veel meer geluk dan de vreugde die het ons zou kunnen schenken als ik het in plaats daarvan aan ons zou geven. Studies hebben zelfs aangetoond dat een emotionele reactie twee keer zoveel weegt als een vergelijkbare winst. Sociale wetenschappers noemen dit fenomeen verliesaversie.

Om deze reden, als je iemand van iets probeert te overtuigen, concentreer je dan niet op de voordelen ervan; benadruk in plaats daarvan hoe het hen helpt nadelen te vermijden. Bij een campagne ter bevordering van borstzelfonderzoek (BSE) werd gebruik gemaakt van twee verschillende folders die onder vrouwen werden verspreid om informatie over BSE te verspreiden. In pamflet A staat: 'Uit onderzoek blijkt dat vrouwen die aan BSE deelnemen een grotere kans hebben om tumoren te ontdekken in een vroeg, beter behandelbaar stadium'. In pamflet B staat: 'Uit onderzoek is gebleken dat vrouwen die afzien van het uitvoeren van BSE een grotere kans hebben om kankertumoren in een vroeg stadium en in beter behandelbare stadia te ontdekken.' Uit het onderzoek bleek dat het verhaal van pamflet B (geschreven vanuit een 'verliesframe') een aanzienlijk groter bewustzijn creëerde. en gedragsverandering dan pamflet A's (geschreven in een "verdienframe").
De angst voor verlies motiveert mensen meer dan het vooruitzicht iets van gelijke waarde te verwerven. Als uw bedrijf dus woningisolatieproducten aanbiedt, is een effectieve manier om

klanten aan te moedigen om te kopen, door hen te laten zien hoeveel geld ze zouden kunnen verliezen zonder isolatie in plaats van hoeveel ze zouden kunnen verliezen zonder isolatie. zou er misschien mee kunnen besparen - ook al zouden beide bedragen hetzelfde blijven.

Op de aandelenmarkt negeren beleggers vaak verliezen op papier, omdat een niet-gerealiseerd verlies minder pijnlijk is dan een daadwerkelijk verlies; Zij blijven dus investeerders, ook al zijn de kansen op herstel of verdere achteruitgang klein. Ik heb ooit een multimiljonair ontmoet die erg overstuur was omdat hij in één klap honderd dollar had verloren; toch schommelde zijn portefeuille elke seconde met minstens dit bedrag! Ik probeerde hem uit te leggen dat deze emotie ongegrond is, aangezien zijn portefeuille elke seconde met minstens dit bedrag fluctueert!

Managers in grote bedrijven sporen werknemers doorgaans aan om moediger en ondernemender te zijn, maar in werkelijkheid zijn veel werknemers geneigd risicomijdend te zijn. Vanuit hun perspectief is dit logisch: waarom zou je iets riskeren dat een hogere bonus of erger zou kunnen opleveren: een pink slip? In de meeste gevallen en situaties overtreft loopbaanbescherming elke mogelijke beloning. Dus als u zich afvraagt waarom het nemen van risico's onder uw werknemers ontbreekt, weet u nu waarom (hoewel wanneer werknemers aanzienlijke risico's nemen, dit vaak onder het mom van groepsbeslissingen - lees meer in hoofdstuk 33 over sociaal loafing).

Het kwaad is krachtiger en overheersender dan het goede; we hebben de neiging sterker te reageren als er negatieve dingen op ons pad komen dan wanneer er positieve dingen gebeuren; enge gezichten vallen op straat doorgaans meer op dan lachende gezichten; we herinneren ons slecht gedrag langer – behalve als het onszelf betreft!
Zie ook het huisgeldeffect (hoofdstuk 84); Endowment Effect (hoofdstuk 23), Social Loafing, (hoofdstuk 33) Default Effect, Sunk Cost Fallacy en Framing, evenals Affect Heuristic in hoofdstuk 42 voor verder inzicht. (CH66).

WAAROM TEAMLEDEN LUI ZIJN

SOCIAAL LOAFEN

In 1913 deed de Franse ingenieur Maximilian Ringelmann onderzoek naar de prestaties van paarden. Tot zijn verbazing waren twee paarden die een koets trokken niet het dubbele van dat van één paard alleen. Verbijsterd over dit resultaat richtte Ringelmann zijn onderzoek op mensen; Door meerdere individuen tegelijk touwen te laten trekken en daarbij de kracht te meten die door ieder afzonderlijk werd uitgeoefend, ontdekte hij dat wanneer twee mensen samentrokken, ze gemiddeld 93% van hun individuele kracht investeerden in het samentrekken; toen er drie samenkwamen, daalde het naar 86% van de investeringen; toen drie samen slechts 49% bereikten!

De wetenschap noemt dit fenomeen het social loafing-effect. Dit gebeurt wanneer individuele prestaties niet direct merkbaar zijn - wanneer individuele bijdragen opgaan in de collectieve inspanning in plaats van rechtstreeks zichtbaar te zijn voor waarnemers. Sociale loafing komt vaak voor tijdens roeiwedstrijden, maar niet bij estafettewedstrijden waarbij individuele bijdragen duidelijk worden. Sociaal loafing kan rationeel gedrag zijn: waarom zou je al je energie investeren als de helft voldoende is? Het nemen van sluiproutes zonder dat iemand het doorheeft, is ook gebruikelijk – zoals de paarden van Ringelmann! Over het geheel genomen kan social loafing worden gezien als een vorm van bedrog waar we ons allemaal onbewust schuldig aan maken, net zoals Ringelmann deed toen hij hen tegenwerkte tegen tegenstanders!

Naarmate mensen samenwerken, hebben de individuele prestaties de neiging af te nemen – iets wat geen verrassing hoeft te zijn – maar wat opvalt is onze voortdurende inbreng, ondanks de afnemende individuele prestaties. Wat weerhoudt ons ervan om het simpelweg volledig op te geven en al het harde werk aan anderen over te laten? Gevolgen - nulprestaties zouden worden opgemerkt en tot ernstige gevolgen kunnen leiden, zoals uitsluiting uit een groep of belastering; De evolutie heeft ons fijn afgestemde zintuigen gegeven die ons in staat stellen te onderscheiden hoeveel luiheid onopgemerkt aan onszelf kan voorbijgaan of dit bij anderen kan detecteren.

Sociaal luieren gaat veel verder dan fysieke prestaties; ook mentaal verslappen we. Bij bijeenkomsten waar te veel deelnemers aanwezig zijn, is de individuele deelname bijvoorbeeld doorgaans zwakker dan wanneer er slechts twintig of honderd aanwezigen zijn; zodra deze drempel echter is overschreden, stagneren de prestatieniveaus. Of een groep nu uit 20 of 100 leden bestaat, doet er niet toe, we hebben de maximale traagheid bereikt en het maximale prestatiepotentieel bereikt.

Eén lastige vraag blijft: wie heeft het idee bedacht dat teams individuen overtreffen?
Misschien Japans. Dertig jaar geleden.
Bedrijfseconomen onderzochten het industriële wonder van Japan en zagen hoe de fabrieken
in teams waren georganiseerd. Bedrijfseconomen probeerden dit model vervolgens met
wisselend succes te kopiëren: sommige teams presteerden uitzonderlijk goed, maar andere
niet (mogelijk omdat sociale loafing daar zelden voorkwam), terwijl in Europa teams die uit
diverse maar gespecialiseerde mensen bestonden over het geheel genomen het beste
presteerden; binnen dergelijke groepen konden individuele prestaties gemakkelijk worden
geïdentificeerd en getraceerd.

Sociaal loafing kan diepgaande gevolgen hebben. Groepsleden hebben de neiging zowel de
deelname als de verantwoordelijkheid voor groepsmisdaden of slechte beslissingen te
beperken. Niemand wil alleen de schuld op zich nemen. Een flagrant voorbeeld is de
vervolging van nazi's tijdens de processen van Neurenberg; minder controversieel: denk eens
aan een bestuur of managementteam. We verschuilen ons vaak achter teambeslissingen om
het nemen van verantwoordelijkheid te vermijden; deze praktijk staat bekend als diffusie van
verantwoordelijkheid. De teamdynamiek zorgt er ook voor dat ze grotere risico's nemen dan
ze individueel zouden nemen; leden hebben de neiging te geloven dat ze niet persoonlijk
verantwoordelijk worden gehouden als er iets misgaat, wat tot risicovolle verschuivingen
leidt. Dit fenomeen is vooral riskant onder strategen van bedrijven en pensioenfondsen, waar
miljarden op het spel staan, en bij defensiedepartementen waar groepen beslissen wanneer
kernwapens moeten worden ingezet.

Conclusie: Mensen gedragen zich anders in groepen dan alleen (anders zouden er geen
groepen zijn). De negatieve aspecten van groepen kunnen worden gecompenseerd door
individuele prestaties zoveel mogelijk zichtbaar te maken: lang leve de meritocratie! Lang leve
de prestatiemaatschappij!

Motivatie Crowding (hfdst. 56); Sociaal bewijs (hfdst. 4); Groepsdenken (hfdst. 25);
Verliesaversie (hfdst. 32)

OMRINGD DOOR PAPIER?

EXPONENTIËLE GROEI

Stel je voor dat je een vel papier herhaaldelijk in tweeën vouwt, maar deze keer weer op zichzelf vouwt - in totaal 50 keer? Wat schat je dat de dikte zal zijn na 50 keer vouwen? Noteer uw gok voordat u verder leest.

Tweede taak. Selecteer een van de twee onderstaande opties. A) De komende 30 dagen geef ik je dagelijks $ 1.000. B) Ik geef dagelijks een cent vanaf dag 1, gevolgd door twee cent op dag 2, vervolgens vier cent, enzovoort, totdat dag 31 aanbreekt en uw beloningstotaal daarna elke dag acht cent bedraagt. Maar snel beslissen tussen A of B?

Ben je voorbereid? Ervan uitgaande dat een vel kopieerpapier ongeveer 0,004 inch dik is, wordt de dikte na 50 vouwen ruim 60 miljoen kilometer; wat gelijk is aan de afstand tussen de aarde en de zon, gemeten met een rekenmachine. Bij het beantwoorden van vraag 2 lijkt het misschien minder aantrekkelijk om optie B te kiezen, maar deze zal in slechts 30 dagen meer beloningen opleveren dan A; Als u optie A neemt, krijgt u $30.000, maar B meer dan $5 miljoen!

Lineaire groei wordt intuïtief begrepen. Maar we hebben geen idee van exponentiële (of procentuele) groei – waarschijnlijk omdat onze voorouders dit voorheen niet nodig hadden! Hun ervaringen waren meestal lineair: het besteden van dubbele tijd aan het verzamelen van bessen leverde een dubbele winst op en het doden van twee mammoeten in plaats van één verlengde de jacht met de helft van de tijd. Maar tegenwoordig is exponentiële groei niet langer zeldzaam! In het stenen tijdperk kenden mensen zelden exponentiële groei. Nu zijn de zaken anders.

"Elk jaar nemen de verkeersongevallen met 7% toe", waarschuwt een politicus. Om intuïtief te begrijpen wat dit betekent, gebruiken we een eenvoudige formule: 70 gedeeld door 7 = 10 jaar - wat aangeeft dat verkeersongevallen elk decennium verdubbelen (zie sectie voor verdere uitleg over waarom dat getal 70?). Dit zou duiden op een alarmerend scenario! Als dit cijfer u onbekend voorkomt, let dan op de logaritme; de definitie ervan is daar te vinden).

Nog een voorbeeld: de inflatie bedraagt 5%, waardoor veel mensen denken dat deze niet zo'n grote bedreiging vormt - totdat men de verdubbelingstijd berekent: 70 gedeeld door 5 = 14 jaar, wat betekent dat over 14 jaar slechts één dollar de helft waard zijn - een absolute ramp voor iedereen met spaarrekeningen!

Stel je voor dat je een journalist bent die rapporteert dat de geregistreerde hondenregistraties in jouw stad jaarlijks met 10% stijgen; hoe ga je dit nieuws aan de lezers vertellen? Het kan niemand iets schelen, dus kondig in plaats daarvan aan: 'Overvloed aan honden: dubbel zoveel straathonden in 7 jaar!' Niemand zal er zoveel om geven; het kan de mensen ook niets schelen dat de registraties met 10% zijn gestegen.

Niets dat exponentieel groeit, zal voor altijd blijven bestaan; veel politici, economen en journalisten vergeten deze waarheid. Een dergelijke groei bereikt uiteindelijk zijn limiet; Escherichia coli deelt zich bijvoorbeeld elke twintig minuten en zou binnen enkele dagen de planeet kunnen bedekken, maar kan niet doorgaan omdat er meer zuurstof en suiker wordt verbruikt dan beschikbaar is. Daarom raakt de groei uiteindelijk in een impasse en stopt.

De oude Perzen begrepen de moeilijkheid die gepaard ging met procentuele groei. Hier is een interessant plaatselijk verhaal: een wijze hoveling gaf de koning een schaakbord cadeau en vroeg hoe ze hem konden bedanken; zijn antwoord? Bedek het met rijst en bedek één korrel op elk vierkant voordat je daarna tweemaal per vierkant twee extra korrels verhoogt! Toen hij verrast was, antwoordde koning Darius dat het inderdaad een eer voor hen was dat zulke bescheiden verzoeken van zulke waardige hovelingen kwamen!

Maar hoeveel rijst heeft hij nodig? Aanvankelijk schatte hij ongeveer één zak. Toen zijn dienaren aan de taak begonnen - beurtelings één graan op elk vierkant plaatsen totdat er vier granen per vierkant waren, enzovoort - besefte hij dat hij meer granen nodig had dan er op aarde beschikbaar waren.

Als het om groeicijfers gaat, vertrouw dan niet op intuïtie; die heb je niet. Accepteer het in plaats daarvan. Wat echt helpt is het gebruik van een rekenmachine – of, in gevallen met lage groeicijfers, het gebruik van 70 als magische getal.

Zie ook Simple Logic (hoofdstuk 63); Verwaarlozing van waarschijnlijkheid (hoofdstuk 26); De wet van de kleine getallen (hfdst. 61)

DE VLOEK VAN DE WINNAAR

Texel in de jaren vijftig. Tien oliemaatschappijen strijden om een geveild stuk grond met een waarde tussen de $10 miljoen en $100 miljoen; wanneer de prijzen tijdens het bieden stijgen, stoppen meer bedrijven met bieden, totdat uiteindelijk één bedrijf het hoogste bod uitbrengt en de veiling wint met knallende champagnekurken!

De 'Winner's Curse' houdt in dat veilingwinnaars vaak als verliezers eindigen, zoals blijkt uit sectoranalisten die bedrijven opmerkten die consequent als winnende bieders op olieveldveilingen naar voren kwamen, die te veel betaalden en later failliet gingen – iets wat geen verrassing mag zijn als de schattingen variëren tussen $ 10 miljoen en $ 100 miljoen; schattingen liggen vaak ergens tussenin; Vaak overtreffen hoge veilingbiedingen hun werkelijke waarde; in Texas vierden de oliemanagers echter wat toch een kostbare overwinning zou worden.

Tegenwoordig treft dit fenomeen ons allemaal. Van eBay tot Groupon tot Google AdWords, de prijzen worden bepaald door veilingen - van eBay tot Groupon tot Google AdWords; Biedoorlogen over mobiele telefoonfrequenties brengen telecombedrijven dichter bij een faillissement; luchthavens verhuren hun commerciële ruimten aan de hoogste bieder; of wanneer Walmart een uitrol van wasmiddelen plant en offertes aanvraagt bij vijf leveranciers (in feite een veiling met risico's verbonden aan winnen en vervloekt worden met de vloek van de winnaar!). Zelfs Walmart introduceert producten via veilingen - het vragen van leveranciers om offertes van vijf leveranciers is gewoon weer een veiling - maar deze keer loopt u het risico vervloekt te worden!

Het internetveilen van het dagelijks leven heeft zich ook naar handelaars verspreid. Toen ik mijn muren geschilderd wilde hebben, in plaats van zomaar een schilder in de buurt te zoeken, plaatste ik mijn advertentie online - 30 schilders uit een straal van 500 kilometer streden erom en boden zulke lage offertes aan dat het voor mij onmogelijk werd om te accepteren - uit vriendelijkheid voor het winkelcentrum! Het beste aanbod kwam van iemand die zo arm was dat ik het uit medeleven afsloeg om hem of haar de vloek van de winnaar te besparen!

Initial Public Offers (IPO's) en fusies en overnames, beter bekend als fusies en overnames, kunnen ook als veilingen worden gezien. Helaas vernietigde meer dan de helft van de overnames de waarde volgens een onderzoek van McKinsey!
Waarom bezwijken wij voor de vloek van de winnaar? Er zijn een aantal factoren aan het werk. Ten eerste blijven de werkelijke waarden van veel dingen onzeker. Bovendien vergroten meer geïnteresseerde partijen de kans dat er een te enthousiast bod wordt uitgebracht. Ten

tweede is er de concurrentie tussen leveranciers; een vriend die eigenaar is van een micro-antennefabriek vertelde hoe Apple bij de ontwikkeling van de iPhone een intense biedingsoorlog voor leveranciers op gang bracht - iedereen wilde een officieel contract, ook al zou dit op termijn financiële verliezen kunnen betekenen voor het winnen van leveranciers.

Hoeveel zou u bieden voor $ 100? Stel dat jij en een tegenstander worden uitgenodigd voor een veiling waarbij degene die het hoogste bod doet, wint en beide bieders op dat moment hun definitieve bod moeten indienen. Hoe hoog zou jouw bod zijn? Vanuit jouw perspectief is het logisch om €20, €30 of €40 aan te bieden; je tegenstander doet hetzelfde en zelfs €99 lijkt redelijk bij het bespreken van €100-biljetten — toch stellen ze nu voor om in plaats daarvan €100 aan te bieden! Als dit het hoogste bod blijft, zal hij break-even draaien (€100 betalen voor €100), terwijl jij slechts €99 hoeft op te hoesten. Zolang dit het hoogste bod blijft, komen beide spelers gelijk weg. U blijft dus bieden. Bij €110 heb je een gegarandeerd verlies van €10; uw tegenstander zou met $ 109 moeten komen (zijn laatste bod), wat betekent dat beide zullen blijven spelen totdat een of beide het spel helemaal opgeeft - wanneer stopt u met bieden en wanneer stopt uw concurrent met bieden? Test het met vrienden!

Warren Buffett gaf een goed advies met betrekking tot veilingen: 'Ga niet.' Als veilingen in uw branche noodzakelijk zijn, stel dan een maximumprijs in en trek daar 20% van af als compensatie voor de winnaarsvloek; Schrijf dit getal op en overschrijd het op geen enkele manier.

Zie Endowment Effect (hfdst. 23) voor meer informatie.

SCHRIJVERS MOETEN DE SCHRIJVER NOOIT VRAGEN OF ZIJN ROMAN AUTOBIOGRAFIE IS

FUNDAMENTELE ATTRIBUTIEFOUT

Als u uw krant openslaat, hoort u dat er weer een CEO is gedwongen te vertrekken vanwege slechte resultaten. Ondertussen lees je in de sportsectie dat speler X of coach Y aanzienlijk hebben bijgedragen aan het winnende seizoen van je team, terwijl geschiedenisboeken je vertellen dat Napoleon verantwoordelijk was voor het zo succesvol leiden en leiden van zijn leger in het begin van de 19e eeuw in Frankrijk. 'Elk verhaal heeft een gezicht' lijkt een onvervreemdbare regel voor elke redactiekamer; journalisten (en hun lezers) gaan nog een stap verder met dit principe door te letten op elke mogelijke 'mensenhoek'. Als gevolg van deze 'mensen-invalshoek' vallen veel journalisten (en lezers) ten prooi aan een fundamentele attributiefout: een fout die wordt veroorzaakt door het overschatten van de invloed van individuen, terwijl externe, situationele factoren worden onderschat.

Onderzoekers van de Duke University voerden in 1967 een experiment uit: deelnemers lazen argumenten die Fidel Castro prezen of denigreerden van een toegewezen auteur, ongeacht zijn werkelijke opvattingen; toch geloofden de meeste toehoorders dat wat hij zei zijn ware mening vertegenwoordigde en externe factoren buiten beschouwing liet – d.w.z. de professoren die het verzonnen hadden.

De Fundamentele Attributiefout is vooral effectief bij het vereenvoudigen van negatieve gebeurtenissen in beheersbare eenheden. We schrijven de schuld voor oorlogen vaak toe aan individuen – zoals de Joegoslavische moordenaar in Sarajevo de Eerste Wereldoorlog op hun schouders heeft of Hitler zelf de Tweede Wereldoorlog begon – ook al zijn oorlogen onvoorspelbare gebeurtenissen met een complexe dynamiek die we waarschijnlijk nooit volledig zullen begrijpen – net zoals financiële markten en klimaatproblemen!

Wanneer bedrijven goede of slechte resultaten aankondigen, zijn alle ogen vaak gericht op hun CEO, ondanks dat ze de waarheid kennen: economisch succes hangt veel meer af van factoren waar ze geen controle over hebben, zoals de aantrekkelijkheid van de sector. Het is opmerkelijk hoe vaak bedrijven in sectoren die het moeilijk hebben hun CEO vervangen, vergeleken met hoe zelden dit gebeurt in meer bloeiende bedrijven.
Worden bedrijfstakken met moeilijkheden minder voorzichtig in hun wervingspraktijken?
Dergelijke beslissingen lijken niet minder irrationeel dan wat er tussen voetbalcoaches en hun clubs gebeurt.

Mijn geboorteplaats, Luzern in Zwitserland, biedt mij tal van weelderige klassieke recitals die altijd indruk maken. Tijdens de pauze concentreren de gesprekken zich echter bijna uitsluitend op dirigenten en solisten, terwijl compositie zelden de krantenkoppen haalt; behalve tijdens wereldpremières, wanneer componisten er openlijk over kunnen praten. Waarom is dat? Het ware wonder van muziek ligt in de compositie: het creëren van geluiden, stemmingen en ritmes vanuit schijnbaar niets; het wordt echter vaak ondergewaardeerd vanwege ons onvermogen om te bedenken dat partituren geen gezichten hebben om te vergelijken met dirigenten en solisten, terwijl deze twee elementen in feite de uitvoeringen van die partituur vormen (in tegenstelling tot dirigenten of solisten of dirigenten/solisten).

Als fictieschrijver kom ik deze fundamentele toeschrijvingsfout elke keer tegen na het geven van lezingen (wat op zichzelf controversieel kan zijn), wanneer mensen vragen: 'Welk deel van je roman is autobiografisch?' Op zulke momenten zou ik willen dat ik terug kon roepen: 'Het gaat niet om mij, het gaat om dit boek, de tekst, de taal en het verhaal!' maar mijn opvoeding laat dergelijke uitbarstingen niet vaak genoeg toe.

Attributiefouten mogen niet hard worden beoordeeld. Onze preoccupatie met andere mensen komt voort uit ons evolutionaire verleden: groepslidmaatschap was essentieel om te overleven – voortplanting, verdediging en jacht op grote dieren waren onmogelijk zonder de hulp van de eigen stam – verbanning betekende een wisse dood; degenen die voor een sololeven kozen, werden vaak ook met een zekere ondergang geconfronteerd.

Maar zelfs de overlevenden verlieten uiteindelijk de genenpool, waardoor het leven voor volgende generaties nog moeilijker werd. Onze levens waren afhankelijk van en draaiden om anderen; dat verklaart waarom we er vandaag de dag nog steeds zo mee bezig zijn – tot het punt dat we ongeveer 90% van onze tijd besteden aan het denken aan andere mensen, terwijl we slechts 10% besteden aan het overwegen van andere factoren en contexten.

Conclusie: Hoewel we het schouwspel van het leven meeslepend vinden, zijn de bewoners verre van ideale karakters die beslissingen nemen zonder hulp van buitenaf nodig te hebben. Ze vluchten van situatie naar situatie in plaats van uit eigen beweging te handelen. Om een actueel toneelstuk of musical echt te begrijpen, moet je verder kijken dan de uitvoerders ervan en goed letten op de manier waarop invloeden de karakters van acteurs vormen.
Zie ook Story Bias (hoofdstuk 13); Zwemmerslichaamsillusie (hoofdstuk 2), Salience-effect (hoofdstuk 83), nieuwsillusie (hoofdstuk 99), Halo-effect (hoofdstuk 38) en misvatting van afzonderlijke oorzaken (hoofdstuk 97)

WAAROM JE NIET MOET GELOVEN WAT DE VERHAALVERTELLER VERTELT

VALSE CAUSALITEIT

Hoofdluizen waren een integraal onderdeel van het leven op de Hebriden ten noorden van Schotland, en hun afwezigheid zou ertoe leiden dat hun gastheren ziek en koortsig werden. Om hun ziekte en koorts te bestrijden, stopten zieke mensen opzettelijk weer luizen in hun haar om zo van hun koorts af te komen; Zodra deze nieuwe luizen wortel hadden geschoten en zich weer op hun plaats hadden gevestigd, begonnen de patiënten verbeteringen te vertonen.

Uit onderzoek in één stad bleek dat hoe meer brandweerlieden werden opgeroepen om branden te bestrijden, hoe groter de schade was. Naar aanleiding van deze resultaten stelde de burgemeester onmiddellijk een onmiddellijke aanwervingsstop in en verlaagde het budget voor brandbestrijding dienovereenkomstig.

Beide verhalen komen uit het boek van de Duitse natuurkundeprofessor Hans-Peter Beck-Bornholdt en Hans-Hermann Dubben (helaas is er geen Engelse versie). Beide verhalen illustreren hoe causaliteit verward kan raken; wanneer luizen het hoofd van een invalide verlaten omdat hij koorts heeft, wordt hun aanwezigheid tijdelijk omdat er warme voeten optreden; zodra de koorts is verdwenen, keren ze terug! En grotere branden vereisen meer brandweerlieden – en niet andersom!

Valse causaliteit misleidt ons vaak en auteurs en adviseurs van zakelijke boeken maken vaak gebruik van dit misleidende denken om ons valse causaliteitsverhalen te verkopen. Neem bijvoorbeeld de kop: 'De motivatie van werknemers leidt tot hogere bedrijfswinsten.' Klopt dat echt, of raken mensen misschien gewoon gemotiveerder als het goed gaat met hun bedrijf? Op dezelfde manier stelt een andere bewering dat vrouwen in raden van bestuur correleren met een grotere winstgevendheid. Maar is dat echt hoe het werkt of is de kans groter dat deze bedrijven meer vrouwen in raden van bestuur werven dan minder winstgevende bedrijven? Deze auteurs en adviseurs van zakelijke boeken maken vaak gebruik van vergelijkbare valse (of op zijn minst vage) causaliteiten bij het schrijven of raadplegen van zakelijke boeken of het geven van advies.

Alan Greenspan werd in de jaren negentig vereerd als hoofd van de Federal Reserve. Zijn duistere uitspraken gaven het monetaire beleid de schijn een exacte wetenschap te zijn die Amerika op de opwaartse weg naar welvaart hield, en die lof oogstte van zowel politici, journalisten als leiders uit het bedrijfsleven. Helaas voor deze commentatoren speelden de nauwe banden van Amerika met China (een goedkope producent die gemakkelijk

Amerikaanse schulden opkocht) een veel grotere rol dan aanvankelijk werd aangenomen; Greenspan had gewoon geluk dat zijn beleid zo goed werkte.
Zo goed heeft hij zijn ambtstermijn uitgezeten.

Wetenschappers hebben onlangs onderzoeken uitgevoerd die suggereerden dat langere ziekenhuisverblijven schadelijk waren voor de gezondheid van patiënten. Deze informatie was goed voor zorgverzekeraars; die een kort verblijf willen hebben. Maar een langer verblijf lijkt helemaal niet schadelijk, omdat patiënten die onmiddellijk kunnen vertrekken gezonder zijn dan degenen die verdere behandelingen nodig hebben - en daarom kan een lang verblijf zelfs positieve resultaten hebben!

Of neem deze kop: 'Feit: Vrouwen die regelmatig shampoo XYZ gebruiken, hebben sterker haar.' Hoewel wetenschappelijk bewijs dergelijke beweringen kan ondersteunen, zegt deze verklaring ons niet echt veel - en in de laatste plaats niet dat de shampoo je lokken sterker maakt! Misschien gebruiken vrouwen met sterke lokken dit specifieke merk - misschien omdat er op het flesje staat "speciaal ontworpen voor dik haar".

Onlangs las ik dat leerlingen met veel boeken in huis doorgaans hogere cijfers halen op school. Hoewel dit onderzoek boekverkopers wellicht een impuls heeft gegeven, bleek uit dit onderzoek een onjuiste causaliteit: hoger opgeleide ouders hebben de neiging grotere waarde te hechten aan de opleiding van hun kinderen, net zoals opgeleide individuen doorgaans meer boeken in huis hebben; toch zal één met stof bedekt exemplaar van Oorlog en Vrede niemands cijfers veranderen; waar het om gaat zijn zowel het opleidingsniveau als de genen van beide ouders!

De valse causaliteit was in Duitsland op zijn best tussen het geboortecijfer en het aantal ooievaarsparen dat tussen 1965 en 1987 daalde. Beide trends leken bijna gecorreleerd; Zou dit kunnen betekenen dat de ooievaar echt baby's brengt? Zonder twijfel niet; deze correlatie had eerder toevallig kunnen zijn.

Conclusie: correlatie is niet hetzelfde als causaliteit. Kijk eens nader naar gebeurtenissen die met elkaar verbonden zijn door correlatie: soms blijkt wat de oorzaak ervan lijkt, het gevolg te zijn, en omgekeerd; soms is er misschien zelfs geen duidelijk causaal verband, zoals bij ooievaars en baby's.

Zie ook Toeval (hoofdstuk 24); Associatievooroordelen (hoofdstuk 48); Clusterende illusies (hoofdstuk 3); Verhaalvooroordelen (hoofdstuk 13) * Inductie (hoofdstuk 31) en beginnersgeluk (hoofdstuk 49)

Het bedrijf Cisco uit Silicon Valley werd ooit door zakenjournalisten gevierd als een icoon van de nieuwe economie en kreeg lovende kritieken vanwege zijn fantastische klantenservice, uitstekende strategie, tijdige overnames, levendige bedrijfscultuur en charismatische CEO. In maart 2000 was het het meest waardevolle bedrijf ter wereld geworden.

Toen de aandelen van Cisco het jaar daarop met 80% daalden, veranderden journalisten hun toon. Nu werden de concurrentievoordelen ervan gezien als schadelijke tekortkomingen: een slechte klantenservice, een onduidelijke strategie, onverstandige overnames, een slappe bedrijfscultuur en een weinig inspirerende CEO kregen de schuld - maar noch de strategie, noch de CEO waren veranderd; de vraag was eenvoudigweg afgenomen dankzij de internetcrash en deze verandering had daar niets mee te maken.

Het 'halo-effect' treedt op wanneer één aspect van een geheel ons verblindt en de manier verandert waarop we het geheel waarnemen. Cisco was een uitzonderlijk geval waarin dit fenomeen zich manifesteerde: journalisten waren onder de indruk van de aandelenkoersen en gingen ervan uit dat de hele bedrijfsvoering even opmerkelijk was, zonder er verder grondig onderzoek naar te doen.

Het halo-effect werkt doorgaans op deze manier: we nemen een gemakkelijk te begrijpen of opvallend detail over een bedrijf, zoals de financiële situatie, en extrapoleren van daaruit conclusies over moeilijker te beoordelen aspecten, zoals de verdienste van het management of de haalbaarheid van een strategie. Van hieruit trekken we conclusies die wel of niet accuraat kunnen zijn, zoals de vraag of de waarde van het management of de haalbaarheid van de strategie gerechtvaardigd is. Soms wordt succes en superioriteit gegeven waar dat niet nodig is, zoals wanneer we producten van fabrikanten kopen simpelweg vanwege hun goede reputatie. Een ander voorbeeld is dat we geloven dat CEO's uit de ene sector zullen floreren in andere sectoren, terwijl ze ook in hun persoonlijke leven helden zullen zijn!

Edward Lee Thorndike ontdekte het 'halo-effect' bijna 100 jaar geleden. Zijn observatie was dat een individuele kwaliteit (schoonheid, sociale status of leeftijd) positieve of negatieve percepties kan creëren die al het andere – zoals uiterlijk – overheersen. Onderzoek heeft deze bevinding bevestigd door middel van talloze onderzoeken die onze voorkeur voor knappe mensen als prettiger, eerlijker en intelligenter bevestigen; aantrekkelijke mensen hebben over het algemeen ook vaak meer succes in het leven.
Deze resultaten komen niet overeen met enige mythe dat vrouwen zich 'slapend een weg naar succes banen'; Sterker nog: leraren geven aantrekkelijke leerlingen onbedoeld hogere cijfers dan minder aantrekkelijke leerlingen.

Reclame heeft een bondgenoot gevonden in de vorm van het halo-effect: denk maar aan alle beroemdheden die we zien teruglachen in tv-advertenties, billboards en tijdschriften. Wat professionele tennissers als Roger Federer zo'n expert op het gebied van koffiemachines maakt, blijft onzeker; Toch heeft het niets afgedaan aan het succes van hun campagnes. Naarmate we eraan gewend raken dat beroemdheden willekeurige producten ondersteunen zonder ons af te vragen waarom hun steun er zo toe doet; dit is precies hoe het halo-effect werkt: onbewust. Het enige dat we in onze gedachten moeten registreren, zijn aantrekkelijke gezichten met een droomlevensstijl die bij dat product hoort - en dan boem - boem - succes!

Aan de negatieve kant kan het halo-effect leiden tot groot onrecht en stereotypering wanneer nationaliteit, geslacht of ras centraal komen te staan. Het is niet nodig racistisch of seksistisch te zijn: laat het halo-effect gewoon onze blik vertroebelen; journalisten, onderwijzers en consumenten vallen maar al te gemakkelijk ten prooi.

Heb jij ooit verliefdheid meegemaakt? Als dat zo is, dan begrijp je de opwinding van het vinden van die 'ene perfecte persoon'. Ze lijken aantrekkelijk, intelligent, sympathiek en warm, terwijl anderen misschien op duidelijke fouten wijzen; alles wat je ziet zijn vertederende eigenaardigheden!

Om dit halo-effect te verminderen en duidelijkheid te krijgen over de ware kenmerken, moet u verder kijken dan de nominale waarde en de meest opvallende kenmerken die uw aandacht trekken, elimineren. Orkesten doen dit vaak door kandidaten voor een scherm te screenen, zodat geslacht, ras, leeftijd en uiterlijk geen rol spelen bij hun beslissingen; zakenjournalisten zouden hetzelfde moeten doen en overwegen verder te kijken dan de kwartaalcijfers (de aandelenmarkt biedt dat al). Graaf dieper - het investeren van tijd en energie in onderzoek levert vaak onverwachte maar vaak leerzame bevindingen op.

Zie ook: Fundamentele attributiefout (hoofdstuk 36); Salience-effect (hfdst. 83); Zwemmerslichaamsillusie (ch. 2) Contrasteffect (ch. 10); Verwachtingen (hfdst. 62)

Gefeliciteerd! Je hebt Russisch Roulette gewonnen

Alternatieve paden

Stel je voor dat je een afspraak maakt met een Russische oligarch buiten je stad, in het nabijgelegen bos. Hij arriveert kort daarna met zowel een koffer als een pistool; door zijn koffer op de motorkap van zijn auto te plaatsen, zodat je de inhoud ervan kunt zien: in totaal $ 10 miljoen aan contant geld! Wanneer hem wordt gevraagd of je Russische roulette wilt spelen, stelt hij deze strategie voor door je uit te nodigen één trekker over te halen om alles te winnen - één kogel met vijf kamers die momenteel leeg zijn, zou dit allemaal van jou maken met slechts één druk op de trekker! Je houdt rekening met alle mogelijke uitkomsten: 10 miljoen dollar zou alles veranderen; Nooit meer hoeven werken of van postzegels verzamelen, postzegels verzamelen, postzegels verzamelen, postzegels verzamelen, postzegels verzamelen, postzegels verzamelen, naar het verzamelen van sportwagens verzamelen!

Je accepteerde de uitdaging, zette de revolver tegen je slaap en haalde de trekker over, hoorde een hoorbare klik voordat je de adrenaline door je lichaam voelde stromen - maar er gebeurde niets; de kamer was leeg! Nu je het geld in de hand hebt, verhuis je naar een van de meest pittoreske steden die je kent, waar waarschijnlijk luxe villa's zullen worden gebouwd die voor onrust zorgen onder de lokale bewoners.

Een van je buren, wiens huis nu dichtbij ligt, is een ervaren advocaat, die twaalf uur per dag werkt gedurende 300 weken per jaar tegen tarieven die niet ongewoon indrukwekkend zijn voor advocaten: $ 500 per uur. Zijn netto jaarlijkse spaargeld, na belastingen en kosten van levensonderhoud, bedraagt een half miljoen, nadat alle uitgaven in aanmerking zijn genomen. Je glimlacht innerlijk wanneer hij op je oprit langskomt: het zal hem twintig jaar kosten om je in te halen!

Stel je eens voor: na twintig jaar is je hardwerkende buurman erin geslaagd €10 miljoen te vergaren. Op een dag komt er een journalist langs en schrijft een artikel over de meer welvarende bewoners in uw omgeving - met foto's van spectaculaire gebouwen en tweede vrouwen die u en uw buurman hebben aangeschaft, interieurontwerpkenmerken en prachtige landschapsdetails; maar één belangrijk verschil blijft aan het zicht onttrokken: het risico schuilt achter elk van hun rekeningen van $10 miljoen; Om dit stuk zinvol te maken, zouden ze alternatieve paden moeten herkennen die voor iedereen beschikbaar zijn.

Maar het zijn niet alleen journalisten die tekortschieten op dit gebied; dat doen wij allemaal. Alternatieve paden verwijzen naar alle uitkomsten die zich hadden kunnen voordoen, maar niet hebben plaatsgevonden. Bij het spelen van Russische roulette leiden vier mogelijke paden tot het winnen van $10 miljoen, terwijl vijf andere tot uw dood kunnen leiden - wat een groot verschil oplevert. Voor juristen die de advocatuur beoefenen, liggen hun mogelijke trajecten daarentegen vaak dichter bij elkaar; $200 per uur verdienen op het platteland; maar in het stedelijke New York zou het werken voor een van de grote investeringsbanken hen $600 per uur kunnen opleveren zonder een alternatief pad te riskeren dat hen hun fortuin of leven zou kunnen hebben gekost.

Alternatieve paden zijn misschien niet altijd zichtbaar, en we overwegen ze zelden. Toch moeten degenen die speculeren in rommelobligaties, opties en credit default swaps om miljoenen te verdienen, de vele alternatieve routes in gedachten houden die regelrecht naar de ondergang leiden. Een rationele geest zou betogen dat de waarde van 10 miljoen die met risicovollere middelen wordt verdiend, lager zou zijn dan de waarde die wordt verdiend met meer alledaags werk (hoewel een accountant het daar misschien niet mee eens is).

Onlangs woonde ik een diner bij met een Amerikaanse vriend die voorstelde een muntje op te gooien om te zien wie de rekening zou moeten betalen. Helaas voor hem verloor hij en dus werd deze lastige situatie voor mij lastiger toen hij mijn gast in Zwitserland was. 'De volgende keer,' beloofde ik, 'of ik nu hier of thuis in New York ben, zal ik de helft van de rekening zelf betalen.' Hij dacht hierover na en zei tegen mij: 'Als je alternatieve routes overweegt, heb je misschien al de helft betaald.'

Conclusie: Risico kan vaak onzichtbaar zijn, dus beoordeel altijd mogelijke alternatieve paden voordat u beslissingen neemt die risicovolle transacties met zich meebrengen. Hoewel succes dat met dergelijke risicovolle middelen wordt behaald in eerste instantie misschien aantrekkelijk lijkt, mag het voor een rationele geest niet te vergelijken zijn met succes dat via moeizamere middelen wordt behaald (bijvoorbeeld door advocaat, tandarts, skileraar, piloot, kapper of adviseur te worden). Hoewel het een uitdaging is om andere paden vanuit een extern gezichtspunt te bekijken; naar binnen kijken is bijna onmogelijk, omdat uw hersenen overuren zullen werken om u te overtuigen van de waarde ervan, ondanks de waargenomen risico's, en actief gedachten zullen blokkeren om andere wegen te bewandelen dan die welke momenteel worden overwogen.

Zie ook Black Swan (hfdst. 75); Ambiguïteitsaversie (ch. 80), angst voor spijt (ch. 82) en zelfselectiebias (ch. 47)

VALSE PROFETEN

Voorspelling illusie

Alledaagse experts bombarderen ons met voorspellingen, maar hoe betrouwbaar zijn ze werkelijk? Tot voor kort nam niemand de moeite om het te onderzoeken; maar toen kwam Philip Tetlock. Gedurende een periode van tien jaar evalueerde hij 28.361 voorspellingen van 284 zelfbenoemde professionals; zijn resultaten gaven slechts een marginale verbetering aan ten opzichte van willekeurige voorspellingsgeneratoren in termen van nauwkeurigheid; Medialiefhebbers presteerden bijzonder slecht, terwijl onheilsprofeten zoals degenen die de ineenstorting van Canada, Nigeria, China, India, Indonesië, Zuid-Afrika, België of zelfs de EU voorspelden, slecht presteerden. Geen enkele is geïmplodeerd!

John Kenneth Galbraith heeft de beroemde uitspraak gedaan: 'Er zijn slechts twee soorten voorspellers: zij die niets weten en zij die zich niet realiseren dat zij niets weten', wat hem in zijn vakgebied veel kritiek opleverde. Fondsmanager Peter Lynch vatte het verder treffend samen: 'In Amerika zijn er ongeveer 60.000 economen fulltime aan het werk om recessies en rentetarieven te voorspellen; als ze dit twee keer met succes hadden gedaan, zouden ze nu allemaal miljonair zijn; toch blijven de meesten een betaalde baan uitoefenen, wat ons iets zegt. Dit werd tien jaar geleden gepubliceerd - vandaag zou dit aantal kunnen verdrievoudigen zonder enig effect op de kwaliteitsvoorspellingen!

Problematisch is dat experts onbeperkte discretie genieten met weinig repercussies. Als een deskundige een verwachting schendt of de regelgeving overtreedt, kunnen zijn acties ernstige gevolgen hebben die moeilijk te beheren en effectief te beheren zijn.
Als ze het goed doen, oogsten experts publiciteit, adviesaanbiedingen en publicatiedeals; als ze het volledig missen, zijn er geen sancties (financieel of reputatiegericht) van toepassing. Deze stimulans motiveert hen om zoveel mogelijk profetieën uit te brengen als ze maar kunnen; sterker nog, hoe meer voorspellingen ze toevallig genereren, uitkomen! Idealiter zouden experts in een soort voorspellingsfonds moeten storten, bijvoorbeeld $1000 per voorspelling; Als hun voorspelling uitkomt, krijgen ze hun investering plus rente terug, terwijl al het geld dat verloren gaat als gevolg van onnauwkeurige voorspellingen naar een goed doel gaat.

Wat kan er precies worden voorspeld en wat niet? Sommige dingen zijn vrij eenvoudig te voorspellen; Ik weet ongeveer hoeveel ik volgend jaar zal wegen. Maar naarmate de complexiteit en het tijdsbestek toenemen, zal ook ons vermogen om de toekomst ervan te voorspellen toenemen – dit omvat de opwarming van de aarde, de olieprijzen en de wisselkoersen; uitvindingen zijn eveneens onkenbaar; als we hadden geweten welke technologieën we in de toekomst zouden uitvinden, zouden we ze al gecreëerd hebben.

Wees sceptisch als u voorspellingen tegenkomt. Ik zorg er altijd voor dat ik glimlach als ik er een hoor, en stel mezelf dan twee vragen over eventuele voorspellingen van deskundigen: 1) welke prikkel hebben zij om onjuiste voorspellingen te blijven doen? en 2) als een deskundige als werknemer werkt, zou hij dan zijn baan op het spel kunnen zetten als zijn voorspellingen blijven mislukken? Zijn het betaalde adviseurs met referenties in boeken en lezingen, of zelfbenoemde goeroes die de kost verdienen door zelfpublicaties of openbare lezingen? Degenen die afhankelijk zijn van media-aandacht hebben de neiging voorspellingen te doen met schokkende profetieën die vaak niet door de media worden gerapporteerd. Ten tweede, wat is hun succespercentage over vijf jaar geweest – hoeveel voorspellingen heeft de voorspeller gedaan en hoeveel waren succesvol versus welke niet correct waren – deze informatie mag nooit onopgemerkt blijven door de media, dus publiceer alstublieft geen voorspellingen zonder trackrecords te verstrekken van experts.

Tony Blair zei het ooit zo: 'Ik doe geen voorspellingen; nooit gehad, zal het ook nooit doen. Zie ook Verwachtingen (hfdst. 62); Planningsfout (hoofdstuk 91); Autoriteitsbias (hoofdstuk 9); Vooringenomenheid achteraf (hfdst. 14); Overmoedseffect (hfdst. 15); Illusie van controle (hfdst. 17); Hedonische loopband (ch. 46) en Black Swans (ch. 75)

Chris is 35. Hij studeerde als tiener sociale filosofie en ontwikkelde sindsdien een interesse in ontwikkelingslanden. Na zijn afstuderen werkte Chris twee jaar bij het Rode Kruis in West-Afrika voordat hij terugkeerde naar het hoofdkantoor in Genève als hoofd van de Afrikaanse hulpafdeling voor nog eens drie jaar voordat hij uiteindelijk een MBA behaalde en zijn proefschrift schreef over maatschappelijk verantwoord ondernemen. Nu lijkt het waarschijnlijk dat A) Chris voor een van de grote banken werkt waar hij ook toezicht houdt op de stichting van de Derde Wereld, of B). Welk scenario lijkt het meest waarschijnlijk?

De meeste mensen kiezen voor optie B, maar dit is het verkeerde antwoord. B zegt zowel dat Chris voor een grote bank werkt als dat er aan een aanvullende voorwaarde is voldaan: de werknemers die binnen de Derde Wereldstichting van een bank werken, vormen een kleine groep bankiers; optie A zou daarom waarschijnlijker zijn. Nobelprijswinnaars Daniel Kahneman en Amos Tversky hebben dit fenomeen uitgebreid bestudeerd.

Als mensen voelen we ons aangetrokken tot verhalen die aangenaam of plausibel lijken; verhalen over Chris de hulpverlener die overtuigend of overtuigend zijn, vergroten het risico op verkeerde redeneringen. Als ik deze vraag anders had gesteld, had je al deze extra details misschien als overdreven gezien; misschien bijvoorbeeld: 'Chris is 35 en werkt bij A) een bank in New York met een kantoor op de vierentwintigste verdieping met uitzicht op Central Park, of B) geen van beide'

Neem opnieuw een voorbeeld uit de sluiting van de luchthaven van Seattle en de annulering van vluchten: welk scenario is het meest waarschijnlijk? In dit geval is A waarschijnlijker omdat B impliceert dat aan een extra voorwaarde is voldaan: slecht weer. Het overwegen van andere mogelijkheden zou het ook kunnen sluiten, zoals bommeldingen, ongelukken of stakingen; maar hoogstwaarschijnlijk houden we dergelijke zaken niet in overweging bij het overwegen van plausibele verhalen als A of B. Nu je dit proces beter begrijpt, kun je het samen met vrienden doen om te zien welke uitkomst de meeste voorkeur heeft!
Zelfs experts kunnen het slachtoffer worden van de conjunctiemisvatting. Op een internationale conferentie voor toekomstig onderzoek in 1982 werden experts - allemaal academici - in twee groepen verdeeld tijdens een evenement georganiseerd door Daniel Kahneman: groep A ontving zijn voorspelling dat het olieverbruik met 30% zal afnemen; groep B hoorde het als volgt: "Een dramatische stijging van de olieprijzen zal ervoor zorgen dat de consumptie met 30% zal dalen". Beide groepen moesten vervolgens aangeven hoe waarschijnlijk elk scenario leek; het werd al snel duidelijk dat groep B veel sterker stond tegenover zijn voorspelling dan groep A.

Kahneman gelooft in twee soorten denken. Eén type is intuïtief, automatisch en direct; de tweede bewust, rationeel, langzaam, moeizaam en logisch. Helaas trekt intuïtief denken conclusies lang voordat de bewuste geest dat doet; Ik heb dit persoonlijk ervaren na de aanslagen op het World Trade Center van 11 september toen ik op zoek ging naar reisverzekeringspolissen waaraan een speciale 'terrorismedekking' was toegevoegd. Ook al dekten andere beleidsmaatregelen alle mogelijke incidenten, inclusief terroristische daden (maar ik ging toch voor hun aanbod!). Wat het nog belachelijker maakte, was mijn bereidheid om meer te betalen voor wat een aantrekkelijke maar onnodige toevoeging leek!

Conclusie: Verwar de linker- en rechterhersenhelft niet; intuïtief en bewust denken verschillen aanzienlijk meer. Houd bij het nemen van belangrijke beslissingen dit onderscheid in gedachten bij het maken van belangrijke keuzes: onbewust hebben we de neiging om plausibele verhalen te verkiezen; let op handige details en gelukkige eindes die voor u plausibel lijken, in plaats van op details waarvoor aanvullende voorwaarden nodig zijn. Onthoud: aanvullende omstandigheden zullen de kans eerder verkleinen dan vergroten.

Zie ook verwaarlozing van de basisrente (hfst. 28); Verhaalbias (hfdst. 13) 42

Houd bij het inlijsten rekening met deze twee uitspraken:

"Hé, de vuilnisbak is overvol!"

'Het zou echt geweldig zijn als je de prullenbak zou kunnen legen, lieverd.'

Tonaliteit maakt muziek: het gaat erom hoe een boodschap wordt overgebracht; Anders gecommuniceerde berichten zullen ook anders worden ontvangen door de ontvangers ervan – deze techniek die in psychologisch jargon bekend staat als framing.

Kahneman en Tversky voerden in de jaren tachtig een experiment uit waarin ze twee opties presenteerden voor een strategie voor epidemiebeheersing; hun deelnemers kregen te horen dat er 600 levens op het spel stonden, waarbij optie A of optie B 200 van hen zou redden. Optie B bood slechts een kans van 33% dat alle 600 individuen zouden overleven en een kans van 66% dat niemand het levend zou overleven, waarbij naar verwachting 200 overlevenden beide scenario's zouden overleven; de meeste respondenten kozen optie A boven B vanwege de grotere overlevingskans - ze geloofden in de wijsheid dat het beter is om iets tastbaars te hebben dan later te verliezen. Het herformuleren van dezelfde opties werd buitengewoon fascinerend: "Optie A doodt 400 mensen", terwijl "Optie B een kans van 33% biedt dat niemand zal sterven en een kans van 66% dat alle 600 mensen zullen sterven". Op dat moment koos slechts een minderheid voor A en de meesten voor B; onderzoekers merkten een opmerkelijke ommekeer op bij bijna alle deelnemers; afhankelijk van de vraag of de formulering (overleven of sterven) de besluitvorming volledig veranderde.

Een voorbeeld: Onderzoekers presenteerden een groep mensen twee soorten vlees met het label 99% vetvrij en 1% vet, en vroegen hen vervolgens welke gezonder was. Kun jij raden welke ze kozen? Je raadt het goed: respondenten kozen voor de eerste optie, ongeacht het hogere vetgehalte!

Glansen is een steeds populairdere vorm van inlijsten. Volgens de regels wordt een dalende aandelenkoers het onderwerp van correctie, terwijl een te veel betaalde aankoopprijs 'goodwill' wordt.
Elke managementcursus verandert problemen op magische wijze in kansen of uitdagingen; ontslagen worden wordt een kans om 'mijn carrière opnieuw te beoordelen', of het omgaan met gesneuvelde soldaten wordt gezien als een kans om kansen te creëren of uitdagingen aan te gaan.

De dood op het slagveld wordt het equivalent van de status van oorlogsheld; ongeacht de oorzaak of wijze ervan. Genocide wordt een 'etnische zuivering', terwijl noodlandingen, bijvoorbeeld op de Hudson River, worden gevierd als triomfen van de luchtvaart (hoewel een landing volgens het boekje zeker nog meer als zulke triomfen zou gelden!). Een succesvolle noodlanding, bijvoorbeeld op de Hudson River, wordt alom als een dergelijke prestatie gevierd (zou een landingsbaan op een luchthaven niet als een nog grotere triomf van de luchtvaart moeten gelden?)

Heeft u de prospectussen en brochures van ETF's (exchange-traded funds) wel eens nader bekeken? Meestal illustreert de brochure recente prestatiestatistieken met net voldoende historische details om een aantrekkelijke opwaartse curve te creëren, ook wel framing genoemd. Een eenvoudig stuk brood kan als een ander geweldig voorbeeld dienen; afhankelijk van de representatie ervan als symbolisch of feitelijk lichaam van Christus kan er onenigheid binnen de religie ontstaan, zoals te zien was tijdens de Reformatieperiode in de 16e eeuw.

Framing kan ook effectief worden toegepast in de commercie. Neem verkopers van gebruikte auto's: hun boodschap zorgt ervoor dat consumenten zich alleen op bepaalde factoren concentreren wanneer ze overwegen een auto te kopen, of het nu gaat om door de verkoper afgeleverde berichten, borden waarop specifieke kenmerken worden aangeprezen of hun eigen criteria. Als u bijvoorbeeld gebruikte auto's met een lage kilometerstand en goede banden als verkoopargumenten bekijkt - vaak zonder rekening te houden met de staat van de motor, de staat van de remmen, de staat van het interieur enz. - en u zich sterker concentreert op de kilometerstand/banden dan op welke andere aspecten dan ook. Helaas kan het moeilijk zijn om alle mogelijke voor- en nadelen in overweging te nemen bij het nemen van onze aankoopbeslissingen; als er bij de verkoop van de auto andere frames waren gebruikt, hadden we misschien andere keuzes gemaakt dan wij.

Auteurs zijn meesterlijke lijstenmakers. Een misdaadroman zou snel vervelend worden als alle pagina's eenvoudigweg elke moord zouden laten zien zoals deze plaatsvond: "steek voor steek". Zelfs als we geleidelijk aan motieven en moordwapens ontdekken, voegt de framing drama en spanning toe aan het verhaal.

Conclusie: Wees je ervan bewust dat elke communicatie een zekere mate van framing bevat; elk feit, of het nu door vertrouwde vrienden wordt aangeleverd of in geloofwaardige kranten wordt gepubliceerd, kan ook worden beïnvloed door framing-effecten - zelfs de inhoud van dit hoofdstuk!

Zie ook Contrasteffect (hfdst. 10); Contrastaversie (hfdst. 21); Angst voor spijt (hfdst. 82); Verliesaversie (hfdst. 32); Wederkerigheid (hfdst. 6); Het ankereffect (ch. 30) en het sleepereffect (ch. 70).

KIJKEN EN WACHTEN IS PIJNLIJK

ACTIEVOOROORDEEL

In voetbalstrafsituaties duurt het minder dan 0,3 seconde voordat de bal van de oorspronkelijke nemer naar de doelverdediger gaat; waardoor zijn tijd wordt beperkt om het traject te bekijken voordat hij een beslissing neemt over wanneer het er weer uit moet worden gegooid. Voetballers die strafschoppen nemen, hebben de neiging hun schoten een derde van de tijd op het midden, een derde naar de zijkant en een derde buiten het midden van hun doel te richten, wat niet onopgemerkt is gebleven door keepers die naar links of rechts duiken, afhankelijk van waar spelers vandaan schieten. Zelden blijven spelers in het midden staan, ook al belandt ongeveer een derde van alle ballen daar. Waarom zouden ze het risico lopen boetes te besparen als ze niet in actie komen? Simpelweg omdat het betere televisie oplevert; uiterlijk speelt een belangrijke rol. Een duik opzij in plaats van ter plekke te bevriezen, ziet er misschien indrukwekkender uit en voelt minder gênant aan; dat heet action bias: actief lijken, ook al komt daar niets concreets uit voort.

Dit onderzoek is afkomstig van de Israëlische onderzoeker Michael Bar-Eli, die uitgebreide tests uitvoerde met strafschoppen. Niet alleen keepers zijn gevoelig voor actievooroordelen - stel je voor dat een groep jongeren uit een nachtclub komt en naar elkaar begint te schreeuwen en gebaren voordat ze omstreden worden en verwikkeld raken in onderlinge ruzies. Omdat de situatie op de rand van grootschalig geweld balanceert, blijven zowel jonge als senior politieagenten stand-by staan, houden ze vanaf een afstand in de gaten totdat er slachtoffers vallen en grijpen ze in wanneer dat nodig is. Als deze situatie alleen aan jonge, onervaren officieren wordt overgelaten, kan deze snel gewelddadig worden; Jonge, enthousiaste agenten die bezwijken voor actievooroordelen kunnen onmiddellijk reageren en met hun hoofd naar voren stormen, wat vaak tot slachtoffers leidt. Volgens onderzoeksresultaten kan latere interventie, gefaciliteerd door hoge officieren, resulteren in minder slachtoffers.

Actiebias wordt versterkt wanneer men wordt geconfronteerd met iets dat onbekend of onduidelijk is. In eerste instantie gedragen veel beleggers zich op dezelfde manier als jonge, overijverige politieagenten buiten een nachtclub: hun onervarenheid betekent dat ze de aandelenmarkt niet kunnen inschatten, dus compenseren ze met hyperactiviteit; Helaas verspilt dit kostbare tijd; Charlie Munger vatte deze benadering op beroemde wijze samen door te zeggen: 'We hebben discipline nodig om verdomde dingen te vermijden alleen maar omdat inactiviteit ondraaglijk wordt.'

Zelfs in hoogopgeleide kringen bestaat er sprake van actiebias. Wanneer een patiënt door een ziekte wordt getroffen, reageren zelfs artsen met een hogere opleiding vaak negatief en stellen ze het zoeken naar geschikte medische behandelingen voor hen uit.

Zodra een aandoening niet goed kan worden gediagnosticeerd en artsen moeten kiezen tussen ingrijpen (d.w.z. iets voorschrijven) of afwachten, neigen hun beslissingen om in te grijpen ertoe om onmiddellijk actie te ondernemen in plaats van te wachten tot er iets definitiefs gebeurt. Dergelijke beslissingen weerspiegelen geen winstbejag, maar vertegenwoordigen in plaats daarvan de menselijke neiging om actie te ondernemen in plaats van sluimerend te blijven wanneer ze met onzekerheid worden geconfronteerd.

Dus wat drijft deze tendens? In onze voormalige jager-verzamelaarsomgeving (die perfect bij ons paste) overtroeft het handelen de reflectie. Bliksemsnelle reacties waren essentieel om te overleven; overleg fataal kan zijn. Toen onze voorouders aan de rand van het bos iets zagen dat leek op de silhouetten van een sabeltandtijger, kwamen ze snel in actie; in plaats van na te denken of er misschien iets was, maakten ze het eenvoudigweg voor de veiligheid, renden ze snel weg in plaats van te lang bij potentiële bedreigingen stil te staan - in tegenstelling tot ons vandaag de dag, waar onze instincten ons misschien anders vertellen.

Hoewel onze samenleving contemplatie steeds meer als waardevol erkent, blijft regelrechte passiviteit een doodzonde. Als je de juiste beslissing neemt door te wachten, wacht er geen medaille of standbeeld met jouw naam erop; integendeel, het tonen van daadkracht en snel oordeelsvermogen als de zaken verbeteren kan lofbetuigingen opleveren van werkgevers, staatslieden of zelfs burgemeesters; overhaaste acties hebben de neiging vaker te winnen in de samenleving als geheel dan verstandige afwachtende strategieën.

Conclusie: wanneer we worden geconfronteerd met nieuwe of onzekere omstandigheden, kan ons instinct zijn om iets te doen, wat dan ook - ongeacht de gevolgen - om ons niet hulpeloos of van streek te voelen. Helaas werkt deze tendens vaak averechts doordat het ons op paden leidt die de zaken eerder verergeren dan verbeteren. Hoewel wachten op zichzelf misschien niet de krantenkoppen haalt, kan het, als een situatie onduidelijk blijft, verstandiger zijn om stil te blijven zitten totdat er een duidelijker beoordeling kan worden gemaakt van uw opties; volgens Blaise Pascal 'komen alle menselijke problemen voort uit het feit dat de mens niet in staat is rustig alleen in één kamer te zitten' in zijn studeerkamer thuis.

Zie ook Omission Bias (hoofdstuk 44); Overdenken (hfdst. 90); Uitstelgedrag (hfdst. 85); Het zal eerst nog erger worden voordat het beter wordt Misvatting (hfdst. 12); en een onvermogen om deuren te sluiten (hoofdstuk 68) als mogelijke factoren van verkeerd behandelde communicatieproblemen.

WEGLATINGSVOOROORDEEL

Stel je voor dat je met twee klimmers op een gletsjer staat. Eén glijdt uit en valt in een gletsjerspleet; Het roepen om hulp heeft hem misschien gered, maar jij niet - in plaats daarvan duw je ze allebei in ravijnen waar ze allebei snel daarna sterven - welke dood weegt zwaarder op je geweten?

Uit een rationele overweging blijkt dat beide opties even weerzinwekkend zijn en tot de dood van uw metgezellen leiden. Toch is er iets dat ervoor zorgt dat we de passieve optie gunstiger beoordelen; dit fenomeen staat bekend als de Omission Bias en treedt op wanneer zowel handelen als nalaten tot fatale gevolgen leiden; we hebben de neiging om niets te doen, omdat de resultaten ervan minder verontrustend lijken.

Stel je voor dat je het hoofd bent van de Federal Drug Administration en moet beslissen of je een medicijn voor terminaal zieke patiënten met potentieel dodelijke bijwerkingen wel of niet goedkeurt. Deze pillen hebben in korte tijd 20% van de mensen gedood, terwijl ze in korte tijd nog eens 80% levens hebben gered. . Wat zou jouw beslissing zijn?

De meesten zouden waarschijnlijk de goedkeuring weigeren; voor hen lijkt het slikken van een medicijn dat één op de vijf patiënten doodt veel erger dan het niet toedienen van de remedie aan de andere 80%. Dergelijke beslissingen illustreren perfect de weglatingsbias. Stel je voor dat je je bewust wordt van een dergelijke vooringenomenheid, maar ervoor kiest om het toch goed te keuren in naam van de rede en het fatsoen, want als een van je patiënten overlijdt, volgt er een verontwaardiging en kom je zonder werk te zitten! Als ambtenaren of politici zou het voor hen verstandiger – en zelfs essentieel – zijn om deze wijdverbreide vorm van vooringenomenheid serieus te nemen en deze zelfs verder aan te moedigen!

De jurisprudentie laat de diepte van een dergelijke 'morele vervorming' zien. Euthanasie is, zelfs wanneer dat gewenst is door de stervenden, illegaal, terwijl het opzettelijk weigeren van levensreddende maatregelen (bijvoorbeeld het opvolgen van DNR-bevelen - Do Not Resuscitate orders) legaal blijft.

Een dergelijke redenering verklaart waarom zoveel ouders het volkomen acceptabel vinden om hun kinderen niet te vaccineren, ook al is bewezen dat vaccinatie de risico's die gepaard gaan met de overdracht van ziekten aanzienlijk verlaagt.
Hoewel vaccinatie een zeer klein risico op nadelige bijwerkingen met zich meebrengt, is vaccinatie in het algemeen zinvol; niet alleen voor het eigen belang van het individu, maar voor de samenleving als geheel: immuun individuen kunnen andere mensen niet met hun

ziekte infecteren en deze op hun beurt verder verspreiden. Als niet-gevaccineerde kinderen een ziekte zouden oplopen, zouden ze hun ouders er natuurlijk van kunnen beschuldigen hen schade te hebben berokkend door vaccinatie te weigeren – maar dit lijkt minder ernstig dan wanneer ze hun kinderen opzettelijk zelf zouden besmetten!

Vooroordelen over weglating liggen aan de basis van waanvoorstellingen: we wachten liever tot andere mensen het doen, dan dat we zelf stappen ondernemen om ernaar te handelen. Investeerders en zakenjournalisten zijn vergevingsgezinder tegenover bedrijven die geen nieuwe producten produceren dan tegenover bedrijven die ondermaatse producten produceren, ook al leiden beide wegen naar de ondergang. Passief zitten op ellendige aandelen voelt beter dan actief slechte aandelen kopen; het inbouwen van geen emissiefilters in kolencentrales lijkt superieur aan het nemen van stappen zoals het verwijderen ervan om kostenredenen; het niet isoleren van huizen lijkt te verkiezen boven het verbranden van al die extra brandstof; het niet aangeven van de inkomstenbelasting is minder ongewenst dan het indienen van valse belastingdocumenten, ook al leiden beide wegen hoe dan ook tot staatsverliezen.

In hoofdstuk 7 hebben we de actie-bias onderzocht. Is dit echter het tegenovergestelde van de omissie-bias? Niet precies; actiebias zorgt ervoor dat we gebrek aan duidelijkheid compenseren met nutteloze hyperactiviteit wanneer dingen onduidelijk of tegenstrijdig lijken; Terwijl de vooringenomenheid van weglating zich vaak manifesteert waar informatie gemakkelijk te onderscheiden is: een inzicht kan toekomstige tegenslagen onthullen die we door directe actie zouden kunnen vermijden, maar dit inzicht wekt niet zoveel motivatie bij ons op om ertegen op te komen.

Vooroordelen over weglatingen kunnen moeilijk te herkennen zijn; Actie is meestal meer merkbaar dan nietsdoen. Studentenbewegingen uit de jaren zestig bedachten er een effectieve slogan tegen: 'Als je geen deel uitmaakt van de oplossing, dan ben je een deel van het probleem.'

Opmerkingen over vrijwilligersfouten (hoofdstuk 65); Actiebias (hoofdstuk 43); Uitstelgedrag (hoofdstuk 85).

Zelfbedieningsvooroordeel

Leest u regelmatig jaarverslagen, met speciale aandacht voor wat de CEO heeft gezegd? Als dat niet het geval is, is dat jammer, want daar kun je talloze voorbeelden vinden van een fout die maar al te vaak een rol speelt: zelfingenomenheid. Telkens wanneer het bedrijf succes ervaart, neemt de CEO de tijd om al hun inspanningen te benadrukken, zoals het nemen van slimme beslissingen, onvermoeibaar werken en het cultiveren van een innovatieve bedrijfscultuur. Als een bedrijf een mislukt jaar heeft gehad, lezen we over een verscheidenheid aan factoren die hebben bijgedragen aan de achteruitgang: wisselkoersschommelingen, overheidsinterventies, Chinese handelspraktijken die de westerse normen op het gebied van intellectueel eigendom schenden, verborgen tarieven die het vertrouwen van de consument verminderen, enz. In het kort: onze geest schrijft succes en mislukkingen extern toe in plaats van intern - dit is een egoïstische vooroordeel op het werk!

Zelfs als je de term nog nooit hebt gehoord, heeft de middelbare school menig student de betekenis van egoïstische vooroordelen geleerd. Als ze een tien behaalden, weerspiegelde hun succes uitsluitend op hen, terwijl mislukkingen betekenden dat er oneerlijke testprocedures werden gebruikt door beheerders en docenten.

Maar cijfers lijken er niet meer toe te doen: misschien heeft de aandelenmarkt hun plaats ingenomen. Als uw portefeuille winst maakt, juicht u uzelf toe; als het slecht presteert, wordt de schuld regelrecht bij 'de markt' gelegd (wat dit ook inhoudt) of misschien bij die vervelende beleggingsadviseur. Zelf ben ik een bedreven gebruiker van egoïstische vooroordelen: wanneer mijn nieuwe roman de status van bestsellerlijst bereikt, vier ik het als mijn beste boek tot nu toe; als het tussen nieuwe releases flopt, moet dat betekenen dat lezers het gewoon niet herkennen of dat critici jaloers zijn en iets tegen mij hebben dat goede literatuur in mijn boeken niet herkent!

Onderzoekers voerden een persoonlijkheidstest uit en toegewezen deelnemers willekeurig hoge of lage scores; degenen die hoge cijfers kregen, vonden het grondig en eerlijk; degenen die lage cijfers kregen, vonden het volkomen nutteloos. Waarom schrijven we succes aan onszelf toe en mislukking elders? Er zijn verschillende theorieën, met wellicht één simpele verklaring: het voelt goed! Bovendien zou de evolutie dit waarschijnlijk al veel eerder hebben aangepakt.

In de loop van honderdduizend jaar is het egoïstische vooroordeel uitgeroeid naarmate de menselijke samenleving zich verder ontwikkelde, maar in onze moderne wereld met veel verborgen risico's kan het opnieuw de kop opsteken en snel tot een catastrofe leiden.

Richard Fuld, vaak de zelfbenoemde 'meester van het universum' genoemd, zou deze opvatting heel goed kunnen onderschrijven; nadat hij tot de faillissementsaanvraag in 2008

CEO was geweest bij Lehman Brothers, zou hij deze titel wellicht nog steeds kunnen claimen, terwijl hij de schuld aan overheidshandelen als oorzaak geeft.

Studenten die SAT-tests afleggen, scoren doorgaans tussen de 200 en 800 punten. Wanneer hen een jaar later wordt gevraagd hun scores bij te werken, hebben velen de neiging deze met ongeveer 50 punten te verhogen - zonder ooit te liegen of de cijfers te overdrijven, maar ze eenvoudigweg te 'verbeteren' totdat ze het nieuwe getal zelf gaan geloven.

In mijn gebouw zit een appartement dat wordt gedeeld door vijf studenten, die ik regelmatig in de lift zie. De een zei dat hij elke tweede of derde keer zijn afval buiten zette; een andere: elke derde of vierde keer; terwijl kamergenoot nr. 3 beweerde dit ongeveer 90% van de tijd te doen! Hun antwoorden hadden opgeteld 100% moeten zijn, maar in plaats daarvan bedroeg het totaal maar liefst 320%! Elke jongen overschatte zijn rol – iets wat alle mensen geneigd zijn te doen. Studies hebben dit fenomeen ook aangetoond onder getrouwde paren, waarbij elk ervan uitgaat dat zij meer dan 50% bijdragen aan de gezondheid van het huwelijk.

Dus hoe kunnen we de vooringenomenheid van het eigenbelang overwinnen? Heb je vrienden die de waarheid vertellen zonder enige belemmering? Als dat voor jou het geval is, prijs jezelf dan gelukkig. Als dat niet het geval is, breng dan minstens één vijand binnen voor koffie en vraag hun eerlijke mening over uw sterke en zwakke punten; je zult altijd dankbaar zijn dat je het hebt gedaan!

Zie ook Hindsight Bias (hoofdstuk 14); Overmoedseffect (hfdst. 15); Not-Invented-Here-syndroom (hfdst. 74); Survivorship Bias (hoofdstuk 1), Beginnersgeluk (hoofdstuk 49) Cognitieve dissonantie (hoofdstuk 50); Forer-effect (ch 64); Introspectie, Ilusion (hoofdstuk 67) en Cherry-Picking (hoofdstuk 96) om vertrouwd mee te raken.

KIJK WAT U WENST!

Stel je voor dat op een dag de telefoon gaat en een enthousiaste stem je vertelt dat je een loterijjackpot van $ 10 miljoen hebt gewonnen! Hoe zou je je daarbij voelen, en hoe lang zou dat duren? Of er kan zich een ander scenario voordoen: iemand belt om u te informeren over het verlies van een beste vriend; nogmaals, hoe zou u reageren en hoe lang zouden de effecten aanhouden?

In hoofdstuk 40 onderzochten we de lage nauwkeurigheid van voorspellingen op verschillende terreinen, zoals de politiek, de economie en sociale gebeurtenissen. We kwamen tot de conclusie dat zelfbenoemde experts niet beter zijn dan willekeurige voorspellingsgeneratoren in het geven van nauwkeurige voorspellingen. Laten we nu naar een ander gebied gaan: hoe nauwkeurig kunnen we onze gevoelens voorspellen? Zijn wij experts op het gebied van onszelf? Zou het winnen van de loterij ons de komende jaren gelukkiger maken? Harvard-psycholoog Dan Gilbert suggereert anders; uit zijn onderzoek naar loterijwinnaars blijkt dat elk positief effect binnen enkele maanden snel verdween, waardoor mensen net zo tevreden of ontevreden waren als voorheen nadat ze hun cheque hadden ontvangen - dit fenomeen noemt hij 'affective forecasting'; ons onvermogen om onze eigen emoties correct te voorspellen.

Een bankdirecteur besloot met zijn ruime inkomen een nieuw huis buiten de stad te bouwen en droomde ervan een villa te creëren met tien kamers, een zwembad en een prachtig uitzicht op het meer en de bergen. Zijn plan werd werkelijkheid. Binnen enkele weken na zijn aankoop straalde hij van opwinding. Helaas verdween dat enthousiasme al snel en zes maanden later voelde hij zich ellendiger dan ooit. Waarom was dit gebeurd? Welnu, uit onderzoek blijkt dat het geluk na slechts een paar maanden snel verdwijnt, waardoor de villa niet langer zijn dromen vertegenwoordigt; elke dag thuiskomen in een onwelkome realiteit: de deur openen en niet weten waar die hem naartoe leidde... Arme jongen: zijn gevoelens voor de villa waren onverschillig vergeleken met hoe ze dachten over zijn eenkamerstudentenappartement. Bovendien hadden ze nu te maken met twee woon-werkverkeer van een uur per dag! Uit onderzoek blijkt dat autorijden een enorme bron van ontevredenheid en stress kan zijn, en dat de meeste mensen nooit aan de ervaring wennen. Daarom zullen mensen zonder natuurlijke affiniteit met woon-werkverkeer waarschijnlijk twee lange pendels per dag moeten doorstaan (minimaal). Daarom had de droomvilla van mijn vriendin een algemeen negatief effect op haar geluk.

Met veel anderen is het niet beter gesteld: individuen die hun carrière veranderen of vooruitgang boeken, ondergaan vaak een soortgelijk lot.
Wetenschappers noemen dit fenomeen de hedonistische tredmolen: we werken hard, gaan financieel vooruit en verwerven meer rijkdom – maar niets van dit alles maakt ons gelukkiger.

Dus welke impact hebben negatieve gebeurtenissen zoals ruggenmergletsel en het verlies van vrienden op ons? Normaal gesproken overschatten we de duur en intensiteit ervan. Als relaties eindigen, kan het bijvoorbeeld lijken alsof het leven nooit meer hetzelfde zal zijn, maar binnen een maand of drie zijn ze weer gaan daten en hebben ze weer geluk gevonden.

Zou het niet geweldig zijn als we precies wisten hoe gelukkig een nieuwe auto, carrière of relatie ons zal maken? Gelukkig kunnen we dit gedeeltelijk meten. Neem deze wetenschappelijk verantwoorde richtlijnen als leidraad bij het nemen van betere, helderdere beslissingen: 1) Vermijd negatieve dingen waaraan u zich in de loop van de tijd niet kunt aanpassen, zoals woon-werkverkeer, geluidsoverlast of chronische stress. 2) Vertrouw niet te veel op materiële goederen zoals auto's, huizen, loterijwinsten, bonussen of prijzen als bronnen van geluk op de lange termijn. 3) Streef naar zoveel mogelijk vrijheid en autonomie, aangezien blijvende positieve veranderingen vaak voortkomen uit het ondernemen van positieve acties op eigen initiatief. Streef uw passies na, ook al betekent dit dat u inkomsten moet mislopen; investeren in vriendschappen; de meeste mensen vinden blijvend geluk door hun professionele status, zolang dit niet in één keer tot andere groepen van collega's leidt. Met andere woorden: als je de rol van CEO opklimt terwijl je alleen maar verbroedert met andere leidinggevenden, neemt het effect snel af.

Voorspellingsillusie (hoofdstuk 40); Neomanie (hoofdstuk 69) en afgunst (hoofdstuk 86) moeten allemaal worden gezien als tekenen van gevaar en mogen niet lichtvaardig worden behandeld.

Toen ik van Philadelphia naar New York reisde, kwam ik vast te zitten in de file. "Waarom moet ik het altijd zijn?", klaagde ik, terwijl ik naar de bestuurders uit het zuiden staarde die met indrukwekkende snelheid aan mijn andere kant voorbij raceten. Terwijl ik een uur lang in slakkengang vooruit kroop en regelmatig stopte om te remmen en te versnellen, dwaalden mijn gedachten af. Had ik echt pech in het leven of was dit gewoon mijn perceptie? Omdat de lijnen bij banken, postkantoren en supermarkten mij schijnbaar vaker uitkiezen dan anderen, of waren dit gewoon maar percepties?

Stel je voor dat er op deze snelweg 10% van de tijd een file staat; mijn kans om vast te lopen is niet groter dan de waarschijnlijkheid ervan, maar mijn kans om vast te lopen op een bepaald punt op mijn reis overschrijdt dit cijfer omdat ik in dergelijke situaties beperkt ben in mijn voorwaartse beweging; bovendien, als er eenmaal een opkomt en ik vastloop, wordt het voor mij veel merkbaarder dan wanneer het in zijn normale tempo was blijven bewegen.

Een soortgelijke logica geldt voor bankloketten of verkeerslichten: op een gemiddelde rit tussen A en B met 10 verkeerslichten zal er altijd één rood zijn en de rest groen; u zou echter meer dan 10% van uw reistijd kunnen besteden aan het wachten voor rode lichten - hoewel dit misschien niet juist lijkt; Stel je voor dat je met bijna de snelheid van het licht reist: je zou waarschijnlijk 99,99% (niet 10%) van de tijd doorbrengen met wachten en rode verkeerslichten vervloeken!

Zodra we klagen over pech, is het verstandig om op onze hoede te zijn voor zelfselectie. Als mijn mannelijke vrienden klagen over het gebrek aan vrouwen in hun bedrijven en vriendinnen klagen over te weinig mannen, heeft dat niets met pech te maken. Deze mopperaars maken deel uit van een steekproef die de waarschijnlijkheid aantoont dat de meeste mannelijke werknemers in sectoren werken die gedomineerd worden door meestal mannen (of omgekeerd voor vrouwelijke werknemers). Bovendien betekent het leven in landen als China of Rusland, waar een groot deel van beide geslachten bestaat, dat je misschien deel gaat uitmaken van die grotere groep en je het gevoel hebt dat er iets aan gedaan wordt. Wanneer er tijdens verkiezingen wordt gestemd, wordt dit fenomeen het duidelijkst;
Op het moment van de stemming is de kans groot dat uw stem overeenkomt met de meerderheidsstem van de winnende meerderheid.

Marketeers vallen vaak ten prooi aan zelfselectie. Marketeers kunnen hieraan meedoen via marketingonderzoeken die proberen de klantwaarde van hun nieuwsbrief te beoordelen, maar alleen huidige abonnees bereiken die volledig tevreden zijn, tijd hebben en niet hebben opgezegd. Deze peilingen blijken dus ineffectief.

Uitspraken van mijn nogal bedroefde vriend raakten onlangs een veel voorkomende neiging tot zelfselectie aan; alleen levende wezens kunnen zulke waarnemingen doen; niet-entiteiten denken vaak niet veel na over hun niet-bestaan. Toch vormt ditzelfde waanidee de basis van veel filosofische werken, waarin zij zich jaar na jaar verbazen over de ontwikkeling van de taal; Ik sympathiseer met hun verbazing, maar vind hun verbazing niet te rechtvaardigen; taal zou eenvoudigweg niet bestaan zonder dat wij het wonder ervan vereren; zijn wonder wordt pas tastbaar door te worden blootgesteld aan zijn omgeving - zijn wonder wordt pas tastbaar door zijn bestaan in zijn omgeving - zoals zijn wonder van creatie of vernietiging door de menselijke geest!

Grappig is dit recente telefonische onderzoek: een bedrijf voerde het uit om vast te stellen hoeveel telefoons (vast en mobiel) elk huishouden gemiddeld bezat. Ze waren verbaasd toen ze ontdekten dat geen enkel huishouden beweerde er geen te hebben! Werkelijk een verbazingwekkende prestatie.

Zie ook Alternatieve paden (hfdst. 39); Kenmerk-positief effect (hfdst. 95); Zwemmerslichaamsillusie (hoofdstuk 2) voor verdere discussie.

Verenigingsvooroordeel

Kevin heeft drie presentaties gegeven over de resultaten van zijn divisie aan de directie van het bedrijf en elke keer verliep alles vlekkeloos - en Kevin gelooft dat deze groene boxershort met stippen zijn geluksonderbroek is!

Kevin kon het niet laten om de prachtige verlovingsring te kopen die ze hem liet zien; Hoewel het met $ 10.000 ruim boven zijn budget voor een tweede huwelijk lag, maakte iets aan deze vrouw het voor hem onweerstaanbaar; misschien zou het associëren van dit prachtige object met iemand de hoop wekken voor toekomstige bruiden dat zij ook adembenemend mooi zou kunnen zijn?

Elk jaar bezoekt Kevin zijn arts voor een controle. Meestal krijgt hij te horen dat zijn gezondheid op 44-jarige leeftijd in goede staat is. Twee keer is hij echter met alarmerend nieuws vertrokken: één keer over zijn blindedarm (die snel werd verwijderd); en een andere voor een aanvankelijk gezwollen prostaat die bij nadere inspectie louter een ontsteking bleek te zijn in plaats van kanker - beide keren vertrok Kevin met een ongerust gevoel en beide dagen was het buitengewoon warm; Sindsdien annuleert hij elke keer dat de temperatuur rond een van zijn controleafspraken begint te stijgen, deze onmiddellijk onmiddellijk!

Onze hersenen zijn verbindingsmachines. Wanneer we bijvoorbeeld een onbekende vrucht consumeren en daarna misselijkheid ervaren, creëert onze geest kennis. Deze methode creëert echter ook valse kennis. De Russische wetenschapper Ivan Pavlov was de eerste die dit fenomeen bestudeerde met behulp van bellen om de speekselvloed bij honden te meten; later zou alleen al het geluid al speekselvloed veroorzaken; het creëren van verbanden tussen twee ogenschijnlijk niet-verwante functies, zoals het luiden van de bel en de speekselproductie in de hersenen van dieren - waarbij alleen geluid al voldoende is om speekselvloed in de hersenen op te wekken.

De methode van Pavlov is net zo goed van toepassing op mensen. Reclame legt verbanden tussen producten en emoties, zoals Coca-Cola. Als gevolg hiervan tonen advertenties blije Coca-Cola-mensen die samen verschijnen - in tegenstelling tot fronsende gezichten of gerimpelde lichamen die je elders in het echte leven misschien wel ziet. Coca-Cola-mensen verschijnen in grote clusters vergeleken met het echte leven.

Valse associaties worden veroorzaakt door associatievooroordelen, wat ook de kwaliteit van onze besluitvorming in gevaar brengt. We kunnen dragers van slecht nieuws automatisch associëren met de inhoud ervan (ook wel bekend als het shoot-the-messenger-syndroom).

Sommige CEO's en investeerders vermijden bewust of onbewust het horen van negatief nieuws, wat leidt tot een onnauwkeurig beeld van de werkelijkheid. Om te voorkomen dat u ten prooi valt aan valse verbindingen en om te voorkomen dat u ten prooi valt aan valse aanwijzingen bij het leiden van groepen mensen, kunt u uw medewerkers instrueren om zo snel mogelijk alleen slecht nieuws te geven om het shoot-the-messenger-syndroom tegen te gaan. Vertrouw erop dat er voldoende positief nieuws zal komen. kom nog steeds jouw kant op! Om valse verbindingen te overwinnen door het shoot-the-messenger-syndroom te overcompenseren door te overcompenseren met positieve berichten - overcompenseren door te overcompenseren met goed nieuws!

Voordat e-mail en telemarketing bestonden, gebruikten reizende verkopers verkoopmethoden van deur tot deur. Op een dag stuitte George Foster op een leegstaand huis waar een onzichtbaar lek het al weken met gas vulde. Zonder dat hij het wist, veroorzaakte de beschadigde bel een vonk toen George erop drukte, wat een explosie veroorzaakte die George rechtstreeks naar het ziekenhuis stuurde, hoewel hij uiteindelijk hij herstelde snel. Helaas bleef zijn angst voor deurbellen echter zo sterk hangen dat hij zelfs jaren later niet meer aan het werk kon; hij deed zijn uiterste best omdat hij alleen maar een nieuwe emotionele band kon creëren die zichzelf niet kon terugdraaien, ook al wist hij dat dit niet waarschijnlijk was.

Mark Twain heeft deze belangrijke boodschap prachtig weergegeven: 'We moeten uit elke ervaring alleen de lessen trekken die erin zitten; opdat we niet worden als de kat die op een hete kacheldeksel gaat zitten en zich verbrandt - en nooit meer op warme of koude kachels gaat zitten.'

Wees op uw hoede als de zaken goed beginnen; let op Contagion Bias (hoofdstuk 54); Valse causaliteit (hfdst. 37); Beginnersgeluk (hfst. 49) en beschikbaarheidsbias en affectheuristiek. (Zie hoofdstuk 54 voor meer informatie over deze onderwerpen).

KIJK UIT WANNEER DINGEN SNEL BEGINNEN TE GEBEUREN

Onlangs hebben we associatievooroordelen onderzocht, oftewel onze neiging om verbanden te zien waar die niet bestaan. Ongeacht al het succes van Kevin met grote presentaties terwijl hij een onderbroek met groene stippen draagt, kunnen ze hem bijvoorbeeld niet elke keer succes garanderen.

Nu komen we bij een van de lastigste vormen van associatievooroordelen: het creëren van een kunstmatige link met het verleden. Casinospelers kennen deze tactiek goed: ze noemen het beginnersgeluk. Mensen die nieuw zijn in een spel en in de eerste ronde verliezen, passen vaak wijselijk, terwijl degene die geluk heeft de neiging heeft door te gaan. Wanneer starters echter geluk hebben, kan hun zelfvertrouwen ertoe leiden dat ze hun inzet nog verder verhogen - om er later achter te komen dat de kansen kort daarna weer op het gemiddelde niveau zijn teruggekeerd!

Beginnersgeluk speelt een essentiële rol in economisch succes. Stel je bedrijf A voor, dat achtereenvolgens kleinere bedrijven B, C en D overneemt zonder incidenten en elke overname met succes voltooit - het opbouwen van hun vertrouwen aangezien elke fusie te uitdagend blijkt om te beheren en de geschatte synergieën onmogelijk te realiseren zijn, ondanks objectief bewijs dat in deze richting wijst uit eerdere overnames - alleen voor beginnersgeluk om hen te verblinden voor deze realiteit.

Soortgelijke trends deden zich voor op de beurs. Aangetrokken door het aanvankelijke succes, stopten veel beleggers eind jaren negentig hun spaargeld en zelfs leningen in internetaandelen, zich er niet van bewust dat hun opmerkelijke winsten destijds niet te danken waren aan enig op kennis gebaseerd aandelenselectievermogen, maar eenvoudigweg aan een opwaartse markttrend. ; zelfs degenen zonder enige voorafgaande kennis van beleggen behaalden vaak enorme winsten toen de zaken uiteindelijk in het verkeerde keelgat schoten. Toen dat momentum echter uiteindelijk wegebde, bleven velen achter met bergen dotcom-schulden.

Zoals we hebben kunnen zien tijdens de recente huizenhausse in de VS trapten veel mensen in deze valkuil: tandartsen, advocaten, leraren en taxichauffeurs gaven hun carrière op om huizen te 'flippen' om winst te maken – ze kochten ze tegen voordelige kelderprijzen en verkochten ze vervolgens onmiddellijk weer tegen hogere prijzen. prijzen – die hen op een bedwelmend pad leiden richting dikke winsten, maar die feitelijk weinig relevantie hebben voor het echte leven of hun carrière.

De hausse op de huizenmarkt zorgde ervoor dat zelfs amateurmakelaars konden gedijen; investeerders gingen enorme schulden aan toen ze steeds grotere herenhuizen kochten, en toen de zeepbel uiteindelijk barstte, bleven er alleen nog onverkoopbare eigendommen over als activa.

De geschiedenis biedt ons ruimschoots bewijs van het geluk van nieuwelingen: noch Napoleon noch Hitler zouden campagnes tegen Rusland zijn begonnen zonder eerdere overwinningen in kleinere veldslagen als ondersteuning.

Maar hoe kun je beginnersgeluk onderscheiden van echt talent? Hoewel er geen vaste regel bestaat om die beslissing te nemen, kunnen twee tips effectief blijken: ten eerste: als uw prestaties gedurende een langere periode consequent beter presteren dan die van anderen, speelt talent waarschijnlijk een rol. Ten tweede: als er meer concurrenten zijn die strijden om uw bedrijf, neemt de kans toe dat iemand een grote hit wordt en voor meerdere jaren marktleiderschap op zich neemt – mogelijk uzelf! Als dat bij tien concurrenten gebeurt, wees er dan trots op dat u uzelf als marktleider kunt prijzen! Het behoren tot de topspelers (op de financiële markten) kan echter worden gezien als een bewijs van talent; maar als je merkt dat je in een bepaald jaar de tophond bent onder de 10 miljoen spelers - wat gemakkelijk genoeg zou kunnen gebeuren als er allerlei soorten spelers meedoen - begin dan nog niet met het visualiseren van een imperium als Buffett; De kans is groot dat je gewoon geluk hebt gehad!

Kijk en wacht voordat u definitieve conclusies trekt. Beginnersgeluk kan verwoestend zijn; om me te beschermen tegen misvattingen en theorieën te weerleggen zoals een effectieve wetenschapper dat zou doen, stuurde ik mijn roman Vijfendertig naar een uitgever, waar hij onmiddellijk werd geaccepteerd; even voelde het als een geniaal succes (de kans dat deze uitgever het op zich zou nemen was 1/15.000). Om mijn theorie verder te testen, stuurde ik kopieën naar nog eens 10 grote uitgevers... en ontving 10 afwijzingsbrieven terug die mijn idee naar voren brachten snel terug naar de aarde.

Zie ook: Survivorship Bias (hoofdstuk 1); Zelfzuchtige vooringenomenheid (hfdst. 45); Associatiebias (hfdst. 48); Valse causaliteit (hfdst. 37); Illusie van vaardigheid (hfdst. 94)

ZOETE KLEINE LEUGENS

Cognitieve dissonantie

Een vos kroop langzaam naar een wijnstok en staarde verlangend naar de overvloedige, paarse druiven. Hij plaatste zijn voorpoten tegen de slurf, strekte zijn nek uit en probeerde ernaar te reiken, maar ze zaten te hoog. Geïrriteerd deed hij het nog een keer, zijn kaak klapte alleen bij lucht. Ten slotte sprong hij met al zijn kracht om vervolgens met een hoorbare plof weer op de aarde te landen; er was nog geen enkel blad bewogen. Met opgeheven hoofd liep hij terug het bos in - dat dacht de vos tenminste.

Aesopus, de Griekse dichter, creëerde deze fabel om een van de meest voorkomende fouten in de logica onder de aandacht te brengen. Er deed zich een discrepantie voor toen de vos iets wilde doen, maar er niet in slaagde, waardoor er een inconsistentie ontstond die slechts op drie manieren kan worden opgelost: A) op de een of andere manier een paar druiven in handen krijgen B) accepteren dat zijn vaardigheden misschien niet voldoende zijn C) toegeven dat zijn vaardigheden niet voldoende zijn incompetentie

C) door met terugwerkende kracht te herinterpreteren wat er is gebeurd. Deze benadering vertegenwoordigt cognitieve dissonantie of de oplossing ervan.

Stel je voor dat je een nieuwe auto koopt en al snel spijt krijgt van je keuze: de motor klinkt alsof hij aanslaat en de bestuurdersstoel is ongemakkelijk. Wat doe je dan? Als u het terugstuurt, geeft u een fout toe en krijgt u waarschijnlijk niet al uw geld terug; dus als alternatieve aanpak zou je jezelf ervan kunnen overtuigen dat luide motoren en ongemakkelijke zitkenmerken deel uitmaken van de veiligheidsvoorzieningen, waardoor je niet in slaap valt achter het stuur; deze slimme keuzes waren ongetwijfeld goed doordachte aankopen die vreugdevolle ervaringen met zich meebrachten!

Leon Festinger en Merrill Carlsmith van Stanford University gaven hun studenten ooit de opdracht een uur lang saai, eentonig werk te verrichten voordat ze hen in twee groepen verdeelden. Leden van Groep A ontvingen \$ 1 (het was 1959) als compensatie; degenen in groep B ontvingen \$ 20; later moesten ze onthullen hoe ze het allemaal werkelijk vonden - verrassend genoeg vonden degenen die slechts een dollar ontvingen het veel leuker en boeiender!
Waarom deden ze het? Simpelweg omdat één miezerige dollar voor hen niet genoeg stimulans was om ronduit te liegen; dus in plaats daarvan overtuigden ze zichzelf ervan dat het werk niet zo slecht was; in dezelfde geest waarin de vos van Aesopus de situatie anders herinterpreteerde, net als deze studenten. Bovendien hoefden degenen die meer ontvingen

niet te rechtvaardigen wat ze hadden gedaan, omdat ze al een leugen hadden begaan terwijl ze een schadevergoeding van $ 20 ontvingen als hun eerlijke vergoeding. Deze studenten ervoeren geen cognitieve dissonantie.

Stel je voor dat je solliciteert naar een baan en verliest van een andere kandidaat. In plaats van te erkennen dat zij er wellicht beter voor gekwalificeerd waren dan jij, overtuig je jezelf ervan dat je niet echt geïnteresseerd was in die specifieke rol; het was al die tijd slechts een experiment om te zien of jouw 'marktwaarde' je een uitnodiging voor een sollicitatiegesprek kon opleveren.

Ik heb onlangs iets soortgelijks meegemaakt toen ik moest kiezen tussen beleggen in twee aandelen. Hetgene dat ik selecteerde, daalde kort na aankoop onmiddellijk in waarde, terwijl de aandelen van een ander, niet-geïnvesteerd exemplaar omhoogschoten - ik kon mezelf er gewoon niet toe brengen mijn fout in te zien! Integendeel: ik herinner me levendig dat ik een vriend ervan overtuigde dat het aandeel, ook al kampte het met kinderziektes, over het geheel genomen nog steeds meer potentieel had. Cognitieve dissonantie kan deze schijnbaar irrationele reactie verklaren. Zoals mijn vriend me eraan herinnerde, zou het 'potentieel' zelfs nog groter zijn geweest als ik de aankoop van aandelen tot vandaag had uitgesteld. Aesop had voor dat scenario gewaarschuwd: 'Je kunt proberen slim te zijn zoveel je wilt, maar uiteindelijk zul je geen druiven bereiken.'

Zie ook Endowment Effect (hfdst. 23); Zelfzuchtige vooringenomenheid (hfdst. 45); Bevestigingsbias (hfdst. 7-8); "Omdat rechtvaardiging" (hoofdstuk 52) en inspanningsgerechtvaardiging (hoofdstuk 60).

Hyperbolische kortingen

Heb je het gezegde gehoord: 'Leef elke dag alsof het je laatste is.'? Het lijkt minstens drie keer te verschijnen in zowel lifestyletijdschriften als zelfhulphandleidingen; toch doet het voor zo'n verhelderend spreekwoord niets voor je verstand! Stel je voor wat er zou gebeuren als je dit advies letterlijk zou opvolgen: je zou niet langer je tanden poetsen, je haar wassen, het appartement schoonmaken, op je werk verschijnen en je rekeningen niet meer op tijd betalen? Zonder enige twijfel zou je in een mum van tijd blut, ziek en mogelijk zelfs achter de tralies raken - toch blijft de betekenis ervan inherent nobel; het drukt het verlangen en verlangen naar onmiddellijkheid uit, die veel te vaak prioriteit krijgen boven het rationele denken; vandaag ten volle van het leven leven zonder zorgen over morgen is eenvoudigweg geen verstandig levensadvies.

Zou u liever $1.000 ontvangen over een jaar of $1.100 over twaalf en een maand? De meeste mensen zouden waarschijnlijk voor het laatste kiezen – met een maandelijkse rente van 10% per jaar! Bovendien kan de extra wachttijd van twee weken een geweldig rendement opleveren, waardoor u een verstandiger besluit kunt nemen dan te lang wachten!

Nog twee vragen. Ontvangt u liever €1.000 vandaag contant of wacht u een maand en ontvangt u €1.100 extra? Hoogstwaarschijnlijk zouden de meeste mensen tegenwoordig de voorkeur geven aan contant geld; toch is dit verbazingwekkend, want zelfs een maand langer wachten levert in beide gevallen $100 extra op; in het ene scenario lijkt het voor de hand liggend, terwijl in een ander geval geduld en overweging nodig kunnen zijn voordat er een passend antwoord wordt gegeven. "Wat is nog een jaar?" vraag je je misschien af. Niet in dit geval; wanneer we 'nu' introduceren, nemen onze hersenen echter vaak inconsistente beslissingen en de wetenschap noemt dit fenomeen hyperbolische verdiscontering. Simpel gezegd: naarmate beloningen dichter bij elkaar komen, neemt onze 'emotionele rente' toe en worden we bereid meer op te geven in ruil daarvoor. Helaas begrijpen de meeste economen nog steeds niet dat mensen inconsistent en subjectief op rentetarieven reageren; bijgevolg zijn hun modellen gebaseerd op constante rentetarieven, wat zeer twijfelachtig is.

Hyperbolische kortingen, of ons verlangen naar onmiddellijke beloningen, komen voort uit ons dierlijke verleden. Dieren zouden nooit een onmiddellijke beloning weigeren die hen zou kunnen helpen sneller te overleven.
Je ratten reageren niet goed op training; ze zullen vandaag niet één stuk kaas opgeven om morgen nog een stuk kaas te ontvangen. Ja, eekhoorns verzamelen voedsel en bewaren het voor later gebruik; dat gedrag heeft echter niets te maken met impulsbeheersing of leren.

En hoe zit het met kinderen? In de jaren zestig voerde Walter Mischel een experiment uit over uitgestelde bevrediging, dat je kunt vinden door op YouTube te zoeken met 'marshmallow experiment'. Een groep vierjarigen kreeg elk één marshmallow die ze ofwel onmiddellijk konden consumeren, ofwel een paar minuten moesten wachten voordat ze er nog één kregen; helaas was wachten voor de meeste kinderen onmogelijk; nog indrukwekkender was echter dat Mischel ontdekte dat het vermogen tot uitgestelde bevrediging een indicator is voor toekomstig carrièresucces - waarmee hij aantoonde dat geduld echt een deugd is.

Met het ouder worden komt er meer zelfbeheersing, waardoor het makkelijker wordt om beloningen uit te stellen. In plaats van twaalf maanden te wachten om nog eens honderd dollar mee naar huis te nemen, zouden we graag dertien maanden wachten als er een onmiddellijke beloning zou ontstaan; zoals de exorbitante rentetarieven van banken op creditcardschulden of persoonlijke leningen op korte termijn, die inspelen op ons verlangen naar onmiddellijke bevrediging.

Conclusie: Hoewel onmiddellijke beloningen erg verleidelijk kunnen zijn, blijft hyperbolische korting een tekortkoming. Wanneer we controle krijgen over onze impulsen – bijvoorbeeld bij het drinken van alcohol – des te beter kunnen we deze valkuil vermijden; anders worden we kwetsbaar. Aan de andere kant, als je consumentenproducten verkoopt, geef klanten er dan onmiddellijk toegang toe, omdat sommigen misschien extra betalen zodat ze niet hoeven te wachten, iets waar Amazon ten volle van profiteert; een deel van de toeslag voor bezorging op de volgende dag gaat rechtstreeks naar hun schatkist! Een wekelijkse herinnering kan deze valkuil helpen voorkomen:

Zie Beslissingsmoeheid (hoofdstuk 53); Eenvoudige logica (hoofdstuk 63) en uitstelgedrag (hoofdstuk 85).

De verkeersopstopping tussen Los Angeles en San Francisco als gevolg van reparaties aan het oppervlak nam dertig minuten van mijn reis in beslag voordat ik uiteindelijk in chaos in mijn achteruitkijkspiegel verdween - dat dacht ik tenminste. Een half uur later waren er echter weer meer onderhoudswerkzaamheden begonnen, maar vreemd genoeg was mijn frustratie enorm afgenomen omdat geruststellende borden langs de weg aankondigden: 'Wij zijn deze snelweg voor u aan het renoveren!'

De jam deed me denken aan een experiment dat de Harvard-psycholoog Ellen Langer in de jaren zeventig uitvoerde. Hiervoor ging ze een bibliotheek binnen en wachtte bij een kopieerapparaat tot er een rij omheen stond voordat ze naar de eerste gebruiker ging en zei: 'Neem me niet kwalijk, ik moet vijf pagina's kopiëren; mag ik uw Xerox-apparaat gebruiken?' Haar slagingspercentage was 60%. Om het te verhogen tot 94% herhaalde ze het experiment, terwijl ze een rechtvaardiging aanvoerde: 'Neem me niet kwalijk. Ik heb nu vijf exemplaren nodig. Mag ik vanwege tijdsdruk uw Xerox-apparaat gebruiken?' In bijna alle gevallen mocht ze doorgaan. Dit was begrijpelijk: mensen die haast hadden, liepen vaak naar de voorkant van de rij zonder ooit echt te begrijpen waarom. Ze probeerde het opnieuw, maar deze keer zei ze: 'Neem me niet kwalijk, maar mag ik voor u gaan omdat ik kopieën nodig heb?' Tot haar verbazing lukte dit vrijwel altijd (93%).

Het rechtvaardigen van ons gedrag vergroot de tolerantie en behulpzaamheid. Het gebruik van rechtvaardigingen als 'omdat' lijkt voldoende; het maakt niet uit of het excuus dat je geeft voor waarom ze zich zo gedragen goed is of niet; het is net zo effectief! Een bord met de mededeling: "Wij renoveren de snelweg voor u" zou de zaken alleen maar verwarren; elk onderhoudspersoneel zou toch net zo goed elders op de snelweg hun werk kunnen doen! Zien wat er aan de hand is, stelt je gerust en kalmeert je, in plaats van dat je er onbewust van blijft. Niets frustreert tenslotte meer dan onwetend blijven!

Bij Gate A57 op JFK Airport wachtte ik gespannen op vlucht 1234 toen de aankondiging via de luidspreker luidde: 'Attentie, passagiers. Vlucht 1234 heeft momenteel drie uur vertraging. Ik besloot naar de balie te gaan om erachter te komen waarom en was binnen 15 minuten terug zonder antwoord of verklaring voor het uitstel.
Ik was woedend; Hoe durven ze ons in onwetendheid te laten wachten! Andere luchtvaartmaatschappijen hadden tenminste het fatsoen om hun passagiers te informeren: 'Vlucht 5678 is vanwege operationele redenen met drie uur vertraagd' - zo'n flauw excuus zou op zijn minst voldoende troost bieden.

Mensen lijken geobsedeerd door het gebruik van het woord 'omdat', zelfs als dat niet nodig is; als leiders zijn we ongetwijfeld getuige geweest van deze trend; zonder een effectieve oproep neemt de motivatie van medewerkers snel af. Simpelweg zeggen dat uw schoenenbedrijf bestaat om schoenen te produceren, is niet langer een indrukwekkend argument: vandaag de dag moeten hogere doeleinden en verhalen achter uw verhaal ook een rol spelen - zoals zeggen dat u wilt dat uw schoenen een revolutie teweegbrengen in de markt (wat dat ook mag betekenen); het bieden van steun voor een betere wereld (of Zappo's claim dat hij in de gelukswereld zit) zijn allemaal essentiële onderdelen van het zinvol maken van zakelijke beslissingen vandaag de dag als we succes willen (wat dat ook betekent).

Als de aandelenmarkt met een half procentpunt stijgt of daalt, zullen marktcommentatoren geen enkele plausibele verklaring geven - dat dit werd veroorzaakt door witte ruis of een oneindige reeks marktbewegingen. In plaats daarvan willen mensen tastbare redenen en zullen commentatoren er één uitkiezen om de schuld aan te geven; hun uitleg zal vaak betekenisloos overkomen, waarbij veelvuldig wordt verwezen naar de uitspraken van de presidenten van de Federal Reserve Bank als boosdoeners.

Als iemand vraagt waarom je een taak nog niet hebt voltooid, zou een simpel antwoord kunnen zijn: 'Omdat ik er nog niet aan toe ben gekomen.' Hoewel het in eerste instantie misschien belachelijk klinkt, volstaat dit meestal zonder dat er plausibelere redenen hoeven te komen om het niet onmiddellijk af te ronden.

Op een dag zag ik hoe mijn vrouw nauwgezet het zwarte wasgoed van het blauwe scheidde. Voor mij leek het onnodig omdat beide donkere kleuren even belangrijk zijn, maar deze praktijk heeft ervoor gezorgd dat mijn kleding jarenlang vrij bleef. "Waarom doe je dat?" Ik vroeg haar; waarop ze antwoordde: 'Omdat ik ze liever apart was'. Voor mij was dat voldoende uitleg.

Ga nooit van huis zonder 'omdat' te gebruiken. Dit eenvoudige maar effectieve woord helpt de menselijke interactie te vergemakkelijken en moet vrijelijk worden gebruikt.

Zie ook Cognitieve dissonantie (hoofdstuk 50); Verhaalbias (hoofdstuk 13) en misvatting van één enkele oorzaak (hoofdstuk 97)

BESLISSINGSVERMOEIDHEID

Wekenlang heb je onvermoeibaar aan deze presentatie gewerkt. Uw PowerPoint-dia's zijn gepolijst tot een glanzende glans; elk cijfer in Excel is bewezen accuraat; de toonhoogte is een voorbeeld van kristalheldere logica. Alles hangt af van deze pitch - als het succesvol is, hangt alles ervan af - goedkeuring krijgen van de CEO betekent dat je gepromoveerd wordt naar een directiekantoor; anders zou dit ertoe kunnen leiden dat er een werkloosheidsuitkering wordt toegekend of onmiddellijk wordt ontslagen! De assistent van je baas stelt drie mogelijke tijdsloten voor: 8.00 uur, 11.30 uur. of 18.00 uur - welke moet plaatsvinden?

Psycholoog Roy Baumeister en Jean Twenge vulden ooit een hele tafel met honderden goedkope spullen, variërend van tennisballen en kaarsen tot T-shirts, kauwgom en colablikjes. Vervolgens verdeelden ze hun studenten in twee groepen; degenen die als beslissers werden bestempeld, werden apart gezet, terwijl degenen die niet betrokken waren, als niet-beslissers werden bestempeld. Hij zei tegen de eerste groep: 'Ik zal je sets laten zien met twee willekeurige items tegelijk en elke keer is het aan jou om tussen de twee keuzes te kiezen - aan het einde van mijn experiment geef ik je er één als souvenir ' Ze geloofden dat hun beslissingen zouden bepalen welk item ze uit elke set zouden houden. Hij instrueerde de tweede groep: 'Schrijf op wat je van elk item vindt, en ik zal er willekeurig één uitkiezen om aan je te geven aan het eind.' Kort daarna instrueerde hij elke leerling om zijn hand zo lang mogelijk in een ijskoude waterbron te steken en deze positie te behouden totdat hij werd losgelaten. De psychologie gebruikt deze test als een klassieke maatstaf voor wilskracht of zelfdiscipline; degenen die geen wilskracht hebben, zullen snel hun hand uit het ijskoude water terugtrekken, terwijl besluitvormers zich sneller terugtrekken dan niet-beslissers, omdat hun intensieve besluitvorming hun wilskracht heeft ondermijnd - een effect dat in talloze andere experimenten wordt bevestigd.

Beslissingen nemen kan vermoeiend zijn. Iedereen die zijn computer online heeft geconfigureerd of onderzoek heeft gedaan naar lange reizen - inclusief vluchten, hotels, activiteiten, restaurants en het weer - weet dit maar al te goed: na het vergelijken, overwegen en kiezen, kan men zich uitgeput voelen na al dat vergelijken, overwegen en kiezen. plaats - de wetenschap noemt dit fenomeen beslissingsmoeheid.

Beslissingsmoeheid kan gevaarlijk zijn: als consument word je gevoeliger voor reclameboodschappen en impulsaankopen; Als besluitvormer op uitvoerend niveau kan uw vermogen om een goed oordeel te vellen aanzienlijk afnemen.

Wilskracht kan als een batterij zijn: na een tijdje raakt hij leeg en moet hij worden opgeladen. Eén manier om dit te doen is een pauze nemen om te ontspannen en iets te eten; anders zal de wilskracht kelderen als uw bloedsuikerspiegel te laag wordt; IKEA weet dit beter dan wie dan ook; dat is de reden waarom de restaurants handig verspreid over de winkels zijn geplaatst, omdat de beslissingsvermoeidheid al snel toeslaat tijdens je reis door doolhofachtige tentoonstellingsruimtes en torenhoge magazijnschappen; offer wat winstmarge op voor Zweedse lekkernijen die kunnen helpen de bloedsuikerspiegel aan te vullen voordat u verdergaat met uw zoektocht naar perfecte kandelaars voordat u deze hervat!

Vier gevangenen in een Israëlische gevangenis verzochten de rechtbank om vervroegde vrijlating, te beginnen met zaak 1 om 8.50 uur: een Arabier veroordeeld tot 30 maanden wegens fraude; Casus 2 (gepland om 13.27 uur) betreft een Jood die 16 maanden vastzit wegens mishandeling; Zaak 3 was gepland voor 15.10 uur). Casus 1 (gepland om 16.35 uur) betrof een Jood die 16 maanden kreeg wegens mishandeling; Zaak 4 was een Arabier die tot 30 maanden werd veroordeeld wegens fraude. Hoe kwamen rechters tot hun beslissingen? Belangrijker dan de loyaliteit of strengheid van de gedetineerden was hun vermoeidheid bij het nemen van beslissingen. De rechters willigden de verzoeken 1 en 2 in, omdat hun bloedsuikerspiegel na het ontbijt of de lunch nog niet normaal was geworden, maar wezen de verzoeken 3 en 4 af vanwege onvoldoende energiereserves om een vervroegde vrijlating te riskeren. Ze kozen voor de makkelijke optie (de status quo) en lieten mannen in de gevangenis achter. Uit een onderzoek van honderden uitspraken blijkt dat het percentage 'moedige' beslissingen tijdens één sessie geleidelijk daalt van 65% naar bijna geen, voordat het na de pauze weer omhoog gaat - tot zover Vrouwe Justitia! Toch is nog niet alles verloren: nu weet u wanneer u uw project het beste aan uw CEO kunt presenteren.

Zie ook: Keuzeparadox (hfdst. 21); Hyperbolische verdiscontering (hoofdstuk 51); Simple Logic (ch. 63) en het standaardeffect (ch. 81).

ZOU JE HITLER'S TRUI DRAGEN?

BESMETTINGSVOOROORDEEL

Na de val van het Karolingische rijk in Frankrijk in de negende eeuw verviel Europa in anarchie. Graven, commandanten, ridders en andere plaatselijke heersers waren vaak verwikkeld in bloedige veldslagen; hun krijgers plunderden boerderijen, verkrachtten vrouwen, vertrapten velden, ontvoerden predikanten van kerkdiensten, gijzelden predikanten en staken kloosters in brand; zowel de kerkelijke autoriteiten als de boeren stonden machteloos tegen de onophoudelijke strijd van deze edelen.

In de tiende eeuw kwam een Franse bisschop met een indrukwekkend plan. Hij nodigde alle prinsen en ridders van Frankrijk uit om zich in één veld te verzamelen, terwijl priesters, bisschoppen en abten alle relikwieën verzamelden die ze in die regio konden vinden om daar tentoon te stellen. Op het eerste gezicht was het een fascinerend gezicht: botten, met bloed doordrenkte vodden, bakstenen en tegels die allemaal tekenen vertoonden van contact tussen heiligen. Destijds deed de bisschop, als iemand die bekend staat om het afdwingen van respect, een hartstochtelijk beroep op de edelen die bij de heilige relikwieën aanwezig waren om het geweld tegen ongewapende slachtoffers en aanvallen op ongewapende burgers op te geven. Om zijn eisen verder te onderstrepen, zwaaide hij met bebloede kleding en heilige beenderen als verder bewijs. Edelen moeten zulke symbolen met grote eerbied hebben koesterd; De unieke oproep van bisschop Gregory aan hun geweten verspreidde zich over heel Europa en stimuleerde 'Vrede en Bestand van God'. Volgens de Amerikaanse historicus Philip Daileader mag men de angst die in deze periode met heiligen in verband wordt gebracht, of met de relikwieën van heiligen nooit onderschatten.

Als geschoold persoon kan het gemakkelijk voor je zijn om dit bijgeloof als dwaas af te doen. Denk er echter eens over na: zou je iets dragen dat Hitler ooit droeg? Onwaarschijnlijk - wat misschien aantoont dat uw respect voor onzichtbare krachten nog steeds bestaat. De trui belichaamt niet langer enige connectie met Hitler; er zit geen druppel van zijn zweet op, maar het dragen ervan roept nog steeds gevoelens van schaamte en respect op voor wat de auteur vertegenwoordigt. Ongetwijfeld willen we een ideaalbeeld projecteren op zowel onze medemensen als onszelf; Toch kan de gedachte alleen al ons afschrikken, zelfs als we alleen zijn, en we overtuigen onszelf ervan dat het aanraken van dergelijke kleding Hitler op geen enkele manier steunt. Helaas kunnen dergelijke emotionele reacties moeilijk te overwinnen zijn, zelfs onder degenen die dit onderwerp belangrijk vinden, zoals politici.
Zelfs mensen die zichzelf als zeer rationeel beschouwen, hebben soms moeite om elk geloof in mysterieuze krachten te verdrijven (waaronder ikzelf).

Paul Rozin en zijn onderzoekscollega's aan de Universiteit van Pennsylvania ontdekten dat mystificerende krachten niet zomaar kunnen worden uitgeschakeld. Proefpersonen brachten foto's van hun dierbaren mee waar ze vervolgens op moesten schieten, zonder de afgebeelde personen schade toe te brengen; hoewel hun aarzeling en nauwkeurigheid vergeleken met reguliere doelen veel lager bleken te zijn - alsof een onzichtbare kracht hen ervan weerhield deze kostbare foto's te maken.

De besmettingsbias verwijst naar ons onvermogen om ons te distantiëren van bepaalde objecten - of ze nu van lang geleden zijn of meer indirect gerelateerd zijn (zoals bij foto's). Mijn vriendin werkte als oorlogscorrespondent voor de Franse publieke televisiezender France 2. Net als passagiers op een Caribische cruise verzamelde mijn vriendin ook souvenirs van haar avonturen - zoals strohoeden of geschilderde kokosnoten van elk eiland dat ze bezocht - als aandenken aan elk avontuur. waaronder een naar Bagdad in 2003. Kort nadat Amerikaanse troepen het regeringspaleis van Saddam Hoessein hadden bestormd, sloop ze zijn privévertrekken binnen. Eenmaal binnen zag ze al snel zes vergulde wijnglazen in de eetzaal staan en ging er snel mee weg. Onlangs, tijdens een van haar etentjes in Parijs, trokken de bekers die een prominente plaats op de eettafel innamen mijn aandacht - een gast vroeg haar of ze uit Lafayette kwamen; toen ik Saddam Hoessein tegen haar noemde, antwoordde ze terloops: 'Nee, ze komen van Saddam. Een uiterst verontruste gast was geschokt en begon ongecontroleerd te hoesten, wat mij dwong te zeggen: 'Besef je hoeveel moleculen van Saddam al deel van je uitmaken als je alleen ademt? Ik heb gevraagd. Zijn hoest werd erger.

Zie ook Association Bias (hoofdstuk 48); Affect Heuristics (hfst. 66) voor meer details.

WAAROM ER GEEN GEMIDDELDE OORLOG IS

Stel je voor dat je met 49 andere mensen een busrit maakt en bij één halte de zwaarste persoon van Amerika instapt; Welk percentage is op dat moment sindsdien in het gemiddelde gewicht van de passagiers toegenomen? Misschien vier procent? Vijf? Bij een andere halte springt Bill Gates daarentegen aan boord; nu moeten we ons niet concentreren op gewicht, maar op rijkdom. Met hoeveel is de rijkdom toegenomen sinds respectievelijk vier procent en vijf procent? Geen van beide scenario's houdt stand!

Laten we snel ons tweede voorbeeld berekenen. In eerste instantie vormt elk individu met een vermogen van $54.000 de statistische middenwaarde, of mediaan. Voeg nu Bill Gates met zijn fortuin van naar schatting zo'n 59 miljard dollar toe aan deze mix en kijk hoe snel de gemiddelde rijkdom met ruim twee miljoen procent is toegenomen tot een stijging van bijna twee miljard procent; waardoor elk begrip van een 'gemiddelde' totaal zinloos wordt.

Nassim Taleb adviseert in zijn werken over de waarschijnlijkheidstheorie om rivieren van gemiddeld een meter diep niet over te steken, vanwege het risico dat ze met zich meebrengen als ze oversteken als hun diepte groter wordt dan vier meter. Rivieren kunnen lange tijd ondiep lijken (slechts enkele centimeters) voordat ze plotseling zes meter diepe stromen worden die je leven bedreigen als je ze oversteekt. Gemiddelden kunnen distributiedetails vaak maskeren; ze verdoezelen hoe waarden zich in de loop van de tijd opstapelen.

Gemiddeld vormt blootstelling aan UV-straling op junidagen geen bedreiging voor de gezondheid. Maar als u de hele zomer binnen op kantoor zou doorbrengen en vervolgens naar Barbados zou gaan en een hele week zonder bescherming in de zon zou liggen zonder zonnebrandcrème te gebruiken, ook al zou u over het algemeen waarschijnlijk minder worden blootgesteld aan UV-licht dan iemand die zich regelmatig buiten waagt - dat zou problemen veroorzaken.

Dit alles zou voor u al redelijk duidelijk moeten zijn; misschien zelfs jezelf. Stel dat u bijvoorbeeld elke avond tijdens het avondeten een glas rode wijn drinkt. Dat levert geen gezondheidsproblemen op en wordt door veel artsen aanbevolen. Als u op 31 december echter het hele jaar door niets drinkt en plotseling 356 glazen drinkt (het equivalent van zestig flessen), krijgt u waarschijnlijk te maken met gezondheidscomplicaties, ongeacht wat het gemiddelde over het jaar was.
Update: In de complexe wereld van vandaag wordt de distributie steeds onregelmatiger; daarom zullen we Bill Gates-achtige resultaten op meer domeinen waarnemen. Als het gaat om online distributie en websitebezoeken, bestaan er geen gemiddelde websitebezoekers: geen enkele website ontvangt een gelijk verkeersniveau. Wiskundigen noemen dit fenomeen vaak de zogenaamde machtswet, waarbij bepaalde sites (bijvoorbeeld de New York Times,

Facebook of Google) de meeste bezoeken genereren, terwijl andere pagina's relatief weinig bezoeken ontvangen. Neem steden als voorbeeld. Tokio is de enige stad met een geschatte bevolking van meer dan 30 miljoen op aarde, terwijl er 11 zijn met tussen de 20 en 30 miljoen, 15 tussen de 10 en 20 miljoen, 48 tussen de 5 en 10 miljoen inwoners en duizenden tussen de 1 en 5 miljoen. deze verdeling volgt een machtswet waarbij sommige extreme gevallen de algehele verdeling domineren, waardoor er geen betekenisvol gemiddelde achterblijft.

Wat is de gemiddelde omvang van een bedrijf, het aantal inwoners van een stad, het aantal doden tijdens een gemiddelde oorlog (in termen van zowel doden als duur), het dagelijkse Dow Jones-fluctuatiegemiddelde, de gemiddelde kostenoverschrijding van bouwprojecten, hoeveel exemplaren een gemiddeld boek verkoopt per exemplaar verkocht door uitgever; gemiddelde hoeveelheid schade aangericht door orkaan; bonus betaald aan bankier gemiddeld; succes van marketingcampagne gemiddeld voor iPhone-appdownloads en acteursalaris? Je zou deze antwoorden kunnen berekenen, maar dat zou vruchteloos zijn, aangezien de machtswet hier ook van toepassing is.

Neem dit laatste voorbeeld ter illustratie: een select aantal acteurs verdient jaarlijks meer dan tien miljoen dollar, terwijl duizenden en duizenden onder de armoedegrens leven. Zou u uw kind of dochter aanraden om te gaan acteren op basis van een gemiddeld loon dat acceptabel lijkt? Waarschijnlijk niet - dat zou een dwaas advies zijn.

Conclusie: Voordat u conclusies trekt op basis van het gebruik van de term 'gemiddeld', moet u even de tijd nemen om de onderliggende verdeling ervan te beoordelen. Als afwijkende gevallen (zoals het fenomeen van Bill Gates) een minimale invloed hebben, kunnen we het concept blijven gebruiken; maar wanneer extreme gevallen (zoals Bill Gates) domineren (zoals zijn succes bij Microsoft), moeten we het nut ervan geheel negeren en de term buiten beschouwing laten. Romanschrijver William Gibson adviseerde ons allemaal: 'De toekomst is er al - ze is alleen niet gelijkmatig verdeeld.'

Zie ook verwaarlozing van de basisrente (hfst. 28); Eenvoudige logica (hoofdstuk 63); Regressie naar gemiddelde (hfdst. 19); Verwaarlozing van waarschijnlijkheid (hoofdstuk 26) en Gambler's Fallacy (hoofdstuk 29)

BONUSSEN VERNIETIGEN MOTIVATIE

Motivatie drukte

Onlangs besloot mijn vriend uit Connecticut te verhuizen naar New York City. Zijn verhuizing zou het vervoeren van een indrukwekkende collectie antiek met zich meebrengen, zoals zeldzame oude boeken en handgeblazen Murano-brillen van generaties lang. Ik wist hoe gehecht hij zou zijn aan het overdragen ervan aan een verhuisbedrijf; dus de laatste keer dat ik er was, bood ik aan om een aantal van de breekbare spullen zelf te dragen als ik vanuit New York terugkeerde naar Connecticut. Twee weken later arriveerde er een bedankbrief met een biljet van vijftig dollar erbij!

Zwitserland heeft jarenlang gezocht naar een geschikte ondergrondse opslagplaats om hun radioactief afval op te slaan, waarbij verschillende locaties in overweging werden genomen, waaronder Wolfenschiessen bij Bern in centraal Zwitserland. Econoom Bruno Frey van de Universiteit van Zürich reisde daar met collega's heen om de meningen van mensen te verzamelen tijdens een gemeenschapsbijeenkomst; tot hun verbazing steunde 50,8% hun voorstel! Hun positieve reactie kan worden toegeschreven aan verschillende factoren: onder meer nationale trots, algemeen fatsoen, sociale verplichtingen en het vooruitzicht op nieuwe banen. Het team voerde nog een onderzoek uit, waarbij deze keer werd voorgesteld dat elke stadsbewoner het voorstel zou accepteren als hij van de Zwitserse belastingbetaler een hypothetische beloning van $ 5.000 zou krijgen als hij of zij het voorstel accepteerde. Wat resulteerde? De resultaten daalden dramatisch: slechts 24,6% was het ermee eens.

Kinderdagverblijven kampen met soortgelijke problemen: ouders halen hun kinderen op na sluitingstijd. Het personeel van de kinderopvang kan de overgebleven kinderen niet in taxi's zetten of op de stoep laten staan totdat alle overgebleven kinderen van school zijn gehaald. Om te laat komen door ouders te ontmoedigen, hebben veel kinderdagverblijven vergoedingen voor te laat komen ingevoerd; maar studies tonen aan dat dit de traagheid feitelijk heeft vergroot in plaats van verminderd. Natuurlijk hadden ze zware straffen kunnen opleggen, zoals 500 dollar per uur, zoals die aan elke Zwitserse dorpsbewoner werd aangeboden, maar dat zou de plank misslaan; kleine maar verrassende financiële prikkels hebben de neiging andere vormen van prikkels te verdringen die een veel groter rendement opleveren in termen van rendement voor alle betrokkenen vergeleken met grotere monetaire prikkels - in tegenstelling tot in dit geval.

De drie verhalen illustreren één belangrijke waarheid: geld motiveert niet altijd.
Soms doet geld meer kwaad dan goed. Mijn vriend gaf me vijftig om zijn slechte daad goed te maken; in plaats daarvan ondermijnde hij het terwijl hij onze vriendschap in gevaar bracht. Het aanbieden van compensatie aan een nucleaire opslagplaats werd door sommigen gezien

als omkoping en als een verminderde patriottische geest in het algemeen; De late vergoedingen van de crèche veranderden hun relatie met ouders van persoonlijk naar monetair, waardoor laattijdigheid door ouders in wezen werd gelegitimeerd.

De wetenschap heeft een term voor dit fenomeen: 'motivation crowding'. Wanneer mensen iets doen om niet-monetaire, liefdadigheidsredenen - uit goede daden, om zo te zeggen - maar een verhoging van de betaling belemmert deze intenties en alle andere motivaties worden door de aanwezigheid ervan verminderd. In plaats daarvan worden financiële beloningen de drijvende kracht achter hun acties.

Stel je voor dat je een non-profitorganisatie leidt. Uw werknemers kunnen een bescheiden loon ontvangen; Toch zijn ze zeer gemotiveerd omdat ze geloven dat ze een impactvol verschil maken. Mocht u echter besluiten om een bonussysteem te implementeren (bijvoorbeeld een kleine salarisverhoging voor elke verzekerde donatie), dan zal de motivatie snel vervagen naarmate uw team de focus verlegt van taken die geen extra beloning met zich meebrengen; creativiteit, bedrijfsreputatie of kennisoverdracht doen er niet langer toe; in plaats daarvan zullen alle inspanningen gericht zijn op het zo snel mogelijk werven van donaties.

Dus wie moet veilig zijn voor motivatieverdringing? Een snelle test kan uitwijzen wie er veilig voor is: kent u private bankers, verzekeringsagenten of accountants die hun werk met passie uitvoeren en geloven in een grotere missie? Nee? Financiële prikkels en prestatiebonussen werken het beste in sectoren met saaie banen; waar werknemers niet veel geven om de producten of bedrijven, maar gewoon hun werk voltooien dankzij het ontvangen van een looncheque. Eigenaars van start-ups zouden er echter goed aan doen de passie van hun werknemers te benutten als onderdeel van het promoten van hun onderneming, in plaats van incentives aan te bieden die ze toch niet zouden kunnen uitbetalen.

Nog een laatste tip voor degenen onder u met kinderen: de ervaring heeft ons geleerd dat jonge mensen niet te koop zijn. Als je wilt dat je kinderen hun huiswerk maken, muziekinstrumenten oefenen of af en toe het gazon maaien zonder dat je portemonnee leeg is, bied dan in plaats daarvan een vaste wekelijkse toelage aan, omdat dit ze eerlijk houdt zonder dat ze er misbruik van maken en weigeren te gaan slapen zonder enige vorm van compensatie. een vergoeding.

Zie ook Incentive Super-response Tendency (hoofdstuk 18); Wederkerigheid (hfdst. 6); Social Loafing (hfdst. 33) voor aanvullende bespreking van deze onderwerpen.

TWADDLE-NEIGING

Op de vraag van rollende camera's waarom een vijfde van de Amerikanen hun land niet op een wereldkaart kon lokaliseren, antwoordde Miss Teen South Carolina voor de rollende camera's: 'Ik geloof persoonlijk dat Amerikaanse Amerikanen dit niet kunnen doen omdat sommige mensen daarbuiten in ons land hebben we geen kaarten; en mijn overtuiging dat ons onderwijs, zoals dat van Zuid-Afrika en Irak, deze landen moet helpen onze toekomst te ontwikkelen als één samenhangende mondiale samenleving.' De video ging viraal.

Catastrofaal, dat geef je toe; toch verspil je niet te veel tijd met het luisteren naar schoonheidskoninginnen. Misschien zou zoiets als deze zin voldoende zijn: 'Er is zeker geen vereiste dat deze steeds reflexievere overdracht van culturele tradities geassocieerd wordt met subjectgerichte rede en toekomstgericht historisch bewustzijn. Wanneer we ons bewust worden van de intersubjectieve constitutie van vrijheid, zal de bezittelijk-individualistische De illusie van autonomie valt uiteen."

Ken je Jürgen Habermas nog? Hij is een uitstekende Duitse filosoof en socioloog, bekend van zijn schrijven Between Facts and Norms.

Beide zijn voorbeelden van wat bekend staat als de twaddle-tendens, waarbij woorden worden gebruikt om intellectuele luiheid, domheid of onderontwikkelde ideeën te verhullen. Soms werkt het en soms niet; voor de schoonheidskoningin mislukte deze strategie spectaculair, terwijl het voor Habermas misschien wel zou kunnen werken; hoe welsprekender de taal wordt, hoe gemakkelijker we ten prooi vallen aan de aantrekkingskracht ervan; in combinatie met een vooroordeel van autoriteiten wordt het zelfs nog gevaarlijker als we de boodschap ervan accepteren zonder de waarheid ervan in twijfel te trekken.

Ook ik ben bezweken voor de neiging tot loos gebabbel. Toen ik jonger was, sprak de Franse filosoof Jacques Derrida tot mijn verbeelding; Ik las zijn boeken vraatzuchtig, maar vond er weinig duidelijkheid in, zelfs na veel contemplatie en intense analyse. Vervolgens kregen zijn geschriften een bijna magische kwaliteit die uiteindelijk mijn proefschriftonderwerp over filosofie inspireerde - beide boekdelen waren uiteindelijk nutteloos gebabbel; uit onwetendheid waren beide een verspilling van ruimte in mijn geest geworden.
Ik werd een menselijke, pratende rookmachine.

Geklets in de sport kan vooral wijdverbreid zijn. Ademloze interviewers dwingen voetbalspelers die net zo ademloos zijn om elk aspect van een game af te breken, terwijl ze eigenlijk alleen maar willen zeggen: 'We hebben verloren, zo simpel is het', maar presentatoren hebben iets nodig om de zendtijd te vullen - en blijkbaar is een van de manieren waarop ze dat effectief doen het kletsen en atleten en coaches ertoe aanzetten mee te doen; Hoe dan ook dient dit soort retoriek alleen maar om onwetendheid te maskeren en onwetendheid voor de publieke opinie te verbergen.

Academische omgevingen zijn ook getuige geweest van dit fenomeen: wanneer er minder resultaten uit welk wetenschapsgebied dan ook worden gepubliceerd, komen economen bijzonder bloot te staan in hun commentaren en voorspellingen. Dit geldt ook voor de handel: wanneer bedrijven financieel slechter af zijn, wordt het gepraat van hun CEO luider – vaak om ontberingen te verdoezelen of moeilijke omstandigheden te maskeren. Een opmerkelijke uitzondering in dit opzicht was de voormalige CEO van General Electric, Jack Welch; tijdens een interview merkte hij op dat het moeilijk is: mensen zijn bang om als onnozelaars te worden gezien, maar dat is in werkelijkheid niet het geval!'

Verbale expressie is de spiegel van onze geest; heldere gedachten worden uitspraken, terwijl vage concepten veranderen in vage praatjes. Helaas ontbreekt het ons vaak aan zeer heldere gedachten; het leven is ingewikkeld, dus het begrijpen van slechts één facet vergt een aanzienlijke mentale inspanning en het kan een openbaring vergen voordat er duidelijkheid ontstaat; Tot dat punt aanbreekt, zou het verstandiger zijn om het advies van Mark Twain op te volgen: 'Als je niets te zeggen hebt... zeg dan niets.' Eenvoud moet niet gezien worden als het begin, maar als de bestemming ervan.

Zie ook autoriteitsbias (hoofdstuk 9); Domeinafhankelijkheid (hfdst. 76); en Chauffeur Knowledge (hfdst. 16) om meer inzicht in deze vraag te krijgen.

Stel je voor dat je een kleine privébank runt die de fondsen beheert van rijke en veelal gepensioneerde individuen, zoals in Will Rogers Phenomenon
Uw twee geldbeheerders - A en B - rapporteren rechtstreeks aan u; Money Manager A behandelt alleen zeer vermogende individuen, terwijl Money Manager B rijkere klanten behandelt, maar niet zo extravagant rijke klanten als Money Manager A. Stel je nu voor dat het bestuur je heeft gevraagd om beide gemiddelde geldbedragen binnen zes maanden te verhogen, zodat ze mooie bonussen ontvangen; anders vinden ze wel iemand anders. Waar moet je beginnen?

Eenvoudig! U hoeft slechts één klant met een gemiddeld beheerd vermogen over te dragen tussen A en B om het verschil goed te maken, waardoor beide gemiddelde beheerde vermogens tegelijkertijd stijgen - zonder dat u nieuwe klanten hoeft te werven! Eenmaal voltooid, hoeft u alleen nog maar te beslissen: waar en hoe zal ik mijn bonus uitgeven.

Stel je voor dat je van carrière verandert en de leiding krijgt over drie hedgefondsen die voornamelijk in particuliere bedrijven investeren. Fonds A genereert verbazingwekkende rendementen, terwijl fondsen B en C het moeilijk hebben. Je wilt jezelf laten zien als het brein, dus wat is je plan? Om de schijn te wekken dat alle drie de fondsen aanzienlijk zijn verbeterd zonder kosten te maken voor interne transformatie, kunt u een paar aandelen van A naar B of C verplaatsen; kies beleggingen die een negatief effect hadden op het gemiddelde rendement van A, maar die B of C konden helpen versterken; je zou alle drie de fondsen plotseling gezonder moeten zien worden zonder dat er kosten voor transformatie in rekening worden gebracht - mensen zullen je zeker herkennen omdat je het doet!

Dit effect staat bekend als podiummigratie of het Will Rogers-fenomeen, naar een Amerikaanse komiek uit Oklahoma die de beroemde grap maakte dat inwoners van Oklahoma die naar Californië verhuizen het gemiddelde IQ van beide staten verhogen. Omdat de meeste mensen dergelijke situaties niet vaak genoeg herkennen, laten we dit onderwerp verder onderzoeken en de betekenis ervan in uw herinneringen verdiepen.

Overweeg een autofranchise: u kunt de leiding krijgen over twee kleine filialen in één stad met zes verkopers: verkopers nummer 1, 2, 3, 4, 5 en 6 uit filiaal A zijn over het algemeen succesvoller in het realiseren van verkopen dan hun tegenhangers uit filiaal B Gemiddeld verkoopt verkoper 1 meer.
Elke verkoper in filiaal A verkoopt één auto per week; Verkoper 2 heeft twee diensten, gevolgd door topverkoper nr. 6, die elke week zes diensten draait. Door de berekeningen uit te voeren, wordt het duidelijk dat in Branch A gemiddeld twee verkopers per week auto's verkopen, terwijl Branch B aanzienlijk voorop loopt met gemiddeld vijf per verkoper per

week! Uw beslissing om verkoper nummer 4 van filiaal A naar filiaal B over te plaatsen resulteert in een hogere gemiddelde omzet per persoon op beide locaties; Het gemiddelde van filiaal A stijgt van 2,5 eenheden per persoon naar 2,5, terwijl filiaal B nu slechts twee verkopers telt - de nummers 5 en 6, waardoor de gemiddelde omzet stijgt tot 5,5 eenheden per persoon. Switcheroo-strategieën hebben in het algemeen geen invloed op iets; ze creëren eerder een indrukwekkende illusie. Daarom moeten journalisten, investeerders en bestuursleden op hun hoede blijven als ze horen over stijgende gemiddelden in landen, bedrijven, afdelingen, kostenplaatsen of productlijnen.

De geneeskunde biedt ons een bijzonder misleidend voorbeeld van het fenomeen van Will Rogers. Tumoren worden doorgaans verdeeld in vier fasen; de meest behandelbare vallen onder fase I, terwijl agressievere tumoren nog vier stappen zullen doorlopen voordat ze de fase IV-status bereiken - wat aanleiding geeft tot stadiummigratie naarmate ze zich verder ontwikkelen. De overlevingspercentages voor kankerpatiënten in stadium één zijn het hoogst, terwijl de overlevingspercentages voor kankerpatiënten in stadium vier het laagst zijn. Elk jaar komen er nieuwe procedures uit die nauwkeurigere diagnoses mogelijk maken; screeningstechnieken brengen nu zelfs minuscule tumoren aan het licht die niemand eerder had opgemerkt. Als gevolg hiervan worden patiënten bij wie voorheen ten onrechte als gezond werd gediagnosticeerd, nu tot de patiënten in fase één gerekend, en als gevolg daarvan is de gemiddelde levensverwachting voor deze groep mensen gestegen. Kunnen we dit als een buitengewone medische prestatie beschouwen? Jammer genoeg niet; eerder fasemigratie.

Zie ook: Intention-to-Treat-fout (hfdst. 98); Wet van kleine getallen (hfdst. 61);

Jorge Luis Borges beschrijft in zijn korte verhaal 'Del Rigidit en La Ciencia' een land waarin de cartografie zulke geavanceerde hoogten heeft bereikt dat alleen de meest gedetailleerde kaarten kunnen worden gebruikt; dat wil zeggen dat kaarten met een schaal van 1:1 die hun hele land vertegenwoordigen, acceptabel zijn. Burgers beseffen echter al snel dat dergelijke kaarten geen echt inzicht bieden en herhalen eenvoudigweg de informatie die ze al bezitten; een extreem geval van informatievooroordeel: geloven dat meer gegevens betere beslissingen betekenen.

Toen ik onlangs naar hotels in Miami zocht, heb ik een shortlist gemaakt van vijf potentiële aanbiedingen die me meteen opvielen. Eén viel meteen op; Maar om er zeker van te zijn dat ik de beste prijs vond, bleef ik verder onderzoek doen: klantrecensies en blogposts lezen, foto's en video's online bekijken en klantenservicegesprekken voeren tot twee uur later, toen duidelijk werd wat inderdaad mijn ideale hotel was: dat een die op het eerste gezicht mijn aandacht trok; aanvullend onderzoek heeft me niet op het goede pad geleid en had er net zo goed toe kunnen leiden dat ik in plaats daarvan bij Four Seasons bleef!

Jonathan Baron van de Universiteit van Pennsylvania stelde artsen deze vraag: een patiënt vertoont symptomen die er met een waarschijnlijkheid van 80% op wijzen dat hij of zij ziekte A heeft; anders verschuift de waarschijnlijkheid naar ziekte X of Y. Hoe moet u als arts kiezen tussen deze ziekten en behandelingen die vergelijkbare bijwerkingen veroorzaken? Logischerwijs zou ik willen voorstellen om Ziekte A te selecteren en relevante therapie als behandeling aan te bieden. Stel je voor dat er een diagnostische test is die aangeeft dat ziekte X aanwezig is en dat ziekte Y is gedetecteerd, maar dat deze niet in alle gevallen nauwkeurig de daadwerkelijke ziekte A weergeeft; de helft van de gevallen zouden de resultaten positief zijn en de andere helft negatief. Als iemand daadwerkelijk ziekte A heeft, zou de helft van de testresultaten waarschijnlijk positief zijn, terwijl 50% negatief zou zijn. Zou u adviseren om de test uit te voeren? De meeste artsen zeiden ja, ook al zouden de resultaten waarschijnlijk niet relevant zijn. Zelfs als er een positief testresultaat zou optreden, was de waarschijnlijkheid dat ziekte A groter was dan ziekte X, dus geen enkele aanvullende informatie voegde enige echte waarde toe in termen van besluitvorming.

Artsen zijn niet de enige professionals die graag aanvullende informatie verstrekken. Managers en beleggers lijken gefascineerd door de overvloed aan informatie. Er worden vaak onderzoeken uitgevoerd wanneer de essentiële feiten direct beschikbaar zijn; meer gegevens kunnen alleen maar tot verspilling van tijd en geld leiden, en u mogelijk zelfs in het nadeel brengen. Denk eens na over deze vraag: welke stad heeft de meeste inwoners: San Diego of San Antonio? Gerd Gigerenzer van het Duitse Max Planck Instituut presenteerde dit aan studenten van de universiteiten van Chicago en München en 62% raadde het goed: San

Diego. Elke Duitse student antwoordde verrassend correct! Hun redenering? Iedereen had van San Diego gehoord, maar niet noodzakelijkerwijs van San Antonio; waardoor San Diego boven San Antonio werd gekozen als vertrouwder. Integendeel, de inwoners van Chicago hadden beide steden tegelijkertijd in hun gedachten, waardoor ze meer informatie verstrekten en hun antwoorden mogelijk misleidend waren.

Denk eens aan alle economen die tussen 2005 en 2007 voor banken, denktanks, hedgefondsen en overheden werkten en die in die periode witboeken publiceerden met talrijke voorspellingen en commentaren – voor banken, denktanks, hedgefondsen en overheden – uit 2005. -2007; al hun gepubliceerde whitepapers; enorme bibliotheek met onderzoeksrapporten en wiskundige modellen; formidabele stapels opmerkingen; gepolijste PowerPoint-presentaties gemaakt; terabytes aan informatie beschikbaar via de nieuwsdiensten van Bloomberg/Reuters en het aanbidden van de god van de informatie... Het bleek allemaal zinloos toen de financiële crisis de mondiale markten trof, waardoor hun voorspellingen en commentaren zinloos werden; waardoor deze voorspellingen waardeloos worden!

Vermijd het verzamelen van alle beschikbare gegevens; concentreer u in plaats daarvan op het verzamelen van alleen datgene wat essentieel is. Als u dit doet, kunt u betere beslissingen nemen; overtollige kennis is waardeloos, ongeacht wie er kennis van heeft - Daniel J. Boorstin zei het het beste: 'het grootste obstakel voor ontdekking is niet onwetendheid, maar eerder de illusie van kennis'; als je met rivalen wordt geconfronteerd, overweeg dan om ze te vermoorden met data-analyse in plaats van met zachte woorden.

Zie ook Overdenken (hfdst. 90); Nieuwsillusie (hoofdstuk 99); Base Rate Neglect (hoofdstuk 28) voor extra leesmateriaal.

John, een soldaat in het Amerikaanse leger, heeft onlangs zijn parachutistencursus afgerond en wacht met spanning op de ontvangst van zijn parachutepin van zijn hogere officier. Eindelijk, op het laatste gedenkwaardige moment van de waarheid, staat zijn hogere officier voor hem, legt de pin tegen zijn borst en bonkt er zo hard tegen dat hij het vlees van John doorboort, waardoor het contact maakt en een deuk op zijn huid achterlaat - sindsdien vervolgens, wanneer de gelegenheid zich voordoet, opent hij de knoop van zijn bovenste overhemd om te pronken met het kleine litteken. Tientallen jaren later leven alle memorabilia, behalve dit kleine speldje, nog steeds voort in een speciaal lijstje aan de muur in zijn woonkamer.

Mark had met veel moeite een roestige Harley-Davidson gerestaureerd zonder hulp, en besteedde elk weekend en elke vakantie aan het draaiende houden ervan terwijl zijn huwelijk de ontbinding naderde. Maar eindelijk, na maanden van werken, was hij klaar voor de weg en glansde hij schitterend onder de zonnestralen. Twee jaar later, toen hij echter wanhopig geld nodig had, verkocht Mark al zijn bezittingen, inclusief tv, auto en huis... maar niet zijn kostbare bezit; zelfs niet wanneer potentiële kopers het dubbele van de werkelijke waarde aanbieden!

John en Mark hebben allebei last van inspanningsgerechtvaardiging: als je ergens veel energie in steekt, heb je de neiging de resultaten ervan te overwaarderen. John ervoer fysieke pijn vanwege zijn parachutepin; Mark's Harley kostte hem vele uren - bijna zijn vrouw! - zo erg dat hij er veel waarde aan hecht en het nooit zal verkopen.

Het rechtvaardigen van inspanningen is een klassiek voorbeeld van cognitieve dissonantie. Een gat in je borst slaan voor zoiets als een verdienstenbadge lijkt absurd. Om dit te compenseren overwaardeert de geest van John het, waardoor de status van iets alledaags wordt verheven tot iets halfheiligs. Helaas gebeurt dit allemaal onbewust en is het moeilijk te voorkomen.

Groepen gebruiken inspanningsrechtvaardigheid om leden samen te binden, bijvoorbeeld door initiatierituelen. Bendes en broederschappen initiëren nieuwe leden door hen aan pijnlijke of onaangename tests te onderwerpen. Uit onderzoek blijkt dat hoe moeilijker het is om een toelatingsexamen te halen, hoe trotser leden zijn om erbij te horen. MBA-scholen maken op dezelfde manier gebruik van het rechtvaardigen van inspanningen: MBA-afgestudeerden krijgen vaak krediet voor het behalen van strenge toelatingsexamens voor MBA-programma's.
Studenten van MBA-programma's raken vaak uitgeput tijdens hun studie van deze kwalificatie; toch zullen velen, wanneer hun MBA's behaald zijn, deze als essentieel voor hun

carrière beschouwen, simpelweg vanwege de eisen die aan hen werden gesteld door cursussen die vaak nutteloos of irrelevant waren.

Een gemakkelijkere vorm van rechtvaardiging voor inspanning is het IKEA-effect: meubels die we zelf in elkaar zetten kunnen waardevoller lijken dan welk duur designerstuk dan ook, net zoals handgebreide sokken waar we uren aan besteden vaak waardevoller lijken dan welk duur designeritem dan ook. Zelfs handgemaakte sokken lijken misschien moeilijk om afstand van te doen; Het weggooien van een verouderd paar dat met zorg is gemaakt, is moeilijk. Managers die lange uren hard werken in het opstellen van een strategievoorstel, kunnen merken dat ze niet in staat zijn objectief te beoordelen; Op dezelfde manier zijn ontwerpers, copywriters, productontwikkelaars en andere professionals die zich zorgen maken over hun creaties ook schuldig.

In de jaren vijftig werden instantcakemixen op de markt geïntroduceerd, waarvan de fabrikanten dachten dat ze meteen een hit zouden worden onder huisvrouwen. Helaas hadden huisvrouwen onmiddellijk een hekel aan hen, wat bewees dat de fabrikanten ongelijk hadden.

Als reactie op hun gemak verhoogden de bedrijven de moeilijkheidsgraad van de voedselbereiding (zelf een ei erin kloppen). Dit zorgde voor een groter gevoel van prestatie bij vrouwen die het zelf bereidden en verhoogde hun waardering voor gemaksvoedselproducten.

Nu u de rechtvaardiging van inspanningen begrijpt, kunt u projecten objectiever beoordelen. Experimenteer: telkens wanneer u ergens veel tijd en energie in investeert, doe dan een stap terug om het resultaat ervan te beoordelen - alleen het resultaat. Die roman waar je vijf jaar aan hebt geschreven en die niemand wil publiceren? Misschien is het toch niet Nobelwaardig? En die vrouwen die je jarenlang hebt achtervolgd? Zouden ze je gemakkelijker accepteren als ze nog een kans zouden krijgen?

Zie ook: Sunk Cost Fallacy (hoofdstuk 5); Cognitieve dissonantie (hfdst. 50)

WAAROM VERSPREIDEN KLEINE DINGEN SAMEN?, WAAROM DEZE STUKKEN HELDER SCHIJNEN

Stel dat u lid bent van de raad van bestuur van een detailhandelsbedrijf met 1.000 winkels; de helft bevindt zich in stedelijke omgevingen, terwijl de helft op het platteland ligt. Uw CEO heeft een adviseur gevraagd een onderzoek uit te voeren naar winkeldiefstal; nu zijn hun bevindingen gepresenteerd. Op een muur voor hem hingen honderd namen van filialen die te kampen hadden met hoge diefstalcijfers in verhouding tot de omzet, samen met zijn opzienbarende conclusie: 'filialen met hogere diefstalcijfers bevinden zich doorgaans voornamelijk in landelijke gebieden'. Na een kort moment van stilte en Vol ongeloof richtte de CEO zich rechtstreeks tot zijn medewerkers: 'Na lang wikken en wegen zijn onze volgende stappen duidelijk. In de toekomst zullen we extra veiligheidssystemen installeren bij alle landelijke vestigingen, zodat we kunnen zien hoe die hillbillies opnieuw van ons proberen te stelen. Zijn we het er allemaal mee eens?'

Nou... niet helemaal. Nadat u de adviseur heeft gevraagd een lijst samen te stellen van 100 filialen met de laagste diefstalcijfers, zult u verrast zijn als uw lijst landelijke winkels bevat! "Locatie is niet de bepalende factor", roept u trots uit terwijl u rond de tafel naar uw collega's staart. 'Grootte doet er toe; in landelijke winkels heeft een enkel incident vaak een buitensporige invloed op de diefstalcijfers dan grotere stadsfilialen - vandaar dat de tarieven hier aanzienlijker variëren dan bij stadsfilialen.' 'Dames en heren, ik laat jullie allemaal kennismaken met de wet van de kleine aantallen - en het heeft je gewoon overrompeld!"

Mensen vinden de wet van de kleine aantallen moeilijk intuïtief te vatten, waardoor journalisten, managers en bestuursleden vaak in de val trappen. Laten we een extreem voorbeeld nemen. In plaats van naar het diefstalpercentage gaan we kijken naar het gemiddelde gewicht van medewerkers per vestiging. Voor ons voorbeeld nemen we twee winkels in plaats van 1.000: megafiliaal met 1.000 werknemers en minifiliaal met twee werknemers; in beide winkels komt het gemiddelde gewicht ongeveer overeen met het gemiddelde bevolkingsgewicht (bijvoorbeeld 170 pond); bij het aannemen of ontslaan van personeel verandert dit gemiddelde niet significant. Maar in kleine winkels zal het aanzienlijk meer veranderen als gevolg van veranderingen die van invloed zijn op de vraag of hun winkelmanager collega's heeft met overgewicht of mager gewicht, die dit gemiddelde gewicht aanzienlijk meer beïnvloeden dan grote vestigingen waar eventuele aanwervings- of ontslagbeslissingen van winkelmanagers het gemiddelde gewicht beïnvloeden. meer. In kleinere winkels kunnen winkelmanagers het gemiddelde gewicht beïnvloeden door een werknemer of manager aan te nemen/te ontslaan met collega's met overgewicht of leunen aan boord (in die gevallen heeft dit een aanzienlijke invloed op het gemiddelde gewicht). Laten we even teruggaan naar ons winkeldiefstalprobleem en dit dieper onderzoeken. Het blijkt dat kleine vestigingen de neiging hebben om grotere schommelingen in hun diefstalpercentages te ervaren, van zeer hoog tot extreem laag - iets wat geen enkele spreadsheet van een consultant kan vastleggen. Wanneer u alle diefstalpercentages op grootte vermeldt, verschijnen kleine winkels eerst onderaan, gevolgd door grote winkels en vervolgens kleinere bovenaan; Dit betekent dat de conclusie van de CEO misschien nutteloos was, maar dat ze in ieder geval geen duur beveiligingssysteem meer nodig hebben op kleine locaties.

Stel je voor dat je in de krant leest: 'Startups hebben de neiging om slimmere werknemers aan te nemen. Een onderzoek van het National Institute of Unnecessary Research berekende het gemiddelde IQ van Amerikaanse bedrijven; start-ups huren MENSA-materiaal in!' Wat zou je eerste reactie zijn? Hopelijk gaat er een wenkbrauw omhoog. Dit fenomeen illustreert hoe kleine bedrijven doorgaans minder werknemers in dienst hebben; hun gemiddelde IQ fluctueert dus vaker dan die van grote bedrijven, waardoor kleine en nieuwe bedrijven hoge en lage scores krijgen; De studie van het Nationaal Instituut heeft dus geen echte betekenis en bevestigt het toeval.

Pas op als u opmerkelijke statistieken hoort over kleine entiteiten zoals bedrijven, huishoudens, steden, datacentra, mierenhopen, parochies of scholen; wat misschien verbazingwekkende bevindingen lijkt, kan in werkelijkheid een onschadelijk gevolg zijn van willekeurige distributie. Nobelprijswinnaar Daniel Kahneman onthulde in zijn recente boek dat zelfs ervaren wetenschappers bezwijken voor deze wet van kleine aantallen; wat alleen maar als geruststellend kan worden beschouwd.

Zie ook: Exponentiële groei (hoofdstuk 34);

VERWACHTINGEN

Op 31 januari 2006 maakte Google zijn financiële resultaten voor het laatste kwartaal van 2005 bekend: de omzet steeg met 97%, terwijl de nettowinst jaar op jaar met 82% steeg - een recordkwartaal voor respectievelijk omzet en nettowinst. Zoals verwacht daalden de aandelen onmiddellijk na het horen van deze ongelooflijke cijfers met 16%; de handel moest worden opgeschort en later hervat, waarbij de aandelen nog eens 15% daalden - waardoor paniekerige handelaars op alle handelsplatforms ontstonden die op blogs vroegen 'van welke wolkenkrabber kunnen ze het beste springen?' '

Wat ging er mis? Wall Street-analisten hadden zelfs nog betere resultaten verwacht, dus toen die niet uitkwamen, werd $20 miljard afgetrokken van de waarde van de mediagigant.

Elke belegger weet dat het onmogelijk is om de financiële resultaten nauwkeurig te voorspellen. Hoewel je zou verwachten dat beleggers slechte voorspellingen van zich afschudden als 'slechte gok, mijn fout', reageren beleggers vaak harder; zoals bleek uit januari 2006 toen Juniper Networks onverwacht cijfers over de winst per aandeel publiceerde die een tiende onder de verwachtingen van analisten lagen; hun aandelenkoers daalde met 21% en de bedrijfswaarde kelderde met $2,5 miljard, omdat de verwachtingen in de aanloop naar hun aankondiging hooggespannen waren en elke ongelijkheid, hoe klein ook, door investeerders snel werd bestraft.

Veel bedrijven doen er alles aan om aan de voorspellingen van analisten te voldoen. Om aan hun angsten te ontsnappen, begonnen sommigen winstverwachtingen te publiceren; dit was een vergissing, aangezien de markt nu alleen nog maar naar deze interne voorspellingen – die zij vaak nauwkeuriger analyseert – kijkt als voorspellingsinstrumenten. CFO's moeten deze doelstellingen precies verwezenlijken; gebruik van alle boekhoudtechnieken die tot hun beschikking staan voor maximaal succes.

Verwachtingen kunnen ook tot lovenswaardige prikkels leiden. De Amerikaanse psycholoog Robert Rosenthal voerde op verschillende scholen een eye-openend experiment uit. Leraren werden op de hoogte gebracht van een (nep)nieuwe test die leerlingen kon detecteren die op het punt stonden intellectuele groei te ervaren; zogenaamde 'bloeiers'. Twintig procent van de willekeurig geselecteerde studenten werd willekeurig geclassificeerd als hoog potentieel; leraren waren van mening dat deze goed presteerden.
Rosenthal voerde een jaar lang experimenten uit met studenten, waarna hij ontdekte dat die studenten dramatisch hogere IQ's hadden vergeleken met kinderen uit de controlegroep - dit werd bekend als het Rosenthal-effect (of Pygmalion-effect).

Maar in tegenstelling tot CEO's en CFO's die hun prestaties bewust afstemmen op de verwachtingen, waren de acties van leraren doorgaans onbewust. Zonder dat ze het zelf wisten, hebben leraren onbewust meer tijd besteed aan bloeiers, wat op zijn beurt leidde tot meer groepsleren. Bovendien werden leraren zo beïnvloed door briljante leerlingen dat ze niet alleen betere cijfers, maar ook betere persoonlijkheidskenmerken aan hen toeschreven - iets dat bekend staat als het halo-effect.

Maar hoe moeten we reageren op persoonlijke verwachtingen? Eén oplossing is het placebo-effect: pillen en therapieën die de gezondheid waarschijnlijk niet zullen verbeteren, maar dat in werkelijkheid toch doen. Een derde van de patiënten registreerde het effect, hoewel de exacte werking onbekend blijft; Het enige wat we zeker weten is dat verwachtingen de biochemie in de hersenen en dus het hele lichaam beïnvloeden. Alzheimerpatiënten kunnen daar echter niet van profiteren omdat hun toestand een gebied aantast dat verantwoordelijk is voor het omgaan met verwachtingen in de hersenen.

Verwachtingen lijken misschien ongrijpbaar, maar ze hebben gevolgen voor de praktijk. Verwachtingen hebben de kracht om de werkelijkheid te veranderen en het is onmogelijk om ze volledig kwijt te raken; maar je kunt verstandiger omgaan met verwachtingen: stel ze hoog voor jezelf en je naasten om de motivatie te vergroten; terwijl u tegelijkertijd uw verwachtingen verlaagt over zaken waar u geen controle over heeft, zoals de aandelenmarkt. Anticiperen kan onaangename verrassingen helpen voorkomen!

Zie ook Black Swan (hfdst. 75); Voorspellingsillusie (hoofdstuk 40); Halo-effect (hfdst. 38)

SNELHEIDSTRAPS AAN BOORD!

Simpele logica

Drie makkelijke vragen. Pak snel je pen en noteer je antwoorden snel in de kantlijn. Eerste vraag: in een warenhuis kosten zowel een pingpongpeddel als een plastic bal $ 1,10. Als het ene één dollar meer kost, hoeveel kost het andere item? Tweede vraag: in een textielfabriek hebben vijf machines precies vijf minuten nodig om vijf overhemden te produceren; Hoe lang duurt het voordat 100 100 produceert? Ten derde: een vijver bevat waterlelies die zich elke dag exponentieel vermenigvuldigen en elke dag meer oppervlakte in beslag nemen totdat het oppervlak volledig bedekt is (48 dagen voor volledige dekking! Lees niet verder totdat alle antwoorden zijn genoteerd! Lees niet verder totdat alle antwoorden zijn opgeschreven! Lees pas verder nadat je het hebt opgeschreven.

Elke vraag bevat zowel een intuïtieve als een nauwkeurige oplossing; snelle, intuïtieve antwoorden kunnen 10 cent, 100 minuten en 24 dagen omvatten; dit zijn echter onjuiste antwoorden en vereisen in plaats daarvan vijf cent, vijf minuten en 47 dagen als oplossing. Hoeveel heb je er goed beantwoord?

Professor Shane Frederick heeft de Cognitieve Reflectie Test (CRT) ontwikkeld en afgenomen. Duizenden mensen hebben deze test afgelegd en minstens één keer gescoord. Tot nu toe hebben studenten van het Massachusetts Institute of Technology (MIT) in Boston het beste gepresteerd, met gemiddeld 2,18 juiste antwoorden; Princeton University werd tweede met 1,63, terwijl studenten van de Universiteit van Michigan gemiddeld slechts 0,83 scoorden. Maar gemiddelde scores onthullen in dit geval niet veel: wat interessant is, is hoe degenen die hoog scoren verschillen van de rest.

Frederick ontdekte dat mensen met lage CRT-resultaten de neiging hebben om voor de veiligere keuze te kiezen; iets is altijd beter dan niets! Terwijl degenen die minstens 2 of hoger scoorden vaak de voorkeur gaven aan risicovollere opties zoals gokken, was dit vooral duidelijk onder mannen.

Eén ding dat groepen scheidt, is hun vermogen om impulsen te beheersen. We hebben het hyperbolische verdisconteren in detail besproken in hoofdstuk 5, waar we de verleidingskracht van het 'nu' bespraken. Frederick stelde de deelnemers vervolgens deze vraag: 'Zou je het gewenste item liever nu of later in je leven hebben?'
"Moet ik kiezen tussen nu of over een maand $ 3.400 krijgen?" wordt vaak geantwoord ten gunste van onmiddellijke ontvangst; degenen met lagere CRT-scores hebben de neiging sneller aankoopbeslissingen te nemen omdat ze impulsiever zijn. Degenen met hoge CRT-resultaten kiezen er daarentegen meestal voor om nog enkele weken te wachten en

vertonen een sterke wilskracht om onmiddellijke bevrediging af te wijzen – en worden te zijner tijd beloond.

Denken is vermoeiend; rationele overweging vereist met andere woorden meer wilskracht dan toegeven aan intuïtie. Zo voerden de Harvard-psycholoog Amitai Shenhav en zijn onderzoekscollega's een onderzoek uit om te zien hoe de CRT-resultaten van mensen correleerden met hun religieuze voorkeuren; degenen die hoog scoorden waren vaak atheïsten, terwijl deelnemers met lagere CRT-scores vaker in God geloofden en goddelijke ervaringen hadden dan atheïsten - dit is logisch omdat intuïtieve besluitvormers de neiging hebben om religieuze doctrines niet als rationeel in twijfel te trekken.

Als uw CRT-score te wensen overlaat en u deze wilt verhogen, begin dan met het met ongeloof begroeten van zelfs eenvoudige logische vragen. Onthoud: niet alles wat plausibel lijkt, is waar! Probeer het dus nog eens: je reist van A naar B; op de heenreis rijd je 160 km/uur, terwijl je op de terugreis slechts 50 km per uur haalt. Wat was je gemiddelde snelheid op beide ritten? 75? Vertragen!

Zie ook Hyperbolic Discounting (hoofdstuk 51); Beslissingsvermoeidheid (hfdst. 53); Exponentiële groei (hfdst. 34); Gambler's Fallacy (hoofdstuk 29) en het probleem met gemiddelden (hoofdstuk 55) als verdere bronnen.

Beste lezer: Tot mijn grote verbazing ken ik u goed. Dit is hoe ik jou zou karakteriseren: 'Je hebt er sterk behoefte aan dat andere mensen je waarderen en bewonderen; Maar je hebt vaak ook de neiging om jezelf te bekritiseren.' Jullie potentieel wordt enorm onderbenut en moet nog worden gemaximaliseerd. Hoewel je een aantal persoonlijkheidsgebreken hebt, zijn deze doorgaans met enkele aanpassingen onder controle te houden; uw seksuele aanpassing heeft u echter voor uitdagingen gesteld. Hoewel je uiterlijk gedisciplineerd en gecontroleerd bent, voel je je van binnen vaak onzeker. Soms vraagt u zich misschien af of u de juiste beslissing hebt genomen of de noodzakelijke actie hebt ondernomen. Je gevoel voor verandering en variatie zorgt ervoor dat je je ongemakkelijk voelt, waardoor je ontevreden raakt als de wereld stagneert of beperkend wordt. Als onafhankelijk denker accepteer je de uitspraken van anderen niet zonder voldoende bewijs. Je ervaring heeft je geleerd dat het niet verstandig is om te open te zijn in het onthullen van jezelf aan anderen. Je persoonlijkheid varieert van extravert en vriendelijk, soms tot introvert en gereserveerd; sommige van je ambities lijken misschien zelfs verheven! Veiligheid is een van je belangrijkste doelen in het leven.'

Herken jij jezelf? Hoe gaat mijn beoordeling van 1 (slecht) naar 5 (uitstekend)

Bertram Forer voerde in 1948 een experiment uit met behulp van astrologiekolommen uit verschillende tijdschriften om een exacte passage te maken die vervolgens aan zijn studenten kon worden uitgedeeld om te lezen en te beoordelen, wat suggereert dat elke persoon een persoonlijke beoordeling ontving. Gemiddeld gaven zijn studenten Forer een nauwkeurigheidsscore van 86%, wat resulteerde in herhaalde onderzoeken gedurende tientallen jaren met vrijwel identieke resultaten.

Hoogstwaarschijnlijk heb je de tekst beoordeeld met vier of vijf sterren. Mensen hebben de neiging veel van hun eigen eigenschappen te herkennen bij het lezen van universele beschrijvingen – een fenomeen dat het Forer-effect (of Barnum-effect) wordt genoemd. Het verklaart waarom pseudowetenschappen zoals astrologie, astrotherapie, handschriftanalyse, bioritmeanalyse, handlijnkunde, tarotkaartlezingen en seances met dode mensen zo effectief werken.

Waarom bestaat het Forer-effect? Ten eerste heeft Forer de meeste van zijn uitspraken in zijn boek over deze onderwerpen gedaan.
Ten tweede gelden deze uitspraken voor iedereen: 'Soms twijfel je ernstig aan je daden.' Dat zal niemand ontkennen! Ten derde zijn we geneigd vleiende uitspraken te accepteren die niet direct op ons betrekking hebben: 'Je bent trots op je onafhankelijke denken.' Wie zou dat niet doen? Ten vierde: de voorkeur voor bevestiging: we accepteren informatie die bevestigt

wat we van onszelf waarnemen, terwijl we al het tegenstrijdige eruit filteren; wat overblijft is een samenhangend portret.

Consultants en analisten kunnen soortgelijke magie uitvoeren: 'Dit aandeel heeft een aanzienlijk groeipotentieel, zelfs in een zeer competitieve omgeving; het management mist echter de impuls om de ideeën van het ontwikkelingsteam volledig te realiseren en te implementeren. Het management bestaat uit ervaren professionals uit de sector; er zijn echter tekenen van bureaucratisering zijn duidelijk; er bestaan besparingsmogelijkheden op de winst- en verliesrekening en wij adviseren het bedrijf zich nauwer te concentreren op de opkomende economieën om toekomstig marktaandeel veilig te stellen." Klinkt plausibel genoeg?

Hoe kun je een astroloog beoordelen? Voor een onpartijdige beoordeling selecteer je twintig mensen en geef je ze elk een nummer. Laat de goeroe elke persoon individueel karakteriseren op kaarten zonder dat ze ontdekken wie hun nummer is totdat ze alle exemplaren hebben ontvangen. Alleen wanneer de meeste deelnemers 'hun' beschrijving als accuraat beschreven identificeren, kan het echte talent naar voren komen - ik wacht nog steeds!

Zie ook: Kenmerk-positief effect (hfdst. 95); Bevestigingsbias (hfdst. 7-8);

WAAROM VRIJWILLIGERSWERK VOOR DE VOGELS IS

De dwaasheid van de vrijwilliger

Jack, een fotograaf voor modebladen, reist van maandag tot en met vrijdag tussen Milaan, Parijs en New York voor opdrachten van modebladen op zoek naar mooie meisjes met interessante ontwerpen, in onberispelijke lichtomstandigheden. Bekend in sociale kringen schept hij tegen zijn vrienden op dat zijn honorarium van ongeveer $ 500 per uur gunstig afsteekt bij de tarieven op het gebied van het handelsrecht; 'En mijn foto's zien er veel beter uit dan welke bankier dan ook!'

Jack leidt een benijdenswaardige levensstijl, maar is de laatste tijd filosofischer geworden. Iets heeft hem doen twijfelen aan zijn relatie tot mode: de industrie lijkt hem nu egoïstisch en laat hem 's nachts rusteloos achter, verlangend naar meer vervullend werk waarmee hij iets zinvols terug kan geven aan de samenleving - hoe klein ook.

Op een dag gaat zijn telefoon. Het was Patrick, zijn voormalige klasgenoot en nu voorzitter van een plaatselijke vogelclub: 'Aanstaande zaterdag is onze jaarlijkse vogelhuisjesactie - we hebben vrijwilligers nodig om vogelhuisjes te bouwen voor bedreigde diersoorten en ze vervolgens in het bos te plaatsen nadat we ze hebben neergezet. Kom alsjeblieft bij ons! We beginnen om 8.00 uur met de vergadering; hopelijk zijn we voor lunchtijd klaar'

Wat moet Jack zeggen als hij echt geïnteresseerd is in het creëren van een betere wereld? Hij zou eenvoudigweg moeten weigeren. Waarom? Jack verdient €500 per uur, terwijl timmerlieden doorgaans €50 verdienen. In plaats van te proberen zelf kwaliteitsvogelhuisjes te bouwen (iets wat nooit zou gebeuren), waarom zou u dan niet een uur extra werken als fotograaf en vervolgens zes uur lang een professionele timmerman inhuren om huizen van topkwaliteit te bouwen die onmogelijk door een amateur zelf kunnen worden gedaan? Zijn belastingaangifte zou dit verschil van $ 200 dekken, dat vervolgens rechtstreeks aan een vogelclub zou kunnen worden gedoneerd? Op deze manier zou zijn bijdrage veel verder reiken.

Jack zal komende zaterdag waarschijnlijk opgewekt en vroeg verschijnen om vogelhuisjes in elkaar te zetten, wat economen de dwaasheid van de vrijwilliger noemen. Hoewel vrijwilligerswerk een populaire trend is; ruim een kwart van de Amerikanen besteedt er vrijwillig tijd aan. Toch waarschuwen economen tegen vrijwilligerswerk voor welk doel dan ook - vrijwilligerswerk kan werk wegnemen van handelaars die anders die uren productief zouden kunnen gebruiken om zelf vogelhuisjes te bouwen, in plaats daarvan zelf de tijd te nemen of een paar vogelhuisjes met de hand in elkaar te zetten is waarschijnlijk efficiënter -

hem voorzien van mogelijkheden die beloningen opleveren die veel verder gaan dan welke tastbare bijdrage dan ook die welke vrijwilligersactiviteit dan ook zou kunnen opleveren. Jack weet dat zijn vaardigheden alleen echt waarde kunnen toevoegen als ze rechtstreeks worden toegepast. Als de vogelclub bijvoorbeeld een mailcampagne voor fondsenwerving plant en professionele foto's van leden nodig heeft voor opname in de mailingscampagne, kan hij deze zelf fotograferen of een uur extra werken om een andere topfotograaf in te huren en het resterende geld van het inhuren van een andere topfotograaf doneren. topfotograaf.

Nu komen we bij het controversiële onderwerp van altruïsme: bestaat onbaatzuchtigheid überhaupt of is het gewoon een manier om ons ego te verzachten? Hoewel vrijwilligerswerk vaak dient als een manier om hun gemeenschap te helpen, spelen persoonlijke voordelen zoals de ontwikkeling van vaardigheden en netwerkmogelijkheden ook een belangrijke rol. Opeens handelen we niet langer puur altruïstisch; veel vrijwilligers houden zich bezig met wat men 'persoonlijk geluksbeheer' zou kunnen noemen, met voordelen die ver verwijderd zijn van wat oorspronkelijk met vrijwilligerswerk bedoeld was - strikt genomen is iedereen die baat heeft bij of enige voldoening ervaart uit vrijwilligerswerk niet puur altruïstisch

Maakt Jack de verkeerde zet door op zaterdagochtend vrijwilligerswerk te doen? Niet noodzakelijk; een groep die deze tendens kan doorbreken zijn beroemdheden als Bono, Kate Winslet of Mark Zuckerberg; ze zorgen voor de broodnodige publiciteit wanneer ze deelnemen aan vrijwilligersprojecten zoals het bouwen van vogelhuisjes, het opruimen van stranden of hulpverlening bij aardbevingen. Daarom moet Jack zorgvuldig beoordelen of hun deelname iets van waarde zou toevoegen; anders zou de beste manier voor individuen om bij te dragen waarschijnlijk met hun geld zijn in plaats van met dwangarbeid.

Zie ook Deformation Professionalnelle (hfdst. 92); Weglatingsbias (hfdst. 44);

WAAROM U EEN DIEnaar BENT VOOR UW

Wat vind jij van genetisch gemodificeerde tarwe? Het is een emotioneel onderwerp en te snel reageren kan leiden tot betreurenswaardige beslissingen; Voor een objectieve benadering zou het nodig zijn om zowel de voor- als de nadelen ervan afzonderlijk in ogenschouw te nemen. Schrijf alle mogelijke voordelen op, weeg ze af op basis van hun belang en vermenigvuldig de waarschijnlijkheid ervan met de waarschijnlijkheid - dit geeft een lijst met verwachte waarden. Pas nu hetzelfde proces toe bij het overwegen van mogelijke nadelen. Maak een lijst van alle nadelen, schat de potentiële schade ervan en vermenigvuldig dat cijfer met de waarschijnlijkheid ervan. Het aftrekken van positieve bedragen van negatieve bedragen levert de netto verwachte waarde op. Als dat getal boven nul ligt, bent u vóór genetisch gemodificeerde tarwe; anders geeft het aan dat u ertegen bent. U bent ongetwijfeld bekend met deze benadering van de beslistheorie, de zogenaamde verwachte waarde, die veel voorkomt in de beslisliteratuur. Toch is de kans groot dat je er nooit aan hebt gedacht om zo'n evaluatie uit te voeren - en zeker geen van de professoren die leerboeken schreven, gebruikte deze methode bij het selecteren van hun echtgenoten!

Niemand vertrouwt echt op deze methode voor besluitvorming. Ten eerste reikt onze verbeelding simpelweg niet ver genoeg; ons begrip kan slechts zo ver reiken in wat al door ervaring is bereikt. Stel je een epische storm voor als je nog maar 30 jaar oud bent, is moeilijk, terwijl het berekenen van kleine kansen vrijwel onmogelijk is vanwege een gebrek aan gegevens over zeldzame gebeurtenissen. Ten derde vereisen kleine waarschijnlijkheden vaak minder datapunten en leiden ze tot grotere fouten met betrekking tot exacte waarschijnlijkheden, waardoor een onverbiddelijke cirkel van fouten ontstaat. Onze hersenen zijn ook niet ontworpen voor dergelijke berekeningen; dergelijke berekeningen vergen tijd en moeite - niet onze natuurlijke staat! In ons evolutionaire verleden werden degenen die te veel nadachten vaak vroegtijdig ten onder gegaan door roofdieren. De besluitvormers van vandaag zijn voor snelle besluitvormingsprocessen sterk afhankelijk van mentale snelkoppelingen die bekend staan als heuristieken.

Een van de meest gebruikte heuristieken is de affectheuristiek. Een affect is een onmiddellijke reactie: iets dat je leuk of niet leuk vindt; Het horen van 'geweervuur' roept bijvoorbeeld negatieve associaties op, terwijl het horen van 'luxe' positieve associaties oproept; deze automatische eendimensionale impuls verhindert dat men bij het nemen van beslissingen rekening houdt met risico's en voordelen.
In plaats van risico's en voordelen als onafhankelijke variabelen te behandelen, wat ze zeker zijn, verbindt een affectheuristiek ze via sensorische kanalen.

Uw emotionele reacties op zaken als kernenergie, biologische groenten, privéscholen en motorfietsen bepalen uw inschatting van de risico's en voordelen die daarmee gepaard gaan. Als iets emotioneel een gevoelige snaar bij je raakt, lijken de risico's kleiner, terwijl de voordelen groter lijken dan ze in werkelijkheid zijn; omgekeerd, als iets dat je niet leuk vindt, sterke emoties oproept; risico's en voordelen lijken afhankelijk te zijn, ook al wijst de werkelijkheid anders uit.

Stel je voor dat je een Harley-Davidson bezit. Als uit onderzoek blijkt dat autorijden riskanter kan zijn dan eerder werd aangenomen, zou uw onderbewustzijn hierop kunnen reageren door de voordelen ervan anders te beoordelen en de ervaring nog meer vrijheid te geven.

Maar hoe ontstaat een eerste, spontane emotie, zoals geluk of woede? Onderzoekers van de Universiteit van Michigan voorzagen de deelnemers van een van de drie afbeeldingen gedurende minder dan een honderdste van een seconde; Kort daarvoor waren lachende gezichten, boze gezichten of neutrale figuren te zien. De proefpersonen moesten vervolgens selecteren of ze een willekeurig Chinees karakter leuk vonden (zonder Chinees te kennen), waarbij de meeste deelnemers de voorkeur gaven aan de karakters die onmiddellijk voorafgingen aan een lachend gezichtssymbool. Zelfs ogenschijnlijk onbelangrijke factoren kunnen een diepgaande invloed hebben op onze emoties. Hirschleifer en Shumway onderzochten hoe een anderszins onbelangrijke factor een rol speelde in de marktprestaties van 26 grote aandelenbeurzen van 1982-1997 door hun relatie tussen zonlichturen per ochtend en de marktprestaties op elke beurs te testen. Ze ontdekten een intrigerend verband dat lijkt op het gezegde van een oude boer: als de zon 's morgens helder schijnt, hebben de voorraden de neiging om gedurende de dag te stijgen - niet altijd, maar vaak genoeg. Wie had ooit gedacht dat zonneschijn miljarden zou kunnen verplaatsen? Ochtendzon lijkt dezelfde positieve invloed te hebben als lachende gezichten!

Wat onze bedoelingen ook zijn, onze emoties beheersen ons. Beslissingen worden vaak genomen op basis van gevoelens in plaats van gedachten; Tegen alle beste bedoelingen in vervangen we 'Wat vind ik hiervan?' met "Wat vind ik hiervan". Dus lach! Jouw toekomst hangt ervan af!

Zie ook Association Bias (hoofdstuk 48); Verliesaversie (hoofdstuk 32), Salience-effect (hoofdstuk 83) en besmettingsbias (hoofdstuk 54)

Bruce werkt in de vitaminebranche. Zijn vader begon ermee in een tijd waarin supplementen nog geen deel uitmaakten van de dagelijkse levensstijl; artsen zouden ze moeten voorschrijven. Toen Bruce begin jaren negentig het roer overnam als CEO, schoot de vraag omhoog, wat hem ertoe aanzette enorme leningen af te sluiten om de productie te verhogen. Tegenwoordig geldt hij als een van de meest succesvolle individuen in zijn branche en als voorzitter van een nationale vereniging van vitaminefabrikanten; Sinds zijn jeugd heeft hij bijna dagelijks minstens drie multivitaminen geslikt. Wanneer geïnterviewd door journalisten over de effectiviteit ervan; toen hem door een journalist werd gevraagd of ze iets hadden gedaan, antwoordde Bruce: 'Ik weet het zeker' - kun je hem geloven?

Hier is nog een uitdaging voor jou. Denk na over elk idee of elke overtuiging waarvan u zeker bent; misschien zal het goud de komende vijf jaar stijgen, bestaat God, of betaalt uw tandarts u te veel - schrijf het allemaal in één zin op en kijk of u uzelf echt gelooft!

Ben je er niet van overtuigd dat jouw overtuiging meer waarde heeft dan die van Bruce? Welnu, dit is de reden: de jouwe is een interne observatie, terwijl die van Bruce extern is; met andere woorden, je kunt in hun ziel kijken, terwijl je niet in de jouwe kunt kijken.

In het geval van Bruce zou je kunnen denken: 'Nou, natuurlijk is het in zijn belang om te geloven dat vitamines heilzaam zijn; zijn rijkdom en sociale status hangen af van hun succes; zijn hele leven heeft hij pillen geslikt, dus hij zal nooit toegeven dat het tijdverspilling was.' Maar voor jou persoonlijk is het anders: je hebt uitgebreid onderzoek in jezelf gedaan en bent naar buiten gekomen als volkomen onpartijdige waarnemers.

Maar kan interne reflectie werkelijk puur en eerlijk zijn? De Zweedse psycholoog Petter Johannson voerde een onderzoek uit waarbij proefpersonen twee portretfoto's van willekeurige mensen bekeken en kozen welk gezicht aantrekkelijker was; vroeg hen vervolgens om de aantrekkelijkste kenmerken van dichtbij te beschrijven. Maar met een ingenieuze truc - de meeste deelnemers merkten niet dat hij halverwege van beeld wisselde - gingen de meesten door met rechtvaardigen waarom ze zo grondig de voorkeur gaven aan een beeld! Zijn resultaten van zijn onderzoek: introspectie is niet betrouwbaar: wanneer we zielsonderzoek uitvoeren, maken we vaak subjectieve keuzes - wat betekent dat introspectie onbetrouwbaar is: wanneer we interne zelfanalyse uitvoeren
Het verzinnen van bevindingen om gewenste bevindingen te bereiken staat bekend als de introspectie-illusie - deze overtuiging dat reflectie tot waarheid of nauwkeurigheid leidt, is meer dan sofisme. Vanwege onze sterke overtuigingen hebben we de neiging om drie reacties te ervaren wanneer iemand onze standpunten niet deelt: 1, 2 of 3.

Eerste reactie: aanname van onwetendheid. U gaat ervan uit dat de andere partij niet over voldoende kennis beschikt; Als ze jouw kennis hadden ontvangen, zouden ze jouw perspectief misschien wel delen. Politieke activisten hebben de neiging om in deze richting te denken: zij geloven dat de verlichting anderen naar hun kamp zal overhalen. Reactie 2: Aanname van idiotie Reactie 3: Aanname van boosaardigheid. Wanneer iemand uit de beschikbare informatie geen voor de hand liggende conclusie trekt, en daarom geen voor de hand liggende gevolgtrekkingen kan maken, kan hij voor ons allemaal onwetend en dom overkomen. Vooral bureaucraten gebruiken deze aanpak graag, omdat het 'domme' consumenten tegen zichzelf beschermt. Reactie 1: Gebrek aan eerlijk proces. Uw tegenpartij beschikt over alle noodzakelijke informatie – en begrijpt zelfs het debat – maar is opzettelijk strijdlustig en koestert kwade bedoelingen. Veel religieuze leiders en volgelingen zien ongelovigen in hetzelfde licht: als ze het niet met hen eens zijn, moeten ze agenten van Satan zijn!

Conclusie: niets is zo overtuigend als je eigen overtuigingen. Daarom kan introspectie voor echte zelfkennis zorgen. Helaas wordt introspectie vaak vervalst of vervalst, waarbij te veel en te lang vertrouwen wordt gesteld in interne observaties; ten tweede hebben we vaak een hogere perceptie van onszelf dan van anderen, waardoor een illusie van superioriteit ontstaat; De remedie voor beide is om steeds kritischer naar onszelf te worden – interne observaties met evenveel scepsis te behandelen als beweringen van derden; word je zwaarste criticus!

Zie ook Illusion of Control (hfdst. 17); Zelfzuchtige vooringenomenheid (hfdst. 45); Bevestigingsbias (chs. 7-8) en Not-Invented-Here Syndrome (chs. 74) voor meer informatie over deze onderwerpen.

Naast mijn bed liggen 24 boeken die hoog opgestapeld zijn. Hoewel ik in en uit duik, kan niemand mijn bezit verlaten. Hoewel ik weet dat sporadisch lezen mij geen echte inzichten zal opleveren, ondanks al mijn uren aan lezen, zou het in plaats daarvan logischer zijn als ik me op één boek tegelijk concentreerde; Dus waarom jongleer ik ze nog steeds met alle 24 tegelijk?

Mijn vriend kent een man die met drie vrouwen tegelijk uitgaat en ziet zichzelf wel een gezin stichten met een van hen, maar hij kan zichzelf er niet toe brengen om er maar één te kiezen - dat zou betekenen dat hij twee anderen definitief moet laten liggen; door opties open te houden blijven alle opties beschikbaar, ook al ontstaan er geen echte relaties.

Generaal Xiang Yu stuurde in de derde eeuw voor Christus zijn leger over de Yangtze-rivier om de Qin-dynastie uit te dagen. Terwijl zijn troepen sliepen, gaf hij opdracht alle schepen in brand te steken; de volgende ochtend zei hij tegen hen: 'Nu heb je maar één keuze: vechten om te winnen of sterven.' Door terugtrekken als optie uit te sluiten, hielp hij hun aandacht uitsluitend op de strijd te richten. De Spaanse conquistador Cortes gebruikte soortgelijke motivatietactieken tijdens zijn zestiende-eeuwse verovering van Mexico, toen hij na de landing op de oostkust zijn eigen schip tot zinken bracht als motivatie.

Xiang Yu en Cortes vallen op als uitschieters; de meeste mensen streven ernaar om onze mogelijkheden zoveel mogelijk te vergroten. Psychologieprofessoren Dan Ariely en Jiwoong Shin hebben de kracht van dit instinct gedemonstreerd via een online game. Spelers kregen in het begin 100 punten en er verschenen drie deuren op het scherm: rode, blauwe en groene deuren. Het openen van elk van hen kost één punt; Met elke kamer die ze binnenkwamen, konden ze echter extra punten verdienen. Spelers reageerden logisch en kozen ervoor om tot de voltooiing ervan in één kamer te blijven. Ariely en Shin veranderden vervolgens de regels, zodat als de deuren niet binnen twaalf zetten werden geopend, ze op het scherm begonnen te krimpen en uiteindelijk helemaal verdwenen; spelers raceten vervolgens van deur tot deur op zoek naar potentiële schatten; dit onproductieve geklauter zorgde ervoor dat ze 15% minder punten scoorden dan in hun vorige spel. Ten slotte voegden Ariely en Shin nog een laatste wending toe: ze veranderden de manier waarop je punten scoorde door de deurafmetingen met 25% te vergroten! Tenslotte voegden ze nog een twist toe: spelers zouden deze keer nog steeds 10% punten scoren! De organisatoren voegden er nog een rimpeltje aan toe met nog een twist: nogmaals: deuren konden binnen twaalf zetten sluiten als ze verschenen - waardoor spelers gedwongen werden om net zo snel van deur-hoppen naar deur-openen te gaan als voorheen! Ariely en Shin voerden vervolgens nog een verandering door; Deze keer, toen de deuren niet binnen twaalf zetten opengingen, begonnen de deuren buiten het scherm te krimpen en uiteindelijk verdwenen ze buiten het

scherm! Toen Ariely en Shin opnieuw veranderden door de regels te veranderen: deuren moesten binnen twaalf zetten opengaan, anders verdwenen ze buiten beeld! Spelers begonnen van deur tot deur te racen en probeerden toegang te krijgen tot alle potentiële schatkamers, wat resulteerde in 15% minder gescoorde punten! Ariely en Shin voegden een laatste twist toe: deze keer scoorden ze 15% minder punten dan voorheen en voegden ze een laatste twist toe: de organisatoren voegden nog een twist toe: eenmaal geopend binnen twaalf zetten verdwenen ze geleidelijk van het scherm totdat ze uiteindelijk verdwenen voordat Verdwenen helemaal verdween toen de deuren begonnen te krimpen, Ariely veranderde de regels, de vereiste deur was nu binnen twaalf zetten geopend, anders begon hij binnen twaalf zetten buiten het scherm te krimpen of verdween anderszins onmiddellijk waardoor de deur na 12 zetten werd gemaakt of hun vorige scoorde 15 zo snel zo veel scraming dat eerder 15% minder punten scoorde, 15% minder punten scoorde en vervolgens nog een wending toevoegde... De -
Het openen van deuren kostte nu drie punten en dezelfde angst begon: spelers verspilden hun punten door te proberen alle deuren open te houden. Zelfs nadat we hadden vernomen hoeveel punten er in elke kamer verborgen waren, was er geen verandering; Het afzien van opties was voor hen een te grote kostenpost.

Waarom handelen wij irrationeel? Omdat de gevolgen ervan vaak niet duidelijk zijn. Op de financiële markten is dit bijvoorbeeld duidelijk: elke optie op een waardepapier kost altijd iets; er bestaat niet zoiets als een gratis optie; toch lijken op andere gebieden de opties vaak gratis; hoewel deze in werkelijkheid ook een prijs met zich meebrengen; elke beslissing vergt mentale energie en neemt kostbare tijd weg voor denken en leven; CEO's die alle mogelijke uitbreidingsopties onderzoeken, kiezen er uiteindelijk vaak niet voor; bedrijven die proberen alle klantsegmenten te bedienen falen vaak; Verkopers die leads nastreven, sluiten ondanks alle inspanningen vaak geen deals.

Mensen zijn tegenwoordig vaak gefixeerd op het hebben van meerdere projecten tegelijk en staan open voor elke kans die zich voordoet; maar deze aanpak kan het succes snel laten ontsporen. In plaats daarvan moeten we leren wanneer en waarom we deuren moeten sluiten; bedrijfsstrategieën dienen voornamelijk als verklaringen over welke activiteiten je niet moet ondernemen. Gebruik een vergelijkbare aanpak als bedrijven: maak een lijst van wat je niet moet nastreven in het leven en neem berekende beslissingen om bepaalde mogelijkheden niet na te streven; Wanneer er zich een optie voordoet, toets deze dan aan uw lijst van niet-na te streven voordat u verdere stappen onderneemt. Niet alleen zal een lijst u uit de problemen houden, maar het bespaart ook tijd die u besteedt aan het nemen van beslissingen. Met uw lijst in de hand hoeft u, in plaats van elke keer dat er een nieuwe deur opengaat, beslissingen te nemen - veel deuren hebben geen zin, ook al lijken de handvatten ervan eenvoudig genoeg - het enige wat u hoeft te doen is ernaar terug te verwijzen bij het maken van keuzes.

Zie ook: Sunk Cost Fallacy (hoofdstuk 5);

WAARSCHUWING VOOR NEOMANIE

Hoe ziet onze wereld er over vijftig jaar uit en welke zaken zullen ons dagelijks omringen? Het is gemakkelijk om verstrikt te raken in Neomanie; laten we al het "gloednieuwe" opzij zetten.

Mensen die vijftig jaar geleden over deze vraag nadachten, hadden fantastische ideeën over hoe 'de toekomst' eruit zou zien: snelwegen in de lucht, steden die op glazen werelden lijken en kogeltreinen die tussen wolkenkrabbers zoeven. We zouden in onderwatersteden met plastic capsules leven, op vakantie op de maan en pillen slikken in plaats van biologische kinderen te laten verwekken via de conceptie; kies in plaats daarvan kinderen uit catalogi als onze kinderen; robots zouden beste vrienden worden in plaats van mensen als metgezellen, terwijl de dood al lang geleden was uitgeroeid - het beeld dat zij zich voorstelden was niet ver weg!

Maar wacht even: kijk goed om je heen: je zit in een stoel gemaakt in het oude Egypte; het dragen van broeken die ongeveer 5000 jaar geleden door Germaanse stammen rond 750 voor Christus werden ontwikkeld; de leren schoenen aan je voeten zijn ontstaan tijdens de laatste ijstijd; je boekenplanken zijn gemaakt van hout — een van de oudste bouwmaterialen die de mens kent; tijdens het eten gebruik je je vork zoals die door de Romeinen werd gebruikt: om tijdens het eten stukjes dode dieren en planten in je mond te scheppen - er is niets veranderd - er is ook niets veranderd;

Vragen wij ons af hoe onze wereld er over vijftig jaar uit zal zien? Nassim Taleb biedt ons enige leidraad in zijn boek Antifragile; Houd er rekening mee dat de meeste technologieën die de afgelopen halve eeuw hebben bestaan de mensheid nog een halve eeuw zullen blijven dienen — terwijl recente technologie sneller verouderd zal raken dan verwacht. Waarom? Beschouw uitvindingen als soorten: alles wat eeuwen van evolutie heeft doorstaan, zal waarschijnlijk ook in de toekomst sterk blijven. Oude technologie is bewezen; de inherente logica ervan kan niet altijd volledig worden begrepen. U moet hiermee rekening houden de volgende keer dat u een strategiebijeenkomst bijwoont, aangezien iets dat door de eeuwen heen is blijven bestaan, toch enige waarde moet hebben. Vijftig jaar in de toekomst zal waarschijnlijk op vandaag lijken, ook al zie je misschien nieuwe opvallende gadgets of uitvindingen opduiken die in eerste instantie interesse kunnen wekken. Toch komen en gaan ze vaak snel.

Bij het nadenken over onze toekomst leggen we vaak te veel nadruk op technologische innovaties en 'killer apps', terwijl we hun rol onderschatten.

Taleb heeft deze tendens door de geschiedenis heen waargenomen. In de jaren zestig was ruimtevaart een ware rage, waardoor veel studenten zich voorstelden dat ze een schoolreisje naar Mars zouden maken. Later in het decennium werden plastic huizen in de mode, dus dachten we erover na hoe we onze doorzichtige woningen zouden decoreren met plastic meubilair. Hij schrijft deze neiging terug aan 'neomania', de fascinatie voor alles wat nieuw en glanzend is.

In eerste instantie voelde ik sympathie voor early adopters: de mensen die niet kunnen leven zonder toegang tot de nieuwste iPhone. Ik dacht toen dat ze hun tijd ver vooruit waren; nu beschouw ik ze echter als irrationele individuen die lijden aan neomanie; ze lijken zich minder zorgen te maken over de vraag of een product tastbare voordelen biedt, maar meer over nieuwigheid dan over daadwerkelijk nut.

Neem geen drastische maatregelen bij het voorspellen van de toekomst. Stanley Kubricks klassieke film 2001: A Space Odyssey uit 1968 dient als illustratie. Dit visionaire stuk dat zich afspeelt rond de millenniumwisseling voorspelde dat Amerika gastheer zou zijn voor een duizend man sterke maankolonie, bediend door PanAm-pendelvluchten - iets wat niemand zag aankomen. Ik stel in plaats daarvan deze vuistregel voor: alles wat X jaar heeft overleefd, zal dat nog X jaar blijven doen - Nassim Taleb gelooft dat het 'bullshitfilter' van de geschiedenis gimmicks kan scheiden van game-changers, dus ik ben bereid die weddenschap met hem aan te gaan!

Zie ook Hedonic Treadmill (hfdst. 46) als voorbeeld van waarom propaganda werkt. In de Tweede Wereldoorlog maakte elk land propagandafilms. Deze werden gebruikt om nationalistische gevoelens onder burgers en soldaten aan te wakkeren en om opoffering voor hun natie aan te moedigen. Nadat het Amerikaanse oorlogsdepartement alleen al een exorbitant bedrag aan propagandafilms had uitgegeven, deed het Amerikaanse oorlogsdepartement onderzoek naar de vraag of deze uitgaven enig rendement hadden. Er zijn onderzoeken gedaan waarbij gewone soldaten betrokken waren; hun reactie toonde helemaal geen toename van het enthousiasme voor oorlog!

Vonden de soldaten deze films slecht gemaakt? Nauwelijks. Integendeel, soldaten kenden deze films als propaganda die het vrijwel onmogelijk maakte dat welke boodschap dan ook in deze films enig gewicht zou hebben bij het publiek; zelfs als een film een argument opwekte of het publiek voldoende in beweging bracht om aandacht of waardering voor de boodschap ervan te verdienen; de inhoud ervan zou eenvoudigweg als hol worden beschouwd en ronduit genegeerd worden.

Negen weken later gebeurde er iets onverwachts: psychologen voerden opnieuw een evaluatie uit van de houding van soldaten ten aanzien van oorlog; het resultaat: degenen die

de film hadden gezien, spraken veel meer steun uit dan degenen die dat niet hadden gedaan.
Het is duidelijk dat propaganda werkte!

Wetenschappers waren verbijsterd, wetende dat de overtuigingskracht van een argument in
de loop van de tijd afneemt, net als bij radioactief materiaal. U heeft dit waarschijnlijk zelf
meegemaakt: lees een artikel over de voordelen van gentherapie, word eerst enthousiast,
maar verlies na enkele weken al snel de interesse; uiteindelijk blijven er alleen nog maar
resten van enthousiasme over.

Verbazingwekkend genoeg werkt propaganda vaak de andere kant op: als het eenmaal een
gevoelige snaar raakt bij mensen, wordt de impact ervan in de loop van de tijd alleen maar
groter. Waarom? Psycholoog Carl Hovland leidde een experiment voor het Ministerie van
Oorlog en bedacht dit fenomeen 'Sleeper Effect'. Momenteel is onze beste verklaring ervoor
dat onze herinneringen de bron sneller vergeten dan wat het argument zelf zei (bijvoorbeeld
het Ministerie van Propaganda) terwijl we de boodschap zelf onthouden (dat wil zeggen:
Oorlog is noodzakelijk en nobel).
Daarom wint informatie verkregen uit onbetrouwbare bronnen geleidelijk aan vertrouwen
naarmate de in diskrediet brengende krachten sneller verdwijnen dan hun boodschap.

Amerikaanse verkiezingen bevatten steeds vaker negatieve politieke advertenties waarin
kandidaten proberen elkaars reputatie of reputatie in diskrediet te brengen met bedrieglijk
eenvoudige middelen. In dit geval moeten politieke advertenties voldoen aan de Amerikaanse
verkiezingswet door hun sponsors aan het einde van elke advertentie bekend te maken, maar
uit talloze onderzoeken blijkt dat dat sleeper effects zich nog steeds afspelen onder
onbesliste kiezers terwijl de boodschapper vervaagt terwijl hun uitspraken in het geheugen
blijven gegrift - hierdoor kunnen kandidaten de meest schadelijke beschuldigingen uiten
tegen rivaliserende kandidaten zonder angst voor represailles of gevolgen voor beide partijen
als het eindresultaat dat zou opleveren minder negatief zijn dan door de wet wordt verwacht
- dit maakt verkiezingsadvertenties een veel moeilijker proces dan het zou moeten worden
gebruikt tegen rivaliserende campagnes door tegenstanders van beide kanten in campagnes
in termen van kiezersopkomst of opkomstcijfers dan anders mogelijk was in voorgaande
campagneseizoenen.

Ik heb het vaak een raadsel gevonden hoe reclame überhaupt kan werken. Elk logisch
persoon zou advertenties gemakkelijk moeten herkennen voor wat ze zijn en deze op de
juiste manier moeten diskwalificeren of categoriseren; toch zal zelfs jij als scherpzinnige en
intelligente lezer er niet altijd in slagen dit met succes te doen; Het kan zijn dat u na enkele
weken vergeet waar bepaalde informatie vandaan komt - of het nu een informatief artikel is
of een smakeloze advertorial!

Hoe kun je het sleepereffect tegengaan? Wees in de eerste plaats op uw hoede voor ongevraagd advies, ook al lijkt dit goed bedoeld. Als u dit doet, bent u tot op zekere hoogte beschermd tegen manipulatie. Ten tweede: vermijd bronnen met advertenties zoveel mogelijk (we hebben het geluk dat boeken advertentievrij blijven!). Ten derde: identificeer en onthoud wie de bron was van elk argument dat je tegenkomt. Probeer hun redenering zoveel mogelijk te begrijpen en wie er baat bij heeft. Hoewel dit proces de besluitvormingsprocessen enigszins kan vertragen, maar deze in de loop van de tijd ook zal verfijnen.

Zie ook Framing (hfdst. 42); Primacy- en recentheidseffecten (hfdst. 73); Nieuwsillusie (hoofdstuk 99).

ALTERNATIEVE BLINDHEID

Stel je dit eens voor: je bladert door een brochure waarin de voordelen worden aangeprezen van een MBA-diploma dat wordt aangeboden aan je plaatselijke universiteit. Je blik flitst over foto's van de met klimop begroeide campus en ultramoderne sportfaciliteiten; naast beelden van lachende studenten met verschillende etnische achtergronden, met de nadruk op jonge vrouwen, Chinese en Indiase doorzetters. Eindelijk kom je bij een overzicht dat de financiële waarde ervan illustreert: het honorarium van $100.000 kan gemakkelijk worden gecompenseerd door afgestudeerden die extra inkomsten genereren voordat ze met pensioen gaan: ongeveer $400.000 na belastingen! Geen hersenkraker.

Fout. Een dergelijk argument verbergt niet één, maar vier misvattingen. De eerste is de 'zwemmerslichaamsillusie', in die zin dat MBA-programma's de neiging hebben carrièregerichte individuen aan te trekken die waarschijnlijk bovengemiddelde salarissen zullen ontvangen zonder aanvullende kwalificaties zoals een MBA-kwalificatie. De tweede mythe: een MBA duurt twee jaar en gedurende die tijd kun je een inkomstenverlies van $100.000 verwachten; daarom zouden de werkelijke kosten van een MBA waarschijnlijk hoger zijn dan $ 100.000, wanneer rekening wordt gehouden met het potentiële rendement van beleggen. Ten derde is het dwaas om schattingen te maken over een periode van meer dan dertig jaar; wie weet wat er in die periode zal gebeuren? Ten slotte bestaan er andere opties; voel je niet gebonden aan 'doe een MBA of doe geen MBA' alleen. Misschien is er een ander programma beschikbaar dat aanzienlijk minder kost en ook voordelen biedt voor loopbaanontwikkeling. Vooral de vierde misvatting vind ik fascinerend; laten we het alternatieve blindheid noemen: wanneer we er niet in slagen een bestaand aanbod te vergelijken met het op één na beste alternatieve aanbod.

Hier is een voorbeeld uit de financiële sector: stel je voor dat je wat geld op een spaarrekening hebt gespaard en vraag een beleggingsmakelaar om advies, die aanbeveelt een obligatie te kopen die 5% rente betaalt in plaats van alleen de 1% die spaarrekeningen teruggeven. Denken wij dat het kopen van de obligatie zinvol is? Niemand weet. Alleen deze twee keuzes overwegen zou geen nauwkeurige beoordeling opleveren; om echt alle mogelijke beleggingskeuzes te beoordelen en vervolgens de optimale te selecteren (zo doet topbelegger Warren Buffet dat).
Buffett vergelijkt elke transactie met de op een na beste deal die op een bepaald moment beschikbaar is, zelfs als dat betekent dat we meer moeten doen van wat we al doen.'

In tegenstelling tot Warren Buffett vallen politici vaak ten prooi aan alternatieve blindheid. Overweeg uw stadsplanning om een sportarena te bouwen op een leeg stuk grond;

aanhangers zouden kunnen beweren dat het de bewoners emotioneel en financieel meer ten goede zal komen dan een leeg perceel - maar deze vergelijking gaat mank: in plaats daarvan zouden ze alle ideeën moeten evalueren die onmogelijk worden vanwege de constructie ervan, zoals scholen, centra voor podiumkunsten, ziekenhuizen of verbrandingsovens; Als alternatief zouden ze het land kunnen verkopen en de opbrengst kunnen investeren of de stadsschuld kunnen verminderen met deze alternatieve oplossing.

Ziet u alternatieve oplossingen over het hoofd? Stel je voor dat je arts binnen vijf jaar een tumor ontdekt en een ingewikkelde operatie voorstelt die, als deze succesvol is, volledig zou worden verwijderd, maar het risico wordt echter als hoog beschouwd, met een algemeen overlevingspercentage van slechts 50%. Hoe beslis je? Denk goed na over uw opties: een zekere dood over vijf jaar of een kans van 50% om volgende week te overlijden; alternatieve blindheid! Misschien is er een variant van een invasieve chirurgische procedure beschikbaar in een ander ziekenhuis in de stad dat deze momenteel niet aanbiedt in uw instelling. Een operatie om de tumorgroei te vertragen kon de symptomen slechts tijdelijk verlichten; deze invasieve operatie biedt echter meer tijd en gemoedsrust dan de alternatieven; wie weet zullen er misschien gedurende die tien jaar meer geavanceerde therapieën voor het elimineren van tumoren ontstaan?

Kort gezegd: als u moeite heeft met het nemen van beslissingen, bedenk dan dat er meer dan twee opties voor u beschikbaar zijn, zoals geen operatie en een operatie met een hoog risico. Voel je niet gevangen tussen een absolute keuze en de mogelijke alternatieven; sta open voor andere ideeën!

Zie Keuzeparadox (hoofdstuk 21); Zwemmerslichaamsillusie (hfdst. 2) voor meer informatie over deze onderwerpen.

WAAROM WIJ RICHTEN OP JONGE KANONNEN

SOCIALE VERGELIJKINGSBIAS

Nadat mijn boek nummer 1 op de bestsellerlijst had bereikt, vroeg mijn uitgever mijn hulp bij het aanbevelen van een andere titel door een kennis die op weg was naar de top tien-lijst; ze geloofden dat een getuigenis van mij het net dat extra zetje zou geven om op die lijst te worden opgenomen.

Altijd verbaasd dat deze getuigenissen überhaupt werken, gezien het feit dat we allemaal weten dat alleen positieve reacties op boekomslagen terechtkomen (inclusief dit boek). Een rationele lezer moet de lof opzij zetten of deze op zijn minst naast de potentiële kritiek plaatsen die altijd aanwezig is, ook al is deze in verschillende vormen. Hoewel ik veel getuigenissen voor andere boeken heb geschreven, was er geen enkele voor concurrerende titels. Terwijl ik mijn opties overwoog, besefte ik dat de vooringenomenheid op het gebied van sociale vergelijking effect had gehad: de neiging om mensen te vermijden die je snel zouden kunnen overschaduwen en op de lange termijn dwaas zouden kunnen overkomen.

Boekgetuigenissen kunnen dienen als een onschuldig voorbeeld van sociale vergelijkingsbias; de academische wereld heeft dit echter naar een veel gevaarlijker niveau gebracht. Iedere wetenschapper streeft ernaar om zoveel mogelijk artikelen in prestigieuze wetenschappelijke tijdschriften te publiceren, waarmee hij of zij het recht krijgt om inzendingen van collega-wetenschappers die werk voor publicatie indienen te beoordelen. Na verloop van tijd vragen redacteuren je om de inzendingen van andere wetenschappers te beoordelen - vaak beslissen slechts twee of drie experts welke artikelen op een bepaald gebied de moeite waard zijn; Wat zou er, met deze kennis in gedachten, gebeuren als een beginnende onderzoeker een wereldschokkend artikel indient dat de gevestigde experts dreigt omver te werpen? Ze zouden waarschijnlijk bijzonder streng zijn bij het beoordelen ervan - dit is een vooroordeel op het gebied van sociale vergelijking!

Psycholoog Stephen Garcia en zijn collega-onderzoekers beschrijven een voorbeeld waarin een Nobelprijswinnaar een van zijn veelbelovende jonge collega's ervan weerhield te solliciteren naar 'zijn' universiteit, hoewel dit in eerste instantie misschien verstandig leek; na verloop van tijd wordt het contraproductief wanneer de genoemde jonge collega zich bij een andere onderzoeksgroep aansluit, waardoor elk verder contact tussen de oude professor en hem of haar en dit jonge wonderkind mogelijk wordt uitgesloten.
Garcia suggereert dat sociale vergelijkingsbias een factor kan zijn die instellingen ervan weerhoudt hun status als onderzoeksgroep van wereldklasse gedurende een langere periode te behouden. Weinig onderzoeksgroepen slagen erin jarenlang aan de top te blijven.

Voorkeur voor sociale vergelijking is een ander belangrijk probleem bij startende bedrijven. Guy Kawasaki was vier jaar lang Apple's 'chief evangelist' en adviseert tegenwoordig ondernemers als durfkapitalist en adviseur. Volgens Kawasaki: 'A-spelers nemen mensen nog beter aan dan zijzelf. Zoals Steve [Jobs] zei: B-spelers recruteren C-spelers zodat ze zich superieur aan hen kunnen voelen, en C-spelers rekruteren D-spelers; bij het inhuren van B-spelers verwachten zij dat wat hij de 'bozo-explosie' noemde binnen uw organisatie zal plaatsvinden; het inhuren van B-spelers resulteert uiteindelijk in het inhuren van Z-spelers in plaats van B-spelers. Aanbeveling: Huur mensen in die beter zijn dan jijzelf, anders geef je al snel leiding aan een team van underdogs. Hier is het zogenaamde Duning-Kruger-effect van toepassing; Z-spelers met incompetentie hebben vaak de gave om de omvang ervan over het hoofd te zien, in de overtuiging dat ze over meer intelligentie beschikken dan er in werkelijkheid is; zulke mensen creëren een illusoire superioriteit die hen ertoe brengt nog meer fouten te maken, die op hun beurt de talentenpool in de loop van de tijd uithollen.

Isaac Newton was toen 25 jaar oud en toen zijn school sloot vanwege een uitbraak van de pest in 1666-7, bood Isaac Barrow aan om mee te gaan en zijn onderzoek te bekijken, dat Barrow onmiddellijk verliet als professor om zich bij Newton aan te sluiten. - het was echt nobel van hem! Wat een ethisch voorbeeld is het geweest. En wanneer heb je voor het laatst gehoord dat een professor een stap opzij deed ten gunste van een andere kandidaat of CEO die zijn positie weggaf omdat hij besefte dat een van zijn werknemers beter werk zou kunnen leveren?

Conclusie: Concluderend: koestert u individuen die getalenteerder zijn dan uzelf? Hoewel het in eerste instantie uw positie kan bedreigen, zal het op de lange termijn alleen maar voordelen opleveren. Anderen zullen je op een gegeven moment toch inhalen; Tot die tijd aanbreekt, zou het verstandig zijn om hun goede kant te kiezen en van hen te leren - wat mijn motivatie was bij het schrijven van de getuigenis aan het einde. Zie voor meer informatie: Envy (hfdst. 86); Contrasteffect (hfdst. 10).

PRIMACY- EN RECENTHEIDSEFFECTEN

Laat me twee mannen voorstellen, Alan en Ben. Bepaal onmiddellijk wie je voorkeur heeft, zonder er te lang over na te denken: Alan is slim, hardwerkend, impulsief, kritisch, koppig en jaloers, terwijl de kwaliteiten van Ben deze kenmerken omvatten, maar met een twist: Ben kan ook jaloers, koppig, kritisch, impulsief, hardwerkend, slim zijn ook. De meeste mensen kiezen voor Alan, ook al klinken beide beschrijvingen hetzelfde. Je hersenen hebben de neiging om meer aandacht te besteden aan de bijvoeglijke naamwoorden die als eerste worden vermeld, waardoor er twee verschillende persoonlijkheden ontstaan: Alan werkt hard, terwijl Ben jaloezie en koppige eigenschappen vertoont - iets dat bekend staat als het primacy-effect.

Zonder het primacy-effect zouden mensen afzien van weelderige entreehallen op hun hoofdkwartier; uw advocaat zou zich net zo tevreden voelen als hij tijdens uw vergaderingen versleten sneakers draagt in plaats van designer Oxfords.

Het primacy-effect veroorzaakt vaak praktische fouten. Nobelprijswinnaar Daniel Kahneman bespreekt hoe hij aan het begin van zijn hoogleraarschap examenopgaven in de volgende volgorde beoordeelde: student 1 gevolgd door student 2, waarna alle daaropvolgende vragen die feilloos werden beantwoord hogere scores kregen; dit betekende dat studenten die perfect antwoordden de favorieten van Kahneman zouden worden en dit zou uiteindelijk een effect hebben op de manier waarop hij andere delen van hun examens beoordeelde. Om dit effect tegen te gaan, begon Kahneman individuele vragen in batches te beoordelen - alle antwoorden op vraag 1 werden beoordeeld, vervolgens alle antwoorden op vraag 2 enz. - waardoor dit effect werd tegengegaan en volledig werd geneutraliseerd.

Helaas werkt deze truc in de praktijk niet altijd; Als u bijvoorbeeld nieuwe medewerkers aanneemt, loopt u het risico de persoon aan te nemen die als eerste een goede eerste indruk maakt. Om de efficiëntie te maximaliseren bij het één voor één beantwoorden van soortgelijke vragen van alle kandidaten in de rij.

Stel je voor dat je deel uitmaakt van het bestuur van een bedrijf. Er doet zich een discussieonderwerp voor waarover u nog geen besluit heeft genomen, en een of meer aanwezige deelnemers geven een mening weer die van invloed kan zijn op hoe u deze in het algemeen beoordeelt. Aarzel niet om het te uiten voordat anderen dat doen - zo kan iedereen ervan leren.

Door dit te doen, krijgt u meer invloed bij uw collega's en haalt u ze aan uw zijde. Als u voorzitter bent van een commissie, zorg er dan voor dat u de meningen in willekeurige volgorde verzamelt, zodat niemand een oneerlijk voordeel heeft ten opzichte van een ander lid.

Het primacy-effect hoeft niet altijd de oorzaak te zijn; Het recentheidseffect speelt vaak een even invloedrijke rol. Informatie die recenter is opgeslagen, blijft doorgaans beter in ons geheugen hangen. Dit gebeurt omdat onze kortetermijngeheugenbestanden slechts een beperkte ruimte bevatten; zodra er iets nieuws komt, moet een ouder stuk plaats maken.

Wanneer overtreft primaat het recentheidseffect, en omgekeerd? Wanneer u wordt geconfronteerd met het nemen van onmiddellijke beslissingen op basis van meerdere indrukken (kenmerken, examenantwoorden enz.), wegen de primacy-effecten zwaarder. Maar als deze indrukken over een langere periode zijn gevormd, bijvoorbeeld als u onlangs naar een toespraak hebt geluisterd, is het recentheidseffect prominenter; je zult de laatste punten/punchlines duidelijker onthouden dan de eerste.

Conclusie: De eerste en laatste indrukken domineren, wat betekent dat de inhoud daartussen slechts een minimale invloed heeft. Probeer te voorkomen dat u beslissingen neemt uitsluitend op basis van de eerste indrukken; deze zullen u ongetwijfeld op de een of andere manier misleiden. Beoordeel alle aspecten eerlijk en onpartijdig - ook al is dit makkelijker gezegd dan gedaan - zoals het afnemen van interviews door elke vijf minuten de scores te noteren en deze daarna te middelen om er zeker van te zijn dat alle aspecten even zwaar meetellen, zoals hallo- en tot ziens-scores.

Zie ook Illusie van aandacht (hfdst. 88); Sleeper-effect (ch. 70); Salience-effect (hfdst. 83)

WAAROM ZELFGEMAAKT HET BESTE IS

Not-Invented-Here-syndroom

Mijn kookkunsten zijn vrij eenvoudig, en mijn vrouw weet het. Toch lukt het mij af en toe om iets eetbaars te maken. Toen ik onlangs tong kocht, creëerde ik een ongebruikelijke saus bestaande uit witte wijn, gepureerde pistachenoten, honing, geraspte sinaasappelschil en balsamicoazijn - en toen ze ervan proefde, begon ze een in haar ogen te brutaal experiment af te schrapen; maar ik vond het heerlijk smaken en legde de details ervan uit, maar er was geen verandering in haar uitdrukking te zien.

Twee weken later maakte mijn vrouw weer tong voor het avondeten klaar, deze keer zelf. Ze maakte twee sauzen klaar: haar beproefde beurre blanc-saus en een ongebruikelijk recept van een Franse topkok dat verschrikkelijk smaakte; later onthuld als Zwitsers! Het is duidelijk dat ze me overrompelde; Ik was bezweken aan het Not-Invented-Here-syndroom (NIH-syndroom), waarbij elke creatie die je zelf maakt superieur wordt in vergelijking met alles wat daarna komt.

Het NIH-syndroom zorgt ervoor dat mensen verliefd worden op hun eigen ideeën. Dit geldt niet alleen voor vissausrecepten, maar voor alle vormen van intern ontwikkelde oplossingen, zakelijke ideeën en uitvindingen; bedrijven beoordelen dergelijke concepten vaak als belangrijker dan alle andere uit externe bronnen; dit hoeft echter in werkelijkheid niet noodzakelijkerwijs juist te zijn. Onlangs had ik een ontmoeting met de CEO van een softwareleverancier voor zorgverzekeraars. Hij legde uit hoe moeilijk het voor zijn bedrijf was – ook al was het marktleider op het gebied van service, beveiliging en functionaliteit – om hun softwareproducten rechtstreeks aan potentiële klanten te verkopen. Veel verzekeraars geloven dat hun eigen interne oplossingen de optimale oplossingen bieden, maar een andere CEO vertelde me hoe moeilijk het was om zijn personeel op het hoofdkantoor te overtuigen om oplossingen te accepteren die werden voorgesteld door verafgelegen dochterondernemingen.

Wanneer mensen samenwerken om problemen op te lossen en deze ideeën zelf te evalueren, zal het NIH-syndroom zich onvermijdelijk manifesteren en zijn beloop krijgen. Het heeft dus onvermijdelijk een impactvol resultaat dat resulteert in de impactvolle manifestatie ervan. Dit maakt de aandoening des te belangrijker.
Het is logisch om teams in twee groepen op te splitsen: de ene genereert ideeën terwijl de andere ze beoordeelt, waarbij ideeën die door het ene team zijn gegenereerd, door een ander team worden geëvalueerd en vervolgens omgekeerd - op deze manier krijgen beide groepen evenveel tijd om ideeën te creëren en concepten van een ander team te beoordelen. We

hebben de neiging om onze eigen zakelijke ideeën positiever te beoordelen dan die van anderen - een eigenschap die essentieel is voor ondernemerssucces, maar die vaak leidt tot teleurstellende rendementen bij startende bedrijven.

Psycholoog Dan Ariely gebruikte zijn blog bij The New York Times om het NIH-syndroom te kwantificeren. Ariely vroeg lezers om oplossingen te bieden voor zes problemen, zoals "Hoe kunnen steden het waterverbruik verminderen zonder aan beperkingen te worden onderworpen door de wet?", waarbij suggesties worden gedaan en de haalbaarheid wordt geëvalueerd; het verder specificeren van tijd- en geldinvesteringen in elk voorgesteld idee; Uiteindelijk gebruikte ik slechts vijftig woorden, zodat alle gegeven antwoorden exact overeenkwamen. Hoe dan ook, de meeste lezers beoordeelden hun antwoorden belangrijker en toepasselijker dan hun collega-bijdragers, zelfs als de inzendingen vrijwel identiek waren.

Op maatschappelijk vlak kan het NIH-syndroom desastreuze gevolgen hebben. Vaak wijzen we intelligente ideeën uit andere culturen af, simpelweg omdat we de bewezen verdiensten ervan niet kunnen waarderen. Zwitserland, waar elke staat of kanton (uitgesproken als cantonessalee in het Frans) bepaalde bevoegdheden bezit, was de thuisbasis van een ongewoon geval van Nationale Betrokkenheid in de Gezondheid (NIH) toen een klein kanton weigerde het vrouwenkiesrecht goed te keuren, ondanks een verontwaardigde uitspraak van de federale rechtbank in 1990 die feitelijk veranderde het – nog een schril voorbeeld van nationale interventie in de gezondheidszorg. Denk ook eens aan de moderne verkeersrotonde, ontworpen door Britse transportingenieurs in de jaren zestig en in heel Groot-Brittannië geïmplementeerd. Er gelden strenge rendementseisen. Na tientallen jaren van vergetelheid en verzet verspreidden maatregelen om verkeersopstoppingen, zoals rotondes, zich uiteindelijk over zowel Noord-Amerika als continentaal Europa. Frankrijk alleen al beschikt nu over meer dan 30.000 rotondes die veel Fransen ten onrechte toeschrijven aan de maker ervan, die de Place de l'Etoile ontwierp.

Conclusie: we hebben de neiging ons te laten meeslepen door onze eigen ideeën, waardoor we steeds dronkener worden van de macht ervan. Om nuchter te blijven en achteraf de kwaliteit ervan objectief te beoordelen: welke van uw ideeën van de afgelopen tien jaar waren echt uitmuntend? Precies.

Zie ook Introspectie-illusie (hfdst. 67); Endowment Effect (hfdst. 23); Zelfzuchtige vooringenomenheid (hfdst. 45); Vals consensuseffect (hfdst. 77)

"Alle zwanen zijn wit." Eeuwenlang bleef deze uitspraak waar. Elk besneeuwd exemplaar was het bewijs van deze bewering; een andere kleur? Ondenkbaar. Dat was tot 1697, toen Willem de Vlamingh voor het eerst een zwarte zwaan tegenkwam tijdens een expeditie naar Australië; sindsdien zijn zwarte zwanen het symbool geworden van de onwaarschijnlijkheden in het leven.

Eén dag in 1987 was zo'n dag; Nassim Taleb beschreef deze gebeurtenis op beroemde wijze in zijn boek, zonder te waarschuwen voor de uitkomst ervan! Een Black Swan-evenement.

Black Swan-gebeurtenissen zijn onvoorstelbare gebeurtenissen die het leven, de carrière en de samenleving dramatisch veranderen - van meteorieten die je treffen tot Sutters ontdekking van goud in Californië of Sutters dood; van de ontdekking van Sutter tot de ontwikkeling van de Spoetnik en internetbrowser; of een andere ontmoeting die levens volledig op zijn kop zet - elk zijn potentiële Zwarte Zwanen die positieve of negatieve gevolgen kunnen hebben - deze kwalificeren allemaal als Zwarte Zwanen.

Donald Rumsfeld stond ooit bekend om het onder woorden brengen van een krachtige filosofische gedachte op een persconferentie: er zijn dingen die we zeker weten ('bekende feiten'), sommige dingen die onbekend blijven (bekende onbekenden), en dingen die voor ons verborgen of mysterieus blijven. ('onbekende onbekenden').

Onderzoeken we momenteel de omvang en reikwijdte van het universum, de aanwezigheid van kernwapens in Iran, en of het internet ons wel of niet slimmer of dommer maakt? Deze vragen vertegenwoordigen 'bekende onbekenden', waarmee we met voldoende inspanning op een dag antwoorden kunnen hopen te geven; in tegenstelling tot onbekende onbekende gebeurtenissen zoals de Facebook-manie die niemand bij het begin tien jaar geleden had verwacht: het was werkelijk onverwacht en onvoorspelbaar.

Waarom zijn zwarte zwanen belangrijk? Hoewel het misschien vreemd klinkt, komen zwarte zwanen in de loop van de tijd steeds vaker voor en hebben ze de neiging steeds meer gevolgen te hebben. Hoewel we onze toekomst met zekerheid kunnen plannen, kunnen onverwachte gebeurtenissen zoals Zwarte Zwanen ons vaak in de war brengen. Feedbackloops en niet-lineaire invloeden ondermijnen vaak onze beste bedoelingen, wat tot onverwachte resultaten leidt. Eén reden is het inherente vermogen van onze hersenen om te jagen en te verzamelen. In de tijd van het stenen tijdperk kwamen jagers zelden iets werkelijk buitengewoons tegen: onze achtervolgde herten waren vaak langzamer of sneller, dikker of dunner. Alles neigde naar een stabiel gemiddelde.

Vandaag is het anders; Eén doorbraak kan uw inkomen met een orde van grootte vermenigvuldigen – vraag het maar aan Larry Page, Usain Bolt, George Soros, J.K. Rowling of Bono bijvoorbeeld. Voorheen waren zulke fortuinen ondenkbaar – pas sinds kort zijn zulke prestaties mogelijk en leiden ze tot onze hedendaagse angst voor extreme scenario's. Omdat kansen niet onder nul kunnen komen en menselijke gedachten vaak fouten vertonen, moet je ervan uitgaan dat alles een waarschijnlijkheid boven nul heeft.

Wat gedaan kan worden? Plaats uzelf in situaties waarin u een ritje kunt maken.

Creëer voor jezelf de mogelijkheid om het geluk te hebben een positieve Black Swan-gebeurtenis mee te maken (hoewel dat uiterst onwaarschijnlijk is). Overweeg om kunstenaar, uitvinder of ondernemer te worden met een schaalbaar product. Je tijd verkopen als werknemer, tandarts of journalist is niet voldoende - maar zelfs als je gedwongen wordt om op deze weg door te gaan, vermijd dan omgevingen waarin negatieve Zwarte Zwaan-gebeurtenissen kunnen ontstaan.
Blijf uit de schulden, investeer uw spaargeld zo conservatief mogelijk en accepteer een leven met een bescheiden levensstandaard, ongeacht of uw grote doorbraak wel of niet plaatsvindt.

Opmerkingen over aversie tegen dubbelzinnigheid (hoofdstuk 80); Voorspellingsillusie (hoofdstuk 40); Alternatieve paden (hoofdstuk 39) en verwachtingen (hoofdstuk 62) uit dit boek.

Het schrijven van boeken over helder denken brengt veel beloningen met zich mee: bedrijfsleiders en investeerders betalen mij graag om er voor goed geld lezingen over te geven, hoewel dat vreemd lijkt omdat boeken veel goedkoper zijn. Op een medische conferentie hield ik een lezing over verwaarlozing van de basisfrequentie, waarbij ik gebruik maakte van een analogie uit de geneeskunde: in het bijzonder bij het bespreken van stekende pijn op de borst bij 40-jarige patiënten kan dit wijzen op een hartziekte of eenvoudigweg op stress; stress is veel waarschijnlijker (met een hogere basisfrequentie). tarief), dus het zou verstandig zijn om eerst op deze mogelijkheid te testen voordat u gaat testen op hartaandoeningen of stress - iets wat alle artsen intuïtief begrepen toen ik een economisch voorbeeld gebruikte; de meesten wankelden echter bij het proberen dit idee in detail te begrijpen, vergeleken met analogieën uit de geneeskunde of de geneeskunde in het algemeen, vergeleken met het gebruik van een economisch voorbeeld uit de geneeskunde. als we spreken over verwaarlozing van de basisrente (verwaarlozing van de basisrente is gemakkelijker).

Net als bij beleggers ervaar ik soortgelijke verschijnselen wanneer ik voor een publiek spreek: wanneer ik voorbeelden uit de financiële of economische wetenschap gebruik om misvattingen te illustreren, komen ze snel aan het licht; maar als ik voorbeelden uit de biologie gebruik, lijken ze verloren te gaan - wat laat zien hoe inzichten niet gemakkelijk tussen vakgebieden overgaan - een effect dat bekend staat als domeinafhankelijkheid.

Harry Markowitz won in 1990 de Nobelprijs voor de Economie voor zijn theorie van 'Portfolio Selection'. Dit proces bepaalt de optimale samenstelling van een portefeuille, waarbij rekening wordt gehouden met zowel risico- als rendementsoverwegingen. Wanneer toegepast op Markowitz' eigen spaargeld - hoe dit te verdelen over aandelen en obligaties - koos hij simpelweg voor een 50/50 verdeling. Een Nobelprijswinnaar kon zijn methodologische proces niet effectief toepassen in zijn persoonlijke zaken; een duidelijk geval van domeinafhankelijkheid; Daarom slagen ze er niet in om kennis uit de academische wereld over te dragen naar het dagelijks leven.

Mijn vriend is een adrenaline-liefhebber. Hij houdt ervan om met zijn blote handen overhangende kliffen te beklimmen en in een wingsuit van bergen te springen, naast andere avontuurlijke bezigheden. Vorige week vertelde hij me waarom het starten van een bedrijf riskant kan zijn; Een faillissement kan niet altijd als optie worden uitgesloten. Toen we zijn punt bespraken, antwoordde ik: 'Persoonlijk ben ik liever failliet dan dood!' Hij waardeerde mijn redenering niet!

Als auteur begrijp ik de moeilijkheid bij de overgang van het ene vakgebied naar het andere. Het plotten van romans en het creëren van personages gaat mij gemakkelijk af; blanco pagina's maken me niet bang! Aan de andere kant is het omgaan met lege dozen en schermen iets heel anders.
Interieurinrichting kan ontmoedigend zijn; Ik kan urenlang in de ruimte staren zonder een idee in gedachten.

Bedrijven vertrouwen vaak op domeinafhankelijkheid. Een softwarebedrijf kan een effectieve verkoper van consumentengoederen inhuren en tot de ontdekking komen dat het overbrengen van zijn talenten van consumentenproducten naar de verkoop van diensten buitengewoon uitdagend blijkt te zijn. Een presentator die uitblinkt in het spreken voor kleine groepen, kan haperen zodra zijn publiek de 100 mensen overschrijdt; of het kan voor een bedreven marketeer plotseling aan strategische creativiteit ontbreken als hij de overstap maakt van de rol van CEO.

Markowitz geeft ons een voorbeeld dat benadrukt hoe moeilijk de overgang van professioneel naar privéleven kan zijn. Ik ken CEO's die uitblinken als leiders op het werk en toch lege hulzen lijken als het tijd is voor intieme relaties buiten hun kantoormuren. Zoals vaak het geval is, vormen artsen het ergste beroep als het gaat om het roken van sigaretten en het gebruik van tabaksproducten. Politieagenten zijn thuis vaak twee keer zo gewelddadig als burgers, terwijl literaire critici slechte recensies krijgen voor hun boeken. Relatietherapeuten hebben doorgaans zwakkere huwelijken dan hun cliënten; volgens wiskundeprofessor Barry Mazur. "Een aantal jaren geleden probeerde ik te beslissen of ik wel of niet van Stanford naar Harvard moest verhuizen." Nadat ik mijn vrienden had verveeld met eindeloze discussies, stelde iemand voor dat ik een lijst met kosten en baten zou opstellen, samen met mijn verwachte nut om grofweg te berekenen. Zonder na te denken was mijn antwoord: 'Kom op Sandy, dit is serieus.' Zonder goed na te denken was mijn antwoord:

Het overbrengen van kennis van het ene gebied naar het andere kan een uitdaging zijn, vooral tussen academische en reële situaties – en vooral tussen de academische wereld en echte situaties, zoals de academische wereld versus scenario's uit het echte leven. Helaas geldt dit zelfs voor de kennis van dit boek: het kan lastig zijn om het in het dagelijks leven toe te passen; zelfs voor mij als schrijver bleek die overgang zwaar! Boekwijsheid vertaalt zich niet gemakkelijk in straatwijsheid.

Zie ook Deformation Professionale (hfdst. 92); Chauffeurkennis (ch. 16) en Twaddle Tendency (ch. 57)

DE MYTHE VAN GELIJKGESTELDHEID

Welke muziek heb jij het liefst: muziek uit de jaren 60 of 80? Hoe zou het grote publiek reageren? Mensen hebben de neiging hun voorkeuren op anderen te projecteren; degenen die van de jaren zestig houden, kunnen ervan uitgaan dat de meeste anderen dat ook doen; Op dezelfde manier zouden liefhebbers van de jaren tachtig ervan uit kunnen gaan dat de meeste andere mensen hun muzieksmaak ook delen. Vaak overschatten we de unanimiteit onder de mensen om ons heen en gaan we ervan uit dat iedereen het eens is met onze gedachten en overtuigingen; dit fenomeen staat bekend als het False-Consensus Effect.

Stanford-psycholoog Lee Ross onderzocht dit voor het eerst in 1977 door een sandwichbord te maken met de slogan 'Eat at Joe's' en willekeurig geselecteerde studenten te vragen dit dertig minuten op de campus te dragen, waarbij hij schatte hoeveel andere studenten zich er vrijwillig voor zouden aanmelden; degenen die bereid waren het bord te dragen gingen ervan uit dat de meeste andere mensen (62%) het daarmee eens zouden zijn, terwijl degenen die dit beleefd weigerden geloofden dat de meesten (67%) het idee te dom zouden vinden; beide groepen studenten waanden zich deel van de populaire meerderheid.

Het valse-consensuseffect kan worden waargenomen bij belangengroepen en politieke facties die consequent de populariteit van hun doelen, zoals de opwarming van de aarde, overschatten. Hoe belangrijk u deze kwestie ook vindt, u denkt hoogstwaarschijnlijk dat de meeste andere mensen uw standpunt hierover delen. Politici hebben eveneens de neiging hun populariteit te overschatten als gevolg van een inherent optimisme, waardoor ze niet anders kunnen dan geloven dat hun verkiezingsvooruitzichten groter zijn dan ze in werkelijkheid zijn.

Kunstenaars doen het nog slechter: wanneer zij aan nieuwe projecten beginnen, verwachten kunstenaars meer succes dan ooit tevoren. Mijn persoonlijke voorbeeld was dat mijn roman Massimo Marini een regelrecht succes werd; het had het tenslotte goed gedaan vergeleken met zijn voorgangers (hoewel deze ook positieve recensies hadden gekregen), die naar mijn mening even goed leken. Helaas voor mij was de publieke opinie het daar niet mee eens en bleek dat ik ongelijk had: dit fenomeen staat bekend als het valse-consensuseffect.

En dit geldt net zo goed in het bedrijfsleven: het feit dat een R&D-afdeling gelooft dat zijn product consumenten zal aanspreken, betekent niet dat consumenten dat ook doen. Bedrijven onder leiding van techprofessionals hebben de neiging om beslissingen te nemen met deze vooringenomenheid in gedachten.
Uitvinders raken vaak in vervoering door de geavanceerde functies van hun producten en gaan er ten onrechte van uit dat deze ook klanten zullen boeien.

Het valse-consensuseffect is om nog een andere reden fascinerend. Als mensen onze mening niet delen, bestempelen we ze snel als abnormaal of verdacht. Het experiment van Ross bevestigde dit; studenten die sandwichborden droegen, zagen degenen die het er niet mee eens waren als arrogant of egocentrisch, terwijl degenen in een ander kamp hen als aandachtzoekers of bordendragers beschouwden als idioten en lawaaimakers.

Misschien herinnert u zich de misvatting van sociaal bewijs – het idee dat een idee beter wordt naarmate meer mensen het onderschrijven – wat een vals consensuseffect suggereert dat vergelijkbaar is met dat wat waargenomen wordt bij valse consensusverkiezingen. Nee. Sociaal bewijs is een evolutionaire overlevingsstrategie. Het volgen van de massa heeft onze huid de afgelopen 100.000 jaar vaker gered dan alleen. Hoewel er geen invloeden van buitenaf betrokken zijn bij het creëren van valse consensuseffecten, dienen ze nog steeds een sociale functie; daarom heeft de evolutie ze niet geëlimineerd. Onze hersenen zijn niet gemaakt om de waarheid te herkennen; hun doel is in plaats daarvan om zo vaak mogelijk nakomelingen te produceren. Iedereen die als moedig en overtuigend werd ervaren (via het valse consensuseffect), liet een indrukwekkende eerste indruk achter, trok meer middelen aan en vergrootte de kans om zijn genen door te geven aan toekomstige generaties. Twijfelaars werden als minder aantrekkelijk gezien.

Conclusie: Erkennen dat jouw wereldbeeld niet resoneert met het publieke sentiment is slechts het halve werk. Ga er niet van uit dat mensen met andere ideeën idioten zijn voordat je ze volledig afwijst en wantrouwt. Kijk eerst eens goed en objectief naar je aannames en probeer jezelf uit te dagen. voordat we negatief reageren op mensen met verschillende standpunten.

Zie ook Sociaal bewijs (hoofdstuk 4) en het Not-Invented-Here-syndroom (hoofdstuk 75) voor een verdere bespreking van deze concepten.

AMBIGUÏTEIT AVERSIE

Twee dozen. Doos A bevat 100 ballen: 50 rode en 50 zwarte. In Box B, ongeacht welke er wordt gekozen zonder te kijken, zijn er 100 van dezelfde grootte, maar geen kennis over welke rode of zwarte ballen zijn als er per ongeluk uit worden getrokken - mocht er een rode bal uitkomen, dan win je $ 100 ! Welke doos zou jij kiezen: A of B? De meeste mensen hebben de neiging om A als optie te selecteren.

Speel opnieuw met precies dezelfde dozen en probeer deze keer een zwarte bal te trekken voor $ 100! Welk vakje zou jij deze keer kiezen? Hoogstwaarschijnlijk zou het A zijn; logisch gezien zou B echter minder rode ballen bevatten (en dus meer zwarte ballen), waardoor uw keuze deze keer gerechtvaardigd zou zijn.

Fouten komen vaak voor; maak je geen zorgen: dit fenomeen staat bekend als de Ellsberg Paradox en is vernoemd naar Daniel Ellsberg, een voormalige psycholoog van Harvard (hij lekte later uiterst geheime Pentagon Papers naar de pers, wat er uiteindelijk toe leidde dat president Nixon aftrad). De Ellsberg-paradox levert empirisch bewijs dat we de neiging hebben bekende waarschijnlijkheden te verkiezen boven onbekende (box A boven box B).

We komen dus terug bij risico en onzekerheid (of ambiguïteit) en hun verschillen. Risico betekent dat kansen bekend zijn; onzeker is wanneer de waarschijnlijkheden onbekend blijven; door rekening te houden met risico's kunt u beslissen of een gokje wagen wel of niet zinvol is. Onzekerheid maakt het nemen van beslissingen nog moeilijker en leidt vaak tot catastrofale uitkomsten. Risico en onzekerheid worden gemakkelijk met elkaar verward, wat vaak leidt tot ernstige gevolgen voor iedereen die probeert berekeningen te maken met de een of de ander. Statistiek is een oude, 300 jaar oude wetenschap die risico's onderzoekt. Talrijke professoren bestuderen de concepten ervan; er bestaat echter geen leerboek over onzekerheid; Daarom proberen we onzekerheid in risicocategorieën in te delen zonder dat het veel zin heeft. Hieronder staan twee voorbeelden waar deze theorie werkt en één waar dat niet het geval is: één uit de geneeskunde (waar het goed werkt) en één uit de economie (waar dat niet het geval is).

Mensen vormen miljarden op aarde. Onze lichamen variëren niet significant en bereiken vergelijkbare hoogten en leeftijden (niemand zal ooit 30 meter lang worden).
Je kunt 10.000 jaar leven (of slechts milliseconden!). De meeste mensen hebben twee ogen, vier hartkleppen en 32 tanden; dit betekent dat we vanuit het perspectief van een andere soort op muizen lijken. Daarom is het zinvol om, als het gaat om ziekten die soortgelijke kenmerken hebben, zoals kanker, bijvoorbeeld te zeggen: 'Er is een risico van 30% dat u aan

kanker overlijdt.' Aan de andere kant zou het volkomen zinloos zijn om te beweren dat "er een kans van 30% is dat de euro binnen vijf jaar zal instorten". Waarom? De economie bevindt zich in een omgeving van onvoorspelbaarheid. Geen enkele valutageschiedenis staat ons toe om met enige zekerheid waarschijnlijkheden af te leiden; en het verschil tussen risico en onzekerheid illustreert ook waarom levensverzekeringen en credit default swaps aanzienlijk verschillen. Credit Default Swaps (CDS's) zijn verzekeringspolissen tegen specifieke wanbetalingen als gevolg van het onvermogen van bedrijven om te betalen, net zoals levensverzekeringen risico's dekken in een gemakkelijk berekenbare vorm; CDS's introduceren onzekerheid in ons leven, wat heeft bijgedragen aan de financiële onrust in 2008. Als er uitspraken als 'het risico op hyperinflatie is x procent' of 'onze aandelenpositie loopt y procent risico' worden gehoord, let dan op: dit zou waarschuwingssignalen moeten oproepen.

Om overhaaste oordelen te voorkomen, moet u dubbelzinnigheid leren accepteren. Helaas kan dit een uitdagende en onoverkomelijke taak zijn waar u geen directe invloed op heeft. Je amygdala speelt hier een essentiële rol - dit gebied ter grootte van een noot in het centrum van de hersenen dat verantwoordelijk is voor geheugenverwerking en emoties speelt hier ook een cruciale rol: de vorm ervan bepaalt je vermogen of gebrek daaraan in het omgaan met onzekerheid; uw politieke voorkeuren weerspiegelen deze dynamiek, aangezien uw tolerantie voor onzekerheid verschilt afhankelijk van de constructie ervan; in veel opzichten houdt dit verband met hoe vaak uw stem neigt naar conservatisme – wat gedeeltelijk blijkt uit de biologische oorzaken achter hun politieke voorkeuren!

Wie helder wil denken, moet het onderscheid begrijpen tussen risico en onzekerheid. Alleen in bepaalde gevallen kunnen we vertrouwen op duidelijke waarschijnlijkheden – casino's, muntopgooien of waarschijnlijkheidsboeken kunnen dergelijke zekerheid bieden – vaak blijven we achter met verontrustende dubbelzinnigheden die geduld vereisen bij het hanteren ervan. Leer het allemaal te accepteren als onderdeel van het leven!

Zie ook: Black Swan (hfdst. 75); Verwaarlozing van waarschijnlijkheid (hoofdstuk 26); Basistarief verwaarlozing (hfdst. 28); Beschikbaarheidsbias (hoofdstuk 11) en alternatieve paden (hoofdstuk 39) voor verdere overwegingen. (82-91).

WAAROM GAAT U DOOR MET DE STATUS QUO

Onlangs bekeek ik in een restaurant wanhopig hun wijnkaart: Irouleguy? Harslevelu? Susumaniello? Hoewel hij geen expert was, was het duidelijk dat hun sommelier indruk op ons probeerde te maken met zijn wereldse selecties. Tenslotte stond op pagina acht de inwisseling in de vorm van "Onze Franse huiswijn: Reserve du Patron, Bourgogne $ 52". Ik bestelde meteen één gedachte: "Dit kan toch niet erger zijn...".

Sinds ik enkele jaren geleden een iPhone kocht, heb ik alles kunnen aanpassen (onder andere datagebruik, app-synchronisatie, coderingsinstellingen en geluidsvolumeniveaus van de camerasluiter) volgens mijn exacte specificaties. Maar je raadt het misschien goed: er is nog geen geconfigureerd!

In mijn kern ben ik technisch niet uitgedaagd; ik ben eerder gewoon een slachtoffer van het 'standaardeffect'. Wanneer iets voor ons comfortabel en uitnodigend aanvoelt, hebben we de neiging om vast te houden aan de standaardinstellingen, zoals huiswijn en fabrieksinstellingen voor mobiele telefoons, waar we meestal met plezier genoegen mee nemen. Net als ik geven veel andere mensen de voorkeur aan standaardopties boven individuele keuzes - bij het kopen van nieuwe auto's hebben veel kopers bijvoorbeeld de neiging om de standaardkleur te selecteren, ongeacht de beschikbaarheid ervan in andere modellen; veel kopers selecteren het hoe dan ook. Velen kiezen voor standaard boven al het andere!

In hun boek Nudge illustreren econoom Richard Thaler en hoogleraar rechten Cass Sunstein hoe regeringen hun burgers effectief kunnen begeleiden zonder de grondwettelijk beschermde vrijheid te schenden. De autoriteiten hoeven slechts enkele opties aan te bieden – altijd inclusief een 'uitweg' voor degenen die niet tussen hen kunnen kiezen - zodat mensen een weloverwogen beslissing kunnen nemen over autoverzekeringen voor zichzelf en hun buren. New Jersey en Pennsylvania hebben dit aangetoond met twee autoverzekeringen die aan hun inwoners zijn verstrekt. New Jersey adverteerde dit beleid als de standaardoptie en de meeste mensen accepteerden graag de lagere kosten en het afstand doen van bepaalde compensatierechten als er een ongeluk zou gebeuren. Chauffeurs uit Pennsylvania leken meer geneigd om de tweede, duurdere optie als standaardkeuze te kiezen, en maakten dit al snel tot hun bestseller. Dit resultaat was behoorlijk opmerkelijk, aangezien de drijfveren van beide staten over het algemeen vergelijkbaar zijn.
De dekking kan verschillen, afhankelijk van wat iemand verkiest en het gewenste budget.

Kijk eens naar dit experiment: er is een acuut tekort aan orgaandonoren, maar toch kiest slechts 40% voor orgaandonatie. Eric Johnson en Dan Goldstein hielden een opiniepeiling waarin mensen werden gevraagd of zij zich na hun overlijden actief wilden afmelden. Door orgaandonatie tot de standaardoptie te maken in plaats van opt-in/opt-out als standaardoptie, is de acceptatie dramatisch gestegen van 40% naar ruim 80%! Hieruit bleek het enorme verschil tussen een opt-in-standaardbenadering en een opt-out-standaardbenadering.

Als er geen standaardoptie is gespecificeerd, hebben we de neiging genoegen te nemen met de bestaande standaardinstelling en de huidige status ervan uit te breiden en te valideren. De menselijke natuur geeft de voorkeur aan wat ze weten; als ze de keuze hebben tussen iets nieuws proberen of vasthouden aan wat we al weten, neigen velen ertoe om vast te houden aan wat bekend is, ondanks dat ze weten dat elke verandering hen ten goede zou komen; mijn bank brengt mij jaarlijks $60 in rekening voor het versturen van rekeningafschriften; als je ze in plaats daarvan downloadt, kun je deze kosten besparen, maar op de een of andere manier irriteert deze service me nog steeds; Misschien omdat het veilig genoeg voelt?

Waar komt de status-quo-bias vandaan? Verliesaversie speelt een integrale rol in dit fenomeen. Verliezen beïnvloeden ons twee keer zo sterk als winsten, en dat maakt taken als het heronderhandelen van contracten uiterst uitdagend; elke concessie die u doet weegt twee keer zo zwaar dan alles wat u terugkrijgt, waardoor er netto verliezen ontstaan door dergelijke uitwisselingen.

Zowel het standaardeffect als de status-quo-bias demonstreren onze sterke neiging om vast te houden aan hoe de dingen zijn, zelfs als dit ons in het nadeel brengt. Door menselijk gedrag te veranderen door de standaardinstellingen anders in te stellen, kun je menselijke beslissingen succesvoller beïnvloeden.

'Misschien volgen onze levens een groots, verborgen standaardconcept,' stelde ik een dinergenoot voor, in de hoop hem tot een diepgaande filosofische discussie uit te lokken. In plaats daarvan zei hij na het proeven van de Reserve du Patron-wijn simpelweg: 'Misschien heeft het gewoon tijd nodig.'
Zie ook beslissingsvermoeidheid (hfdst. 53); Keuzeparadox (hfdst. 21); Verliesaversie (hfdst. 32).

WAAROM 'LAATSTE KANS' ONS IN PANIEK MAAKT

Angst voor spijt || Paul bezit aandelen in bedrijf A, maar overwoog in de loop van het jaar deze te verkopen en in plaats daarvan aandelen van bedrijf B te kopen. Hij besloot dit uiteindelijk niet te doen en besefte dat hij vandaag $1.200 extra zou hebben verdiend als hij dat wel had gedaan. Ondertussen bezat George aandelen van bedrijf B, maar verkocht deze om in plaats daarvan aandelen A te kopen; vandaag beseffen beide mannen dat ze beter bij B hadden kunnen blijven en een extra winst van $ 1200 hadden kunnen behalen als ze het langer hadden volgehouden; wie voelt er meer spijt? Paulus of George?

Spijt is het gevoel de verkeerde beslissing te hebben genomen en te wensen dat iemand ons nog een kans zou geven. Op de vraag wie zich slechter zou voelen na het maken van een slechte keuze, koos slechts 8% voor Paul, terwijl 92% voor George koos, ondanks dat beide situaties identiek waren: zowel Paul als George maakten slechte aandelenkeuzes waardoor ze evenveel uit eigen zak verloren; Paul bezat al aandelen in A terwijl George ze zelf moest kopen, waarbij Paul passief was terwijl George actief handelde - het lijkt erop dat degenen die de reguliere logica niet volgen meer spijt ervaren.

Handelen is niet altijd een bron van spijt; soms kan nietsdoen meer emotionele impact hebben dan er iets aan doen. Neem bijvoorbeeld een uitgeverij die als enige weigert trendy e-boeken uit te geven; de eigenaar beweert dat boeken op papier gedrukt moeten blijven, zoals de traditie voorschrijft. Kort daarna hadden negen uitgevers met plannen voor het lanceren van e-bookstrategieën gefaald; hierdoor bleven alleen conventionele papieren uitgevers overeind voordat ze failliet gingen - waaronder een uitgeverij die het probeerde maar uiteindelijk opgaf en de weg van de conventionele uitgeverij volgde, waarbij traditionele uitgeverijen het uiteindelijke slachtoffer waren; Wie had uiteindelijk het meeste gevoel bij deze reeks genomen beslissingen? En wie heeft de meeste steun gewonnen? Rechts: de conventionele papieren uitgever met zijn traditionele standpunt tegen het publiceren van trendy e-grumbler!

Neem het boek Thinking, Fast and Slow van Daniel Kahneman als voorbeeld: na elke vliegtuigcrash horen we van een persoon die van plan was een dag eerder of later te vliegen, maar om welke reden dan ook zijn boeking op het laatste moment veranderde – waardoor een uitzondering ontstond die onze sympathie meer dan die 'normale' passagiers aan boord van de noodlottige vlucht vanaf het begin.
Angst voor spijt kan ons irrationeel laten handelen; Om de ongewenste greep op ons te vermijden, handelen we vaak conservatief om niet te ver af te wijken van wat anderen van ons verwachten. Niemand is immuun; zelfs uiterst zelfverzekerde handelaren hebben de neiging om op 31 december (D-day voor prestatiebeoordelingen en bonusberekeningen) meer exotische aandelen te verkopen, om niet te ver van de kudde af te wijken. Op dezelfde

manier verhindert de angst voor spijt (bekend als het endowment effect) dat mensen spullen weggooien die ze niet langer nodig hebben - uit angst voor de gevolgen voor de spijt als zou blijken dat je die versleten tennisschoenen toch nodig had!

Wroeging kan vooral overweldigend zijn als het gepaard gaat met een 'laatste kans'-aanbieding, zoals safaribrochures die beweren dat ze 'uw laatste kans bieden om een neushoorn te zien voordat zijn soort uitsterft'. Maar waarom zou iemand juist nu helemaal vanuit Europa vliegen voor zo'n irrationeel doel?

Laten we zeggen dat u er al lang van droomt om uw eigen huis te bezitten, maar dat land schaars wordt en dat er nog maar een handvol percelen met uitzicht op het meer over is; er zijn er drie gekomen en gegaan, waardoor er nog maar één overblijft als je laatste kans! Omdat u zich in paniek voelt over wat de laatste beschikbare kans lijkt te zijn, koopt u dit perceel voor een exorbitante prijs, in de overtuiging dat dit het zou kunnen zijn; in werkelijkheid zal onroerend goed met een prachtig uitzicht op het meer op de markt blijven verschijnen; laatste kansen kunnen ons in paniek brengen en ons op deze route leiden - zelfs voor ervaren dealmakers!

Zie ook Schaarstefout (hfdst. 27); Endowment Effect (hfdst. 23); Alternatieve paden (ch. 39) en Framing (ch. 42

Stel je eens voor dat marihuana al een tijdje het middelpunt is van het reguliere mediadiscours, met televisieshows waarin potheads, clandestiene kwekers en dealers worden afgebeeld; tabloidpers die foto's afdrukken van 12-jarige meisjes die joints roken; broadsheets waarin zowel medische aspecten als filosofische overwegingen van marihuanagebruik worden onderzocht - iedereen lijkt erover te praten! Laten we aannemen dat roken op geen enkele manier een nadelige invloed heeft op het autorijden; elke bestuurder kan op een bepaald moment bij toeval betrokken raken bij een ongeval; Op dezelfde manier kunnen bestuurders met een gewricht van tijd tot tijd betrokken raken bij ongevallen, net als ieder ander, geheel toevallig!

Kurt is een lokale journalist. Op een avond terwijl hij naar huis rijdt, komt hij een ongeval tegen met een auto om een boomstam gewikkeld. Door zijn relatie met de lokale politie komt hij erachter dat ze marihuana verborgen hebben gevonden op de achterbank van deze auto, wat hem ertoe aanzet terug te rennen naar de redactiekamer met de kop: 'Marihuana doodt weer een automobilist'.

Zoals eerder besproken gaan we ervan uit dat er geen statistisch verband bestaat tussen het gebruik van marihuana en auto-ongelukken en hun respectievelijke ongelukken, waardoor de kop van Kurt onterecht is en zijn beweringen niet door feiten worden ondersteund. Kurt is ten prooi gevallen aan iets dat het salience-effect wordt genoemd – waarbij prominente kenmerken of attributen meer aandacht krijgen dan ze verdienen; Omdat marihuana hier zo voor de hand liggend is, is hij gaan geloven dat dit incident daardoor werd veroorzaakt.

Zodra Kurt de bedrijfsjournalistiek ingaat, vindt er een belangrijke gebeurtenis plaats: een van de grootste bedrijven ter wereld heeft zojuist aangekondigd dat het een vrouw tot CEO gaat promoveren! Kurt, opgetogen over deze ontwikkeling, begint onmiddellijk met het schrijven van zijn commentaar: de vrouw heeft waarschijnlijk promotie gekregen omdat ze vrouw was - terwijl dit in werkelijkheid waarschijnlijk niets met geslacht te maken had (aangezien mannen doorgaans de meeste toprollen bekleden); als vrouwelijk leiderschap door andere bedrijven die al actief waren als zo belangrijk werd beschouwd, zouden deze dat waarschijnlijk al lang geleden hebben gedaan; Alleen al in dit nieuwsverhaal wordt gender prominent, waardoor Kurt en zijn lezer extra aandacht krijgen.

Journalisten zijn niet de enigen die ten prooi vallen aan het saillantie-effect: dat zijn we allemaal. Twee mannen beroven een winkel.
Nigeriaanse immigranten beroven een bank, worden onmiddellijk gearresteerd en kort daarna als zodanig onthuld tijdens ondervraging door wetshandhavers. Hoewel geen enkele etnische groep onevenredig verantwoordelijk kan worden gehouden voor bankovervallen,

associëren we nog steeds wetteloze Nigeriaanse immigranten met bankovervallen; het vervormt ons denken; we gaan ervan uit dat het weer wetteloze immigranten zijn! Op dezelfde manier wordt het vaak aan hen toegeschreven als een Armeniër een verkrachting pleegt, in plaats van aan andere factoren die aanwezig zijn onder Amerikanen en die bestaan onder Amerikanen, in plaats van aan andere factoren die aanwezig zijn binnen Amerikanen en die er ook toe bijdragen dat vooroordelen worden gevormd ondanks dat de overgrote meerderheid een wettig leven leidt dat wordt vergeten - herinneren we ons bijzonder opmerkelijke incidenten waarbij immigranten betrokken zijn zodra we iets horen dat met hen te maken heeft, en het begint meestal eerst met opvallende negatieve incidenten!

Het saillantie-effect kan zowel onze perceptie van gebeurtenissen uit het verleden bepalen als hoe we ons de toekomst voorstellen. Daniel Kahneman en Amos Tversky ontdekten dat we bij het maken van voorspellingen vaak te veel gewicht toekennen aan opvallende informatie, wat zou kunnen verklaren waarom beleggers sterker reageren op sensationeel nieuws (zoals het ontslag van CEO's) dan minder opvallende informatie zoals winstgroeiprognoses op de lange termijn. Zelfs professionele analisten kunnen de invloed ervan niet altijd omzeilen.

Conclusie: Opvallende informatie heeft een buitensporige invloed op onze gedachten en handelingen. We hebben de neiging om langzaam ontwikkelende factoren met langetermijneffecten over het hoofd te zien, die we meestal helemaal verwaarlozen. Laat u niet verblinden door onregelmatigheden; Een boek met een opvallend, levendig rood omslag staat bijvoorbeeld op de bestsellerlijst, wat lezers ertoe aanzet het succes uitsluitend toe te schrijven aan de omslagkunst - trap niet in de verleiding: verzamel voldoende mentale kracht om ogenschijnlijk voor de hand liggende verklaringen te bestrijden!

Zie ook Het halo-effect (hoofdstuk 38); Primacy- en recentheidseffecten (hfdst. 73); Bevestigingsvooroordeel (hfst. 7-8); Inductie (ch 31); Fundamentele attributiefout (ch 36) en affectheuristiek (ch 66)

WAAROM GELD NIET NAAKT IS.

Op een herfstdag begin jaren tachtig was het winderig en dwarrelden natte bladeren rond. Toen ik mijn fiets de heuvel op richting school duwde, merkte ik iets vreemds op aan mijn voeten: een groot en roestbruin blad bleek 500 Zwitserse frankbiljetten waard te zijn - ongeveer $ 250 vandaag; een absoluut fortuin in die tijd voor een middelbare scholier! Dat geld verdween al snel uit mijn zak; Ik gebruikte het al snel om een van de topmodellen te kopen die verkrijgbaar zijn met schijfremmen en Shimano-versnellingen (hoewel mijn vorige fiets prima werkte!), Ook al werkte mijn oude fiets nog steeds prima als voorheen!

Hoewel ik toen nog niet helemaal berooid was, omdat ik erin was geslaagd een paar honderd frank te sparen door gras te maaien in mijn buurt, kwam de gedachte nooit bij me op om zo'n zuurverdiende geld te verspillen aan zoiets frivools als naar de bioscoop gaan of winkelen. - mijn uitgaven waren niet buitensporig en logischer als ik over dit gedrag nadacht; geld kan alleen anders worden waargenomen afhankelijk van de bron ervan; daarom worden er emotionele associaties aan verbonden die extra lagen toevoegen.

Twee vragen. Laten we ons eens voorstellen dat u, na een jaar hard gewerkt te hebben, en aan het einde van de maand ontdekt dat u €20.000 extra op uw rekening heeft staan dan aan het begin, wat u ermee zou doen? A) Laat het op uw bank staan. B) Investeer het. C) Gebruik het voor noodzakelijke verbeteringen, zoals het renoveren van een beschimmelde keuken of het vervangen van versleten banden. D) Trakteer uzelf op een extravagante cruisevakantie.

Zoals gebruikelijk voor de meeste mensen, zult u waarschijnlijk A, B of C als antwoord kiezen.

Tweede vraag. Wat zou jij doen als je 20.000 euro zou winnen in de loterij? Kies uit A, B, C of D zoals hierboven; de meeste mensen nemen nu C of D, wat een gebrekkig denken aan het licht brengt; hoewel je vrij bent om het te tellen zoals je wilt; $20.000 blijft $20.000.

Casino's bieden ons veel voorbeelden van soortgelijke waanvoorstellingen. Een vriend plaatst €1.000 op een roulettetafel – maar verliest alles – en beweert vervolgens: 'Ik heb geen €1.000 vergokt; Dat heb ik allemaal eerder gewonnen.' Op de vraag van anderen naar zijn verliezen antwoordt hij met: 'Maar het is hetzelfde bedrag!' en dringt erop aan: 'Helemaal niet! "Vertel het mij niet!" Hij lacht. We behandelen geld dat we winnen, ontdekken of erven met meer onzorgvuldigheid dan geld dat we verdienen door hard te werken; econoom Richard Thaler noemde dit effect het huisgeldeffect; het brengt ons ertoe grotere risico's te nemen; loterijwinnaars zijn vaak slechter af als ze hun winst eenmaal verzilveren; in die zin kan het oude gezegde – wat winnen, wat verliezen – alleen maar dienen om echte verliezen te minimaliseren.

Thaler verdeelde zijn studenten in twee groepen. Eén hoorde dat ze $ 30 hadden gewonnen en konden deelnemen aan een toss waarbij munt $ 9 aan winst betekende, en kop $ 9 verliezen betekende; 7 van de 10 studenten besloten het risico te nemen en mee te doen. Daarentegen ontdekte een andere groep dat ze op het eerste gezicht niets hadden gewonnen, maar toch de keuze hadden tussen het ontvangen van $ 30 zoals beloofd of het meedoen aan een nieuwe toss waarbij kop $ 21 won, terwijl munt $ 39 opleverde. Slechts 43% maakte echter gebruik van beide opties, ook al boden beide opties dezelfde verwachte waarde: $30

Marketingstrategen begrijpen de kracht van het huisgeldeffect. Online goksites belonen u met een tegoed van $ 100 wanneer u zich aanmeldt, creditcardmaatschappijen geven gratis beltegoed bij het invullen van aanvraagformulieren, luchtvaartmaatschappijen geven mijlen weg als u lid wordt van frequent flyer-clubs en telefoonbedrijven bieden belkrediet om mensen te helpen wennen aan het bellen vaker - allemaal dankzij deze subtiele strategie die bekend staat als het huisgeldeffect! Een groot deel van de coupongekte komt voort uit dit fenomeen.

Conclusie: Wees op uw hoede als u geld wint of iets gratis krijgt van een bedrijf. De kans is groot dat u het uit pure uitbundigheid met rente terugbetaalt; daarom is het beter om elke weelde van dit ogenschijnlijk gratis geld te ontdoen, het om te zetten in werkmanskleding, het op je bankrekening te storten of het zo snel mogelijk terug te storten in je eigen bedrijf.

Zie ook: Endowment Effect, Scarcity Error en Loss Aversion in hoofdstuk 23-32 voor verdere analyse van resoluties die niet werken (hoofdstuk 23-25 en 32-33)

Mijn vriend is een kunstenaar; zijn boeken bevatten ongeveer 100 pagina's per zeven jaar en produceren maximaal twee regels per dag! Toen hem werd gevraagd naar zijn erbarmelijke productiviteit, antwoordde hij: 'Onderzoek doen is veel leuker dan schrijven.' Als zodanig zit hij aan zijn bureau urenlang op het internet te surfen of obscure boeken te doorzoeken op zoek naar geweldige en vergeten verhalen om op te schrijven voordat hij zichzelf ervan overtuigt dat het geen zin zou hebben totdat hij in "de juiste stemming" was. Helaas gebeurt dit zelden genoeg om het uitstellen van zijn schrijven te rechtvaardigen, aangezien hij zichzelf ervan overtuigde dat hij er pas mee begon toen de "juiste stemming" zich aandiende - en dat gebeurde zelden!

Een andere vriend heeft de afgelopen tien jaar dagelijks geprobeerd te stoppen met roken; elke sigaret kan zijn laatste zijn. Ondertussen liggen mijn belastingaangiften al zes maanden onafgemaakt op mijn bureau; hoewel ik de hoop niet heb verloren dat ze zichzelf uiteindelijk zullen vervullen.

Uitstelgedrag is de neiging om het nemen van acties uit te stellen die opoffering vereisen - naar de sportschool gaan, van verzekering wisselen voor een goedkopere polis of bedankbrieven schrijven zijn slechts enkele voorbeelden van dergelijke taken die mogelijk moeten worden uitgevoerd en resoluties zullen daarbij niet helpen. exemplaren.

Uitstel is dwaasheid, aangezien geen enkele taak zichzelf voltooit. We weten dat ze nuttig zijn, dus waarom stellen we ze uit tot een andere keer? Omdat er tijd zit tussen zaaien en oogsten. Professor in de psychologie Roy Baumeister demonstreerde dit idee door middel van een briljant experiment. Hij zette de leerlingen voor een oven vol chocoladekoekjes die gebakken werden, waardoor hun onweerstaanbaar geurige aroma de kamer in verspreidde. Vervolgens plaatste hij een kom vol radijsjes bij de oven en instrueerde de studenten dat ze er onbeperkt van konden eten als ze wilden; Cookies waren echter strikt verboden. Hij liet ze dertig minuten alleen in de kamer. Studenten in een tweede groep mochten vrijelijk koekjes eten voordat beide groepen een moeilijk wiskundeprobleem met cookies probeerden; degenen die geen eten mochten eten, vielen twee keer zo snel af dan degenen die onbeperkte koekjesconsumptie toestonden; deze periode van zelfbeheersing was met succes voorbijgegaan.
De wilskracht was uitgeput, waardoor ze niet genoeg mentale energie of wilskracht hadden om de taak aan te pakken. Wilskracht werkt als een batterij; eenmaal uitgeput, kunnen toekomstige uitdagingen onoverkomelijk blijken.

Zelfbeheersing kan niet altijd altijd beschikbaar zijn; het heeft tijd en ruimte nodig voor verjonging. Gelukkig is het enige dat nodig is om dit doel te bereiken het tanken van de bloedsuikerspiegel en ontspannen - twee eenvoudige maar belangrijke strategieën!

Hoewel voldoende eten en regelmatig pauzeren essentiële componenten van succes zijn, is het volgende cruciale element het gebruik van verschillende trucs om op het goede pad te blijven. Dit kan inhouden dat je afleiding moet elimineren - bij het schrijven van romans schakel ik bijvoorbeeld vaak de internettoegang uit om niet op een zijspoor te raken als ik bij een lastig deel van het schrijven kom. Maar de krachtigste techniek van allemaal is het stellen van deadlines; psycholoog Dan Ariely ontdekte dat externe autoriteiten – zoals leraren of IRS-functionarissen – doorgaans het beste werken. Zelfopgelegde deadlines werken alleen als de taak stapsgewijs is opgedeeld, waarbij elk onderdeel een eigen deadline krijgt; vandaar dat deze vage nieuwjaarsvoornemens gedoemd zijn te mislukken!

Uitstelgedrag is zowel menselijk als irrationeel; Gebruik daarom een geïntegreerde aanpak om het effectief te bestrijden. Mijn buurvrouw slaagde erin haar proefschrift in drie maanden te schrijven met behulp van deze strategie: het huren van een kleine kamer zonder telefoon- of internetverbinding en het instellen van drie data per deel van haar paper voor elke deadline die ze aankondigde aan iedereen die maar wilde luisteren (inclusief het afdrukken ervan op haar bedrijfspagina). kaarten!) Ze tankte zichzelf tijdens de lunch of de avonduren door modebladen te lezen of te slapen.

Zie ook: Omission Bias (hfdst. 44); Planningsfout (hoofdstuk 91); Actiebias (hfdst. 43); Hyperbolische verdiscontering (hoofdstuk 51); Zeigarnik-effect (hfdst. 93)

BOUW JE EIGEN KASTEEL

Afgunst Waar zou jij het meest jaloers op zijn? Er zijn drie scenario's van afgunst die u kunnen irriteren: A) Wanneer de salarissen van uw vrienden stijgen terwijl die van u hetzelfde blijven. B) Hun gemiddelde salarissen dalen, terwijl die van jou dat doen. C) Uw gemiddelde salaris daalt en omgekeerd.

Als je antwoord A was, maak je geen zorgen: dit is heel normaal: gewoon weer een slachtoffer van het monster met groene ogen!

Hier is een Russisch verhaal: een boer vindt een magische lamp. Nadat ze erover gewreven hebben, komt er uit het niets een naamloze geest, die hen één wens belooft. Na enige tijd nagedacht te hebben en zijn opties te hebben overwogen, besluit de boer uiteindelijk: mijn buurman heeft een koe; daarom hoop ik dat ze sterft, zodat ik de hare kan erven.'

Hoe absurd het ook mag klinken, u herkent zich waarschijnlijk wel in de boer. Geef toe: soortgelijke gedachten moeten op een bepaald moment in je leven door je hoofd zijn gegaan. Denk aan uw collega die een flinke bonus verdient terwijl u alleen een cadeaubon ontvangt: jaloezie kan leiden tot onverstandige acties zoals hem niet meer helpen en zelfs de banden van zijn Porsche lekrijden; stiekem genieten als zijn been breekt skiën is een uitkomst waar je stiekem blij van wordt.

Afgunst onderscheidt zich van alle emoties als een emotie die gemakkelijk van zich af te schudden is, in tegenstelling tot woede, verdriet of angst. Volgens Balzacs analyse van afgunst als ondeugd – want er is geen enkel voordeel aan verbonden – kan afgunst slechts één doel dienen: oprechte vleierij; anders is het tijdverspilling.
Afgunst kan in vele vormen voorkomen: eigendom, status, gezondheid, jeugdtalent, populariteit, schoonheid. Omdat de fysieke reacties van beiden vergelijkbaar zijn, kan afgunst gemakkelijk worden aangezien voor jaloezie; het verschil ligt in wat het onderwerp is (status geld gezondheid enz.). Om jaloezie te laten ontstaan zijn er minstens twee betrokken partijen nodig, terwijl voor jaloezie er minstens drie nodig zijn (Peter is jaloers omdat Sam zijn telefoon niet opneemt terwijl het mooie buurmeisje hem belt).

Afgunst kan ons vaak op een ongezond pad leiden door ons te richten op degenen die qua leeftijd, carrière en woonplaats het meest op ons lijken. Maar waarom voelen we wrok jegens zakenmensen uit een andere eeuw, planten of dieren die geen bedreiging vormen of geen sociale status hebben - dit alles verdiende in ieder geval geen afgunst!
Als schrijver ben ik niet jaloers op miljonairs van over de hele wereld; liever die in mijn stad. Muzikanten, managers of tandartsen komen op de eerste plaats. CEO's zijn jaloers op andere

grote CEO's; supermodellen zijn jaloers op succesvollere supermodellen; zoals Aristoteles het het beste zei: 'Pottenbakkers zijn jaloers op pottenbakkers.'

Stel bijvoorbeeld dat uw financiële succes u in staat stelt om van een van de ruigere buurten van New York naar de Upper East Side van Manhattan te verhuizen. In het begin kan deze stap geweldig aanvoelen; vrienden kunnen uw appartement en adres bewonderen. Maar snel daarna realiseer je je dat er appartementen van verschillende proporties om je heen zijn, samen met nieuwe groepen van leeftijdsgenoten die uit veel rijkere individuen bestaan vergeleken met je oude groep van leeftijdsgenoten, waardoor nieuwe problemen aan de oppervlakte komen: jaloezie en statusangst onder hen.

Hoe kun je afgunst bestrijden? Stop eerst met het vergelijken van jezelf met anderen. Ten tweede: zoek uw competentiecirkel en vul deze zelf in; kerf een gebied uit waarin jij schittert - hoe klein ook - zodat iedereen weet dat JIJ de meester van dat kasteel bent.

Zoals alle emoties heeft afgunst zijn wortels in de menselijke evolutie. Als de hominide uit de grot ernaast meer van het vlees van de mammoet nam dan eerlijk was voor ons, verliezers, motiveerde afgunst ons om er iets aan te doen; lakse jager-verzamelaars stierven van de honger terwijl anderen feestvierden. Tegenwoordig speelt afgunst echter niet langer zo'n integrale rol. Als mijn buurman een Porsche koopt, betekent dat voor mij niets minder!

Als ik mijn jaloezie voel opkomen, herinnert mijn vrouw mij eraan: 'Het is oké om jaloers te zijn op degenen die je graag wilt worden.'

Zie ook Sociale vergelijkingsbias (hoofdstuk 72); Hedonische loopband (hoofdstuk 46).

Personificatie Achttien jaar lang mochten de Amerikaanse media geen foto's tonen van doodskisten van gevallen soldaten. Toen minister van Defensie Robert Gates dit verbod in februari 2009 ophief, stroomden duizenden beelden op het internet. Officieel moeten familieleden toestemming geven voordat er iets gepubliceerd mag worden; maar in werkelijkheid kan deze regel niet effectief worden gehandhaafd. Deze beperking had één doel – het verdoezelen van de werkelijke kosten van oorlog – door hun werkelijke aantallen te vermommen als statistieken, terwijl echte mensen emoties bij ons allemaal oproepen.

Waarom is dit het geval? Al millennia lang zijn groepen essentieel voor ons voortbestaan, dus de afgelopen 100.000 jaar hebben we een ongelooflijk vermogen ontwikkeld om de gedachten van andere mensen te lezen - deze wetenschappelijke term staat bekend als 'de theorie van de geest'. Hier is een experiment om dit aan te tonen: u krijgt $ 100 en moet het met iemand delen, waarbij uw suggestie wordt overwogen of als hij/zij uw aanbod accepteert, het geld dienovereenkomstig wordt verdeeld of teruggegeven - als de andere persoon het er niet mee eens is, moet u terugkeren het allemaal zonder iets terug te krijgen - hoe zal dit uitpakken?

Op het eerste gezicht zou het logisch zijn om een onbekende vreemdeling heel weinig te geven – bijvoorbeeld slechts $ 1 – omdat alles beter zou zijn dan niets. Toch zagen economen die experimenten uitvoerden met ultimatumspellen (de technische term) dat proefpersonen zich heel anders gedroegen tijdens hun deelname. Ze boden tussen de 30% en 50%, alles daaronder werd als oneerlijk beschouwd – een voorbeeld van onze empathie jegens een ander mens. Het ultimatumspel kan een eye-opener zijn voor de manier waarop onze percepties verschillen, afhankelijk van wie naar buiten kijkt.

Met één kleine aanpassing is het echter mogelijk om dit gevoel aanzienlijk te verminderen: spelers naar aparte kamers verplaatsen. Wanneer mensen hun tegenhangers niet meer kunnen zien of nooit hebben ontmoet – of nooit van hen hebben geweten – wordt het simuleren van hun gevoelens veel moeilijker; uiteindelijk wordt het geheel een abstractie en daalt hun aandeel gemiddeld onder de 20%.

Paul Slovic voerde nog een experiment uit door donaties te vragen. Eén groep zag een foto van Rokia uit Malawi – een ondervoed kind dat leeft van een goed doel – voordat ze haar foto te zien kregen en hoeveel geld zou helpen.
Nadat ze statistieken over de hongersnood in Malawi te zien kregen, doneerden mensen in één groep gemiddeld $ 2,83 van de $ 5 die ze ontvingen om een korte enquête in te vullen; nadat er statistieken werden getoond waaruit bleek dat meer dan drie miljoen ondervoede kinderen getroffen waren, daalden de gemiddelde donaties met 50%; dit leek contra-intuïtief

omdat je zou denken dat de vrijgevigheid van mensen zou toenemen als ze de omvang ervan zouden kennen; helaas lijkt dit niet het geval te zijn; Mensen, niet statistieken, bepalen onze acties!

Mediaorganisaties hebben al lang onderkend dat saaie feitelijke rapporten en staafdiagrammen geen lezers aantrekken; Als gevolg hiervan is hun richtlijn voor het melden van verhalen lange tijd geweest om elke gebeurtenis een "imago" te geven. Als er bijvoorbeeld verslag wordt gedaan van een bedrijf of staat die in het nieuws is, verschijnt er meestal een foto van de CEO ernaast (grinnikend of grimmig, afhankelijk van de marktvraag), waarbij staatspresidenten of gouverneurs iconen worden in deze verhalen; wanneer zoiets als een aardbeving toeslaat, worden de slachtoffers het gezicht van dit alles.

Deze obsessie verklaart het succes van een van de grootste uitvindingen van de cultuur: de roman. Deze literaire 'killer-app' projecteert individuele en interpersoonlijke conflicten op het individuele lot. In plaats van dat een academicus een uitputtend proefschrift schrijft over psychologische marteling in het puriteinse New England, lezen we nog steeds Hawthorne's The Scarlet Letter; hetzelfde geldt voor de Grote Depressie? Hoewel de statistieken ervan voor de meesten van ons misschien ver weg lijken, blijft het, zoals ervaren door Steinbecks The Grapes of Wrath, levendig in het geheugen.

Conclusie: Wees op uw hoede als u menselijke verhalen tegenkomt. Onderzoek hun feiten en statistische distributie, zodat u hun verhaal beter kunt contextualiseren. Als je echter mensen voor je eigen doeleinden wilt ontroeren of motiveren, zorg er dan voor dat je verhaal namen en gezichten bevat, omdat dit zorgt voor een krachtiger verhaal.

Zie ook Story Bias (hoofdstuk 13); Nieuwsillusie (hoofdstuk 99); Linking bias (hfdst. 22)

Na hevige regenval in Zuid-Engeland trad een rivier buiten zijn oevers. De politie sloot het verkeer op het kruispunt twee weken lang af en leidde het om. Toch reed minstens één keer per dag minstens één auto langs waarschuwingsborden het snelstromende water in, zich totaal niet bewust van wat er vlak voor hen lag.

Harvard-psychologen Daniel Simons en Christopher Chabris voerden een experiment uit waarbij twee teams studenten een basketbal heen en weer gaven tussen teams die zwarte of witte T-shirts droegen - waarbij zwarten die zwarte T-shirts droegen efficiënter waren in het terugspelen van ballen dan hun tegenhangers in de andere teams. ze achterwaarts doorgeven. Dit korte fragment, bekend als 'The Monkey Business Illusion', kun je online bekijken (bekijk het voordat je verder leest!). Kijk hier eerst voordat je verder leest!) Kijkers wordt gevraagd te tellen hoe vaak spelers in witte T-shirts de bal tussendoor doorspelen. beide teams terwijl ze door cirkels slingeren, heen en weer gaan en heen en weer gaan. Op een gegeven moment in de video gebeurde er iets onverwachts: een student verkleed als gorilla kwam plotseling binnen en begon op zijn borst te bonzen voordat hij snel weer vertrok. het einde als je iets ongewoons opmerkte; de helft van de kijkers reageerde vol ongeloof dat er überhaupt sprake was van vreemd gedrag; ze konden een dergelijke aanwezigheid niet begrijpen - hier is toch zeker geen gorilla aanwezig?

De Monkey Business Test is een van de bekendste experimenten in de psychologie en benadrukt wat psychologen een illusie van aandacht noemen: we denken dat we alles om ons heen zien gebeuren, terwijl we in werkelijkheid de neiging hebben alleen op te merken waar we ons op concentreren. passes gemaakt door Team Wit; onaangekondigde onderbrekingen kunnen zelfs zo groot en opvallend zijn als een gorilla!

Soms kan telefoneren tijdens het rijden onze perceptie van aandacht in gevaar brengen. Meestal levert dit geen problemen op; Bellen heeft over het algemeen geen nadelige invloed op de rijtaken, zoals binnen de rijstrook blijven en indien nodig remmen. Maar zodra er iets onverwachts gebeurt – zoals een kind dat over de weg rent – wordt uw aandacht te zwak om op tijd adequaat te kunnen reageren; Studies tonen aan dat dit waar is als er mobiele telefoons of alcohol in het spel zijn.
Hoe u een telefoon ook vasthoudt of gebruikt, de impact ervan op uw reactietijd op onverwachte gebeurtenissen blijft beperkt.

Herken je de uitdrukking 'De olifant in de kamer?' Dit verwijst naar een voor de hand liggend onderwerp dat niemand wil bespreken; een onuitgesproken taboe. Daarentegen zouden we 'De gorilla in de kamer' kunnen definiëren als: een kwestie die onmiddellijk moet worden besproken, maar die over het hoofd wordt gezien of genegeerd omdat niemand ervan op de hoogte is.

Swissair was een luchtvaartmaatschappij die zo op expansie was gericht dat ze de snel afnemende liquiditeit negeerde, wat tot faillissementen in 2001 en 2002 leidde. Of denk eens aan het wanbeheer binnen de landen van het Oostblok dat leidde tot hun scheiding, wat leidde tot de val van de Berlijnse Muur en de risico's voor de boeken van de banken die vóór 2007 gaf niemand er veel om. Deze voorbeelden laten ons zien hoe vaak gorilla's onder ons rondzwerven zonder dat we het beseffen.

Niet elke buitengewone gebeurtenis ontgaat ons; in plaats daarvan wordt er geen aandacht aan besteed en wordt het voor ons niet opgemerkt; waardoor we ons niet bewust zijn van belangrijke zaken die we over het hoofd zien en aanleiding geven tot de valse overtuiging dat alles wat belangrijk is door ons wordt waargenomen.

Bevrijd jezelf zo nu en dan van de illusie van aandacht. Denk na over alle mogelijke en ogenschijnlijk onwaarschijnlijke scenario's - er kunnen zich onverwachte gebeurtenissen voordoen waar niemand het over heeft; op de loer liggende kwesties die niemand aanpakt, worden niet aangepakt; wees even waakzaam voor stilte als voor lawaai; controleer perifere gebieden in plaats van alleen centrale gebieden; anticipeer op iets ongewoons maar groots - groot zijn betekent niet dat je opgemerkt wordt; er moet ook iets ongewoons worden verwacht!

Zie ook: Kenmerk-positief effect (hfdst. 95); Bevestigingsbias (chs. 7-8), Beschikbaarheidsbias (chs. 11) en Primacy- en recentheidseffecten (chs. 73)

Stel je voor dat je solliciteert naar je droombaan: je poetst je CV op tot hij glanst, schittert tijdens een sollicitatiegesprek en benadrukt al je prestaties en capaciteiten, terwijl je eventuele zwakke punten of tegenslagen bagatelliseert. Als ze vragen of u de omzet met 30% kunt verhogen en tegelijkertijd de kosten met 30% kunt verlagen, zou uw antwoord moeten zijn: 'Beschouw het als gedaan.' volgt later; elke poging om niet-fantasieantwoorden te geven kan ertoe leiden dat u buiten beschouwing wordt gelaten en er uiteindelijk toe kan leiden dat u wordt gediskwalificeerd voor verdere overweging door interviewers; geef zelfs semi-realistische antwoorden waardoor u buiten beschouwing kunt worden gelaten - hoe goed ze ook klinken in ruil.

Stel je voor dat je een journalist bent met een uitstekend boekidee waar iedereen het over heeft. Nadat hij een geïnteresseerde uitgever heeft gevonden die bereid is een voorschot te betalen, vraagt hij wanneer hij het manuscript kan verwachten (kan het over een half jaar klaar zijn?). Je stamelt: 'Hmm... Geen idee. Hoe lang heb ik er de vorige keer over gedaan?" Je antwoordt met: 'Beschouw het maar als gedaan.' Zodra het contract is getekend en het geld op je bankrekening staat, is er altijd tijd voor andere projecten en het schrijven van verhalen!

Strategische verkeerde voorstelling van zaken is de officiële term voor dergelijk gedrag: hoe hoger de inzet, hoe overdrevener uw beweringen zouden moeten worden. Hoewel een strategische verkeerde voorstelling van zaken niet overal zal werken – als een oogarts bijvoorbeeld vijf keer achter elkaar belooft u een perfect zicht te geven, maar dan na elke procedure slechtere resultaten oplevert dan voorheen, kunt u uiteindelijk misschien niet langer zijn beloften helemaal geloven – kan een strategische verkeerde voorstelling van zaken nog steeds leiden tot een verkeerde voorstelling van zaken. waardevol blijken bij eenmalige inspanningen, zoals sollicitatiegesprekken (waarbij één bedrijf je niet vaker dan één keer inhuurt!). Maar ook hier zou het niet moeten werken; in plaats daarvan zou het wel eens kunnen werken als het slechts eenmalige pogingen betreft of unieke pogingen waarbij unieke pogingen betrokken zijn - iets wat een oogarts niet zou doen.

Megaprojecten zijn bijzonder vatbaar voor verkeerde voorstelling van zaken wanneer de aansprakelijkheid ervan diffuus is, bijvoorbeeld wanneer de overheid die ze oorspronkelijk financierde niet langer de macht heeft, veel bedrijven meedoen en vaak met de vinger wijzen, of wanneer de einddatum enkele jaren later ligt.
Bent Flyvbjerg uit Oxford kent grootschalige projecten door en door. Overschrijdingen van kosten en planning komen vaak voor omdat winnende aanbiedingen niet altijd de algehele uitmuntendheid weerspiegelen; het komt eerder neer op wat er op papier het beste uitziet - iets wat Flyvbjerg het 'omgekeerde darwinisme' noemt: degene die de meeste hete lucht

produceert, zal meestal winnen. Is een strategische verkeerde voorstelling van zaken eenvoudigweg een bedrieglijke praktijk? Niet noodzakelijk; net zoals vrouwen die make-up dragen bedrieglijk is, terwijl mannen die Porsches leasen om financiële bekwaamheden te tonen bedrieglijk is – bedrieglijk maar sociaal aanvaardbaar, dus we raken er niet van streek door – hetzelfde geldt voor verkeerde voorstellingspraktijken die worden gebruikt wanneer vrouwen make-up dragen of mannen Porsches leasen om te laten zien financiële bekwaamheid wordt objectief bedrogen maar sociaal aanvaardbaar, dus we raken er ook niet door van streek! Hetzelfde geldt voor strategische verkeerde voorstelling van zaken die tijdens onderhandelingen worden gebruikt - zelfs als slechts één partij op de hoogte is van verkeerde voorstelling tactieken die tegen een andere partij worden gebruikt, maar ermee weg kan komen om tijdens de onderhandelingen een verkeerde voorstelling van zaken te krijgen; hetzelfde geldt als het strategisch wordt toegepast, een verkeerde voorstelling van zaken kan ermee wegkomen dat het berucht is als het wordt toegepast in termen van bedrog, als het ook strategisch wordt toegepast - zoals mannen die Porsches leasen als teken van financiële bekwaamheid om financiële bekwaamheid aan te geven in dit opzicht eenvoudigweg liegen, maar raak niet van streek door sociaal aanvaardbaar, zodat we ons niet druk maken over strategische verkeerde voorstelling van zaken. Hetzelfde geldt voor de strategische verkeerde voorstelling van zaken die tegen hen wordt gebruikt, die op bedrieglijke wijze tegen de een of de ander worden gebruikt dan verwacht, of afhankelijk van de situatie anders worden behandeld. Hetzelfde geldt voor verkeerd weergegeven bij gebruik bij verkeerd weergegeven lither.

Een strategische verkeerde voorstelling van zaken hoeft niet altijd ernstige gevolgen te hebben; Wees echter op uw hoede als het gaat om zaken die er echt toe doen, zoals uw gezondheid of toekomstige werknemers. Wanneer u met mensen te maken heeft (of het nu gaat om kandidaten voor een ambt, auteurs of oogartsen), vertrouw dan niet op wat zij beweren; kijk in plaats daarvan naar hun prestaties uit het verleden. Bij het omgaan met projecten (of het nu vergelijkbare projecten zijn of nieuwe voorstellen die onrealistisch optimistisch lijken). Wees op uw hoede voor alles wat onrealistisch optimistisch lijkt; vraag een accountant om plannen grondig onder de loep te nemen; voeg een clausule toe aan contracten waarin boetes zijn vastgelegd als deze zich voordoen; en dit geld direct overmaken naar een geblokkeerde rekening om de veilige geblokkeerde rekening veilig te stellen als extra maatregel tegen kostenoverschrijdingen.

Zie ook het overmoedseffect (hoofdstuk 15) voor details en waar de uitschakelaar zich bevindt.

Er was eens een intelligente duizendpoot die werkeloos aan de rand van een tafel zat toen ze een verrukkelijk suikerkorreltje door de kamer zagen. Hij overwoog snel zijn mogelijkheden: op welke tafelpoot moest hij eerst omhoog of omlaag kruipen? Vervolgens moest hij bepalen wie de eerste stap moest zetten en in welke volgorde. Omdat hij bedreven was in wiskunde, voerde hij alle noodzakelijke berekeningen uit en koos hij één pad boven alle andere voordat hij uiteindelijk de eerste stap zette. Helaas zorgden zijn berekening en contemplatie ervoor dat hij midden in de lucht verstrikt raakte, waardoor hij dood bleef staan voordat verdere vooruitgang had kunnen worden geboekt; in feite hongerde hij hem uit en hongerde hem uiteindelijk uit voordat er ooit vooruitgang had kunnen worden geboekt en hij uitgehongerd voordat hij ooit dichterbij of verder in het leven kwam dan ooit tevoren en stierf uitgehongerd als gevolg van overdenken.

Op het British Open-golftoernooi van 1999 speelde de Franse golfer Jean Van de Velde feilloos tot aan de laatste hole, waar hij met drie schoten voorsprong had. Zelfs met dat voordeel van drie schoten kon hij zich comfortabel twee schoten boven par veroorloven zonder tekort te schieten; waardoor toegang tot de grote competities slechts enkele ogenblikken verwijderd is! Toen Van de Velde het parcours opstapte, vormden zich zweetdruppels op zijn voorhoofd. Zijn eerste slag vloog twintig meter van het doelgat de bosjes in en maakte Van de Velde steeds zenuwachtiger voor de volgende schoten, die dit gevoel van angst alleen maar versterkten. Van de Velde sloeg zijn bal in kniehoog gras voordat hij hem in het water liet vallen. Hij trok zijn schoenen uit en waadde erdoorheen. Een ogenblik overwoog hij om vanuit de vijver te schieten; uiteindelijk besloot hij echter een strafschot in het zand te nemen; nadat hij er zeven keer in had geschoten, vond hij uiteindelijk zijn weg naar de green en zijn gat in; Van de Velde verloor de British Open, maar verzekerde zich van een plaats in de sportgeschiedenis door deze inmiddels beroemde triple-bogey-prestatie.

Consumer Reports voerde in de jaren tachtig een proefexperiment uit met ervaren proevers, waarbij 45 soorten aardbeiengelei betrokken waren. Later voerden psychologieprofessoren Timothy Wilson en Jonathan Schooler soortgelijke tests uit met studenten van de Universiteit van Washington; Er kwamen vergelijkbare resultaten naar voren, waarbij zowel experts als studenten de voorkeur gaven aan vergelijkbare gelei-smaken. Maar Wilson ging verder: hij voerde nog een test uit met een andere groep studenten die de voorkeur gaven aan andere opties dan voorheen - alleen deze keer kozen ze helemaal andere opties!
In de eerste groep vulden de deelnemers een lange vragenlijst in waarin ze hun beoordelingen tot in detail rechtvaardigden en kwamen ze tot een volledig scheve ranglijst, met enkele van de beste variëteiten onderaan.

Fundamenteel belemmert te veel nadenken de toegang tot de wijsheid van je emoties. Hoewel deze uitspraak misschien ongebruikelijk lijkt, afkomstig van iemand als ik die ernaar streeft de irrationaliteit uit mijn denkprocessen te verwijderen, vormen emoties zich net als kristalheldere rationele gedachten; emoties vertegenwoordigen eenvoudigweg een andere vorm van informatieverwerking die mogelijk wijzer advies oplevert dan rationele.

Dit leidt tot een belangrijke vraag: wanneer moet je naar je hoofd of naar je onderbuik luisteren? Een vuistregel zou dit kunnen zijn: als het gaat om activiteiten zoals motorische vaardigheden (duizendpoot, Van de Velde of het leren van een muziekinstrument) en vragen die je al vaker hebt beantwoord (zoals de 'cirkel van competentie' van Warren Buffett), kun je het beste niet te nauw te analyseren. Deliberatieve besluitvorming ondermijnt uw intuïtieve vermogen om problemen aan te pakken. Net als in de tijd van de steentijd waren zogenaamde heuristieken bij het nemen van beslissingen over eten en vriendschap superieur aan het rationele denken. Omdat complexe zaken zoals investeringsbeslissingen nuchtere reflectie vereisen, heeft de evolutie ons echter niet toegerust voor dergelijke overwegingen, zodat logica altijd de intuïtie overtreft.

Zie ook Action Bias (hoofdstuk 43); Informatiebias (hoofdstuk 59)

WAAROM JE TE VEEL SCHULDEN AANDOET (HOOFDSTUK 91).

PLANNINGSFOUT

Bereikt u elke ochtend bij het maken van uw to-do-lijst vaak succes door alles aan het eind van de dag af te vinken? Hoe vaak is dit bij de meeste mensen het geval? De meesten bereiken deze toestand misschien maar eens in de paar maanden. Simpel gezegd, je neemt te veel op je. Je plannen zijn onrealistisch ambitieus - iets wat vergeven zou worden als dit de eerste keer was dat je to-do-lijsten opstelde, maar dit gedrag is in de loop van de tijd onderdeel van je routine geworden. U bent dus goed op de hoogte van uw capaciteiten en het is onwaarschijnlijk dat u deze dagelijks overschat. Dit is geen lachertje: op andere gebieden van het leven leren we van ervaringen - waarom is die er niet als het om planning gaat? Ook al waren de meeste van je eerdere inspanningen te optimistisch voor de realiteit van vandaag. Daniel Kahneman noemt dit fenomeen de planningsmisvatting.

Roger Buehler en zijn onderzoeksteam vroegen hun laatstejaarsklas, onder leiding van de Canadese psycholoog Roger Buehler, om twee inleverdata te identificeren: de ene was realistisch, terwijl de tweede een onwaarschijnlijke worstcasescenario-datum weerspiegelde. Slechts 30% voldeed aan realistische deadlines, terwijl ze doorgaans 50% extra tijd nodig hadden dan oorspronkelijk gepland en zeven dagen extra dan verwacht voor indieningsdata die in het slechtste geval waren vastgesteld.

De planningsfout wordt vooral duidelijk als mensen samenwerken, of dat nu in het bedrijfsleven, de wetenschap of de politiek is. Groepen hebben de neiging de duur en de voordelen te overschatten, terwijl ze de kosten en risico's systematisch onderschatten. Een goed voorbeeld is het Sydney Opera House, dat gepland was in 1957 en dat de voltooiing in 1963 werd verwacht voor een aanvankelijk geschatte kostprijs van $ 7 miljoen, maar uiteindelijk voor $ 102 miljoen werd geopend; 14 keer hoger dan verwacht!

Waarom lijken we geen natuurlijke planners? Er kunnen twee redenen zijn voor ons ineffectieve planningsvermogen. Eén daarvan is wishful thinking: we streven naar succes in alles wat we ondernemen. Twee: te vaak concentreren we ons te aandachtig op ons project, terwijl we invloeden van buitenaf negeren, zoals onverwachte gebeurtenissen die zich onverwacht voordoen (dit kan ook gebeuren met dagelijkse schema's, bijvoorbeeld als uw dochter iets wil), waardoor we vervolgens op een onvoorspelbaar pad terechtkomen; of er wordt te weinig aandacht besteed aan deze gebeurtenissen omdat er te nauw op wordt gefocust (dit zou hier zelfs van toepassing kunnen zijn - bij het plannen).
Uw hond slikt een visgraat in. De accu van uw auto valt onverwacht uit. Er verschijnt een bod op een huis en moet dringend op uw bureau worden overwogen, waardoor de plannen mislopen! Zou een stapsgewijze voorbereiding een oplossing zijn? Nee; Stapsgewijze

voorbereiding vergroot de planningsfouten alleen maar doordat de focus verder wordt
verkleind, waardoor uw vermogen om te anticiperen op verrassingen in het leven afneemt.

Dus wat moet je doen? Verleg uw focus van interne zaken – zoals uw project – naar externe
zaken zoals soortgelijke projecten. Bekijk het basisbedrag en beoordeel eerdere
inspanningen. Als soortgelijke ondernemingen drie jaar hebben geduurd en vijf miljoen
dollar hebben gekost, zal dat waarschijnlijk ook op uw project van toepassing zijn, hoe
zorgvuldig gepland ook. Voordat er beslissingen worden genomen over eventuele
beslissingen die daarmee verband houden, is het daarom van cruciaal belang dat er een
'premortem'-sessie (letterlijk: 'vóór de dood') wordt gehouden voordat deze belangrijke
keuzes worden gemaakt. Gary Klein stelt voor om deze korte toespraak voor elk verzameld
team te houden: 'Stel je voor dat het een jaar later is en dat alles volgens plan is verlopen,
maar dat er in plaats daarvan een ramp heeft plaatsgevonden - neem vijf of tien minuten om
over deze catastrofe te schrijven - verhalen zullen je laten zien hoe Er kunnen zich dingen
ontwikkelen."

Zie ook Uitstelgedrag (hfdst. 85); Voorspellingsillusie (hoofdstuk 40); Zeigarnik-effect (hfdst.
93); Groepsdenken (hfdst. 25) voor meer.

WILDERHAMERS ZIEN ALLEEN NAGELS

Een individu sluit een lening af, richt zijn eigen bedrijf op, maar wordt kort daarna failliet verklaard.

Hij ervaart een depressie en pleegt vervolgens zelfmoord.

Lees jij dit verhaal als businessanalist? Daarom moet je als onderdeel van je werk proberen te beoordelen waarom dit idee niet slaagde: was hij een ineffectieve leider, was de strategie verkeerd, was de markt te klein of was de concurrentie te hevig? Als marketeer mag je ervan uitgaan dat de campagnes slecht georganiseerd waren of dat hij zijn beoogde doelgroep niet bereikte. Financiële experts kunnen zich afvragen of de lening het geschikte financiële instrument is; lokale journalisten zien een kans in dit verhaal: wat een geluk dat hij zelfmoord heeft gepleegd! Als schrijver zou je kunnen nadenken over hoe een incident een oude Griekse tragedie zou kunnen worden. Bankiers vermoeden mogelijk dat er een fout is opgetreden op de kredietafdeling. Socialisten hebben de neiging het falen van het kapitalisme de schuld te geven; religieuze conservatieven zouden deze gebeurtenis kunnen beschouwen als een goddelijke straf, anders zouden psychiaters lage serotonineniveaus herkennen. Welk standpunt moet dan prevaleren?

Geen. Mark Twain merkte ooit op: 'Als al je gereedschap hamers zijn, zullen al je problemen spijkers zijn.' Charlie Munger, de zakenpartner van Warren Buffett en auteur van The Snowball Effect, merkte tegen Charlie Munger het volgende effect op van het gebruik van slechts één model: 'Maar dit kan een volkomen rampzalige manier van denken en handelen in de wereld zijn; daarom moeten meerdere modellen uit verschillende velden komen, aangezien niet alle wijsheid binnen één enkele academische afdeling ligt'

Hier zijn een paar voorbeelden van deformation professionelle: chirurgen proberen elk medisch probleem met een operatie op te lossen; legers hebben de neiging om eerst de voorkeur te geven aan militaire oplossingen; ingenieurs zijn gespecialiseerd in ruwbouw; trendgoeroes doen vaak absurde voorspellingen – kortom: als ze naar een vraagstuk worden gevraagd, hebben de meeste antwoorden meestal betrekking op een van hun vakgebieden.

Waarom zouden kleermakers geen kleermakerij beoefenen zoals zij dat het beste weten? Deformation professionnelle treedt op wanneer mensen hun gespecialiseerde processen toepassen op gebieden waar ze dat niet zouden moeten doen. Je hebt het ongetwijfeld zelf zien gebeuren?

Leraren die vrienden uitschelden als studenten. Nieuwe moeders behandelen hun echtgenoten als kinderen. Of neem Excel-spreadsheets - we gebruiken ze zelfs als het gebruik ervan geen enkele zin heeft, zoals bij het projecteren van financiële projecties voor startups of het vergelijken van potentiële geliefden die we via datingsites hebben gevonden - ze zijn misschien wel een van de gevaarlijkste uitvindingen sinds computers .

Zelfs binnen hun eigen domein hebben literaire recensenten de neiging de hamer te veel te gebruiken. Recensenten zijn getraind om referenties, symbolen en verborgen boodschappen in boeken te detecteren; Als romanschrijver vind ik deze praktijk irritant, omdat recensenten zulke apparaten tevoorschijn toveren die er niet zijn. Vergelijkbaar met wat zakenjournalisten doen – die zelfs de kleinste opmerkingen van de presidenten van de centrale banken afspeuren op zoek naar enige aanwijzing voor veranderingen in het begrotingsbeleid, door de door hen hardop uitgesproken woorden te ontleden.

Conclusie: Wanneer u een deskundige raadpleegt, verwacht dan niet de beste oplossing; verwacht eerder een aanpak die kan worden opgelost met behulp van hun gereedschapskist. Bedenk dat onze geest geen gecentraliseerde computers is, maar in plaats daarvan meerdere gespecialiseerde hulpmiddelen bevat die mogelijk op verschillende punten tijdens hun reis moeten worden gebruikt. Helaas zijn onze "zakmessen" incompleet. Door levenservaringen en professionele expertise bezitten wij al enkele mesjes. Maar om onze vaardigheden verder aan te scherpen, is het noodzakelijk om twee of drie instrumenten – mentale modellen die buiten ons vakgebied vallen – aan onze gereedschapskist toe te voegen. De afgelopen jaren heb ik een biologisch perspectief op het leven aangenomen en nieuwe inzichten gekregen in complexe systemen. Maak de balans op van uw tekortkomingen en zoek naar passende kennis en methoden om deze aan te pakken; dit kost ongeveer een jaar inspanning, maar het zal zijn vruchten afwerpen: je zakmes wordt groter en veelzijdiger, je geest scherper!

Zie ook Volunteer's Folly (hoofdstuk 65); Domeinafhankelijkheid (hoofdstuk 76) en Gambler's Fallacy (hoofdstuk 29)

MISSIE VOLBRACHT

ZEIGARNIK-EFFECT

Berlijn, 1927: Verschillende universiteitsstudenten en professoren bezoeken een restaurant waar de ober bestelling na bestelling opneemt zonder dat er documentatie wordt opgeschreven, waardoor ze zich zorgen maken dat er zeker iets ergs zal gebeuren. Echter, na slechts een korte wachttijd ontvingen alle gasten precies wat ze vroegen. Buiten op straat besefte de Russische psychologiestudent Bluma Zeigarnik na het eten dat ze haar sjaal bij het restaurant had achtergelaten. Terug in het restaurant ontmoet ze de ober die bekend staat om zijn ongelooflijke geheugen en vraagt of hij het heeft gezien. Hij weet echter nog steeds niet waar ze heeft gezeten; waarop ze verontwaardigd reageert door te vragen hoe het mogelijk was dat hij vergat wie of waar ze zaten, terwijl zijn herinnering zo ongelooflijk is! 'Hoe kun je mij vergeten?' vraagt ze, ongelovig over zijn gebrek aan bewustzijn. Zijn antwoord: 'Ik bewaar elke bestelling in mijn hoofd totdat deze wordt geserveerd', antwoordde hij kortaf: 'Ik bewaar elke bestelling in mijn hoofd totdat deze wordt geserveerd' hij antwoordde kortaf: 'Ik bewaar elke bestelling totdat deze wordt geserveerd' 'De ober antwoordde kortaf: 'Ik bewaar elke bestelling in mijn hoofd totdat deze wordt geserveerd' en herinnerde zich mijn eerdere bestellingen ook niet meer' (c).

Zeigarnik en Kurt Lewin bestudeerden dit mysterieuze gedrag en kwamen tot de conclusie dat mensen over het algemeen als obers functioneren: we vergeten nooit onafgemaakte taken; ze zeuren tegen ons bewustzijn totdat we ze aandacht schenken; Eenmaal voltooid, verdwijnen deze items echter helemaal uit het geheugen.

Onderzoekers noemen dit fenomeen nu het Zeigarnik-effect. Haar onderzoek bracht echter enkele ongebruikelijke gevallen aan het licht: sommige individuen bleven bijvoorbeeld volledig ontspannen, ondanks dat ze meerdere projecten hadden lopen. Roy Baumeister en zijn onderzoeksteam aan de Florida State University hebben onlangs enig licht op dit fenomeen geworpen. Studenten die bijna hun eindexamen aflegden, verdeelde hij in drie groepen; Groep 1 bestond uit feesten die tijdens dit semester werden gehouden, terwijl groepen 2-4 zich concentreerden op formele examens. Groep 2 moest zich concentreren op het komende examen, terwijl groep 3 een gedetailleerd studieplan moest maken. Baumeister vroeg vervolgens de leerlingen in de groepen 2, 3 en 4 om onder tijdsdruk woorden af te maken - sommigen zagen 'Paniek', terwijl anderen aan 'Feest' of Parijs dachten. Deze oefening bleek buitengewoon verhelderend; groep 1 leek ontspannen over het afleggen van hun examen, terwijl die in groep 2 konden ze niets anders bedenken, maar wat echt opviel was groep 3, waar hun resultaten werkelijk verbazingwekkend waren!
Hoewel deze studenten zich moesten concentreren op een aankomend examen, bleef hun geest ontspannen en vrij van angst. Latere experimenten bevestigden deze observatie: openstaande taken hebben de neiging alleen aan ons te knagen totdat we een georganiseerd

plan hebben van hoe we ze zullen aanpakken; Zeigarnik dacht ten onrechte dat het voltooien van taken in dit opzicht voldoende zou zijn; in plaats daarvan zou een strategische aanpak moeten volstaan.

David Allens bestverkochte boek Getting Things Done (GTD) verkondigt zijn doel: een geest zo helder als water hebben. Om dit doel te bereiken heb je geen leven nodig dat perfect op orde is, maar moet je een actieplan opstellen om de ongeplande problemen van het leven aan te pakken en deze opschrijven in stapsgewijze taken. Alleen dan kan je geest gemoedsrust vinden. Bewustzijn bij het plannen staat voorop; vage doelen als 'het verjaardagsfeestje van mijn vrouw organiseren' of 'nieuw werk vinden' kunnen geen soelaas bieden; Allen dwingt zijn cliënten om deze projecten op te splitsen in twintig tot vijftig individuele taken voordat ze, indien mogelijk, met dergelijke projecten beginnen, om succes te garanderen en gemoedsrust te bereiken. verstand.

De aanbeveling van Allen kan indruisen tegen de planningsmisvatting (hoofdstuk 91): gedetailleerde planning kan ervoor zorgen dat we factoren van buitenaf over het hoofd zien die projecten kunnen laten ontsporen, maar daarin ligt de sleutel: kies voor gemoedsrust voor de aanpak van Allen en voor nauwkeurigere schattingen van de kosten. , voordelen, duur en andere projectaspecten zoeken vergelijkbare projecten op in plaats van één gedetailleerd plan te maken. Of doe beide!

Je hebt echter geen hightech gadgets nodig om dit zelf te bereiken - leg gewoon een notitieblok naast je bed en gebruik het als je niet kunt slapen om openstaande taken op te schrijven en hoe je ze gaat aanpakken - dit zou moeten helpen om de innerlijke rust te stillen stemmen die blijven roepen: 'je wilt God maar hebt geen kattenvoer meer', zoals Allen het uitdrukte - zijn advies blijft geldig, zelfs als je God al hebt gevonden of geen huisdieren hebt!

Zie ook Uitstelgedrag (hfdst. 85); Planning Fallacy (hoofdstuk 91) voor aanvullende overwegingen.

Waarom zijn er zo weinig seriële ondernemers?

Waarom lijken er zo weinig seriële ondernemers te zijn: zakenmensen die meerdere winstgevende bedrijven achter elkaar starten? Zeker, Steve Jobs en Richard Branson bestaan, maar zij vertegenwoordigen een kleine minderheid. Seriële ondernemers vertegenwoordigen minder dan één procent van alle oprichters van startups. Maar trekken deze seriële ondernemers zich allemaal terug op privéjachten nadat ze succes hebben ervaren, zoals mede-oprichter van Microsoft Paul Allen? Echt niet. Echte zakenmensen hebben te veel energie om urenlang op een strandstoel te zitten. Misschien komt dit doordat ze hun bedrijf niet willen loslaten en willen verwennen totdat ze 65 worden, hoewel de meeste oprichters hun aandelen binnen tien jaar na de oprichting van hun bedrijf verkopen. Je zou denken dat mensen met talent, een uitgebreid persoonlijk netwerk en solide referenties in staat zouden zijn om talloze andere start-ups op te richten – maar velen slagen daar niet in. Waarom stoppen ze? Ze stopten niet; ze zijn er gewoon niet in geslaagd dit met succes te doen. Geluk speelt een grotere rol dan vaardigheid als het gaat om zakelijk succes, waar geen enkele zakenman graag over hoort. Ik herinner me dat ik me ongemakkelijk voelde toen ik voor het eerst van dit idee hoorde; mijn eerste gedachte was: 'Was mijn succes gewoon willekeurig?'. In eerste instantie kan het beledigend aanvoelen dat geluk zo'n grote rol heeft gespeeld.

Laten we een eerlijke, realistische benadering van zakelijk succes hanteren. Hoeveel daarvan komt neer op hard werken en onderscheidend talent versus geluk? Helaas kan deze vraag gemakkelijk tot misvattingen leiden; Hoewel talent een essentiële rol speelt in het succesverhaal van elk bedrijf, kan hard werken alleen geen resultaten opleveren. Helaas zijn noch vaardigheden, noch hard werken alleen voldoende om succes te behalen; beide elementen zijn noodzakelijke – maar niet voldoende – factoren. Hoe kunnen we dit weten? Er is een eenvoudige en ongecompliceerde test: wanneer iemand succes op de lange termijn heeft in vergelijking met minder gekwalificeerde leeftijdsgenoten, wordt talent van het allergrootste belang. Helaas geldt dit niet voor oprichters van bedrijven; anders zouden de meeste succesvolle ondernemers doorgaan met het lanceren van meerdere startups nadat het aanvankelijke succes was behaald.

Welke rol spelen bedrijfsleiders in het succes van een bedrijf? Onderzoekers identificeerden eigenschappen die verband houden met het zijn van een sterke CEO – managementprocedures en eerdere strategische genialiteit als voorbeelden.
Onderzoekers maten vervolgens de correlatie tussen het gedrag van CEO's enerzijds en de waardegroei van bedrijven onder hun ambtsperiode anderzijds. Hun conclusie: als twee bedrijven willekeurig worden vergeleken, leidt in 60% van de gevallen de sterkere CEO het machtiger bedrijf. Kahneman ontdekte dat in 40% van de gevallen zwakkere CEO's sterkere

bedrijven leidden; dit vertegenwoordigde slechts 10 procentpunten meer dan helemaal geen verband. Hij sloot af met de opmerking dat mensen over het algemeen niet enthousiast boeken kopen die zijn geschreven over bedrijfsleiders die gemiddeld maar iets beter zijn dan gemiddeld; zelfs Warren Buffett ziet er geen enkele zin in om bepaalde CEO's naar een hoger niveau te tillen; zijn mening? '[?...?] Een goede staat van dienst als manager hangt meer af van welke boot je betreedt dan van hoe effectief je die bestuurt'

Bepaalde gebieden zijn helemaal niet afhankelijk van vaardigheden. Kahneman beschreef in zijn boek Thinking, Fast and Slow zijn bezoek aan een vermogensbeheerder die een spreadsheet stuurde met de prestaties van elke adviseur gedurende acht jaar als onderdeel van hun briefing voor hem. Op basis van deze gegevens heeft Kahneman aan elke groep een rangorde toegewezen: 1, 2, 3 enz. In aflopende volgorde. Hij berekende snel hun relatie over de ranglijsten van jaren heen. Vervolgens berekende hij de correlatie tussen de ranglijsten van jaar 1 tot en met jaar 8, waarbij adviseurs af en toe aan beide kanten stonden. Het bleek puur willekeurig toeval te zijn; soms verschenen ze zelfs dichter bij de bovenkant dan soms bij de onderkant. De prestaties van adviseurs waren onafhankelijk van voorgaande of daaropvolgende jaren; de correlatie was nul! En toch ontvingen deze consultants bonussen voor hun prestaties. Met andere woorden: het bedrijf beloonde geluk boven vaardigheid.

Conclusie: Bepaalde beroepen zijn sterk afhankelijk van mensen die hun capaciteiten gebruiken, zoals piloten, loodgieters en advocaten. Andere gebieden vereisen vaardigheden, maar die zijn niet van cruciaal belang, zoals ondernemers en leiders. En soms beslist het toeval alles, zoals op de financiële markten; hier kan de illusie van vaardigheid de boventoon voeren. Toon dus respect voor loodgieters terwijl u geniet van succesvolle financiële narren! Zie ook Beginnersgeluk (hfst. 49); Survivorship Bias (hoofdstuk 1), Authority Bias (hoofdstuk 9), Overconfidence Effect, Illusion of Control en Outcome Bias in de daaropvolgende hoofdstukken (respectievelijk 20 en 21).

Op het eerste gezicht lijkt serie A eenvoudig genoeg. Alle getallen hebben iets gemeen: 394, 411, 054, 646 zijn met elkaar verbonden door vier kenmerken, waardoor deze reeks relatief eenvoudig op te lossen is. Vervolgens komt serie B; al zijn nummers maken op een gegeven moment gebruik van zes functies. Wat kun je hiervan leren? Afwezigheid kan vaak moeilijker te detecteren zijn dan aanwezigheid; we hebben de neiging om meer belang te hechten aan dingen die bestaan dan aan wat niet bestaat.

Vorige week tijdens een wandeling drong het tot me door: niets deed pijn. Dit was behoorlijk verrassend, aangezien ik sowieso zelden pijn ervaar en als het optreedt, kan het intens gevoeld worden; maar erkent zelden de afwezigheid ervan; De schoonheid ervan was zo groot dat het slechts een ogenblik vreugde bracht, waarna het allemaal snel weer uit de gedachten verdween!

Tijdens een klassiek recital voerde een orkest in een enthousiaste concertzaal met groot succes de Negende symfonie van Beethoven uit. Tranen konden worden gezien tijdens de ode van het vierde deel, waardoor je je dankbaar voelde dat het bestaat; maar is dat waar? Zonder twijfel niet; als het werk niet was gecomponeerd, zou niemand het missen en zou de regisseur geen boze telefoontjes ontvangen waarin werd geëist dat dit kunstwerk onmiddellijk werd geschreven en uitgevoerd - dit fenomeen dat bekend staat als feature-positive effect is wat ons vandaag de dag echt gelukkig maakt.

Preventiecampagnes maken effectief gebruik van deze strategie; 'Roken veroorzaakt longkanker' is bijvoorbeeld veel overtuigender dan 'Niet roken leidt tot een leven vrij van longkanker'. Accountants en andere professionals die op checklists vertrouwen, bezwijken vaak voor dit positieve effect: openstaande belastingaangiften verschijnen onmiddellijk in hun lijsten, terwijl frauduleuze activiteiten zoals die bij Enron of Bernie Madoffs Ponzi-fraude niet voorkomen. Ook ontbreken op dergelijke lijsten ondernemingen van 'malafide handelaars', zoals Nick Leeson en Jerome Kerviel, die dergelijke financiële grillen veroorzaakten en zo dergelijke activiteiten voor publieke controle verborgen hielden.
Er bestaat geen checklist om devaluaties bij te houden; en hoewel hypotheekbanken illegale handelingen in overweging kunnen nemen, kunnen devaluaties als gevolg van verbrandingsinstallaties plaatsvinden zonder dat hun toezicht wordt opgemerkt.

Stel je voor dat je een ongewenst product als saladedressing maakt met een verhoogd cholesterolgehalte, maar je wilt dat consumenten zich veilig voelen over het gebruik ervan? Wanneer u een dergelijk product etiketteert, benadruk dan alle positieve eigenschappen ervan. Klanten zullen de afwezigheid ervan niet merken; terwijl positieve kenmerken ervoor zullen zorgen dat consumenten op de hoogte blijven.

Academisch onderzoek laat vaak het feature-positieve effect zien. Bevestiging van hypothesen leidt doorgaans tot publicaties en kan zelfs Nobelprijzen opleveren; terwijl het vervalsen van hypothesen, hoewel wetenschappelijk voordelig, veel moeilijker te publiceren is en nooit dit soort prestigieuze erkenning heeft gekregen. Een ander resultaat van het kenmerk-positieve effect is onze neiging om positief advies te accepteren – zoals X doen – in plaats van negatief advies (vergeet Y). Dit maakt ons veel ontvankelijker voor positief advies dan voor negatieve suggesties (zoals het vergeten van Y).

Conclusie: Mensen hebben vaak moeite om niet-gebeurtenissen accuraat waar te nemen. We hebben de neiging om te negeren wat niet bestaat. We onderkennen bijvoorbeeld of er oorlog is, maar waarderen de afwezigheid ervan in vredestijd niet; op dezelfde manier overwegen we zelden ziek te zijn als we gezond zijn; op dezelfde manier na aankomst in Cancun zonder een vliegtuigongeluk te hebben meegemaakt! Door meer mindfulness rond afwezigheid te cultiveren, kunnen we misschien wel gelukkiger worden; hoewel dit hard mentaal werk en nadenken vereist - een nuttig hulpmiddel is het zich afvragen waarom iets bestaat in plaats van het niets, aangezien deze vraag dient als een nuttige manier om de positieve effecten van kenmerken te bestrijden!

Zie ook Forer Effect (hoofdstuk 64); Bevestigingsbias (hfdst. 7-8); Vooringenomenheid bij zelfselectie (hfdst. 47); Beschikbaarheidsbias (ch 11); Illusie van aandacht (ch 88)

BEVESTIGING VOORKEUR TUSSEN PIJL EN MUS

Hotels presenteren zichzelf online van hun beste kant. Foto's die prachtige, majestueuze beelden weergeven, worden zorgvuldig geselecteerd; alle onflatteuze hoeken, lekkende leidingen of onaantrekkelijke ontbijtruimtes worden eenvoudigweg verborgen door geschuurde vloerbedekking - natuurlijk weet u dat dit waar is als u voor het eerst met een lelijke lobby wordt geconfronteerd; in plaats daarvan haalt u eenvoudig uw schouders op en loopt u zo snel mogelijk naar de registratiebalie.

Cherry-picking, zoals toegepast door hotels, houdt in dat alleen aantrekkelijke kenmerken worden geselecteerd en benadrukt, terwijl andere worden verborgen. Je moet andere ervaringen op dezelfde manier benaderen: brochures voor auto's, onroerend goed of advocatenkantoren zijn iets anders dat je met de nodige voorzichtigheid moet benaderen - weten hoe ze werken, brengt ons niet in trance!

Maar je reageert vaak anders als je jaarverslagen van bedrijven, stichtingen en overheidsorganisaties leest. Hier verwacht je vaak objectieve afbeeldingen; Helaas heb je het mis: deze instanties kiezen vaak voor de kers op de taart: behaalde doelen worden gevierd terwijl tegenslagen onopgemerkt blijven.

Stel je voor dat je hoofd van een afdeling bent. Uw bestuur nodigt u uit om de stand van zaken van uw team te presenteren. Hoe zou jij deze presentatie aanpakken? Door de overwinningen te benadrukken en tegelijkertijd enkele dia's op te nemen die uitdagingen belichten. Eventuele onvervulde prestaties worden gemakkelijk vergeten.

Anekdotes vormen een unieke uitdaging als het gaat om het plukken van kersen. Stel je voor dat je directeur bent van een bedrijf dat technische apparaten produceert. Na het uitvoeren van een klanttevredenheidsonderzoek blijkt dat de meeste klanten uw gadget niet kunnen gebruiken vanwege de complexe aard ervan. Nu komt de HR-manager tussenbeide: 'Mijn schoonvader heeft dit gisteren gekregen en heeft er meteen mee leren werken. Hoeveel gewicht zou u deze specifieke kers toekennen? Bijna nul." Het weerleggen van een anekdote kan een uitdaging zijn omdat het om miniverhalen gaat die onze hersenen aanspreken. Om dit effect tegen te gaan, trainen bekwame leiders zichzelf gedurende hun hele carrière om overgevoelig te worden voor anekdotes die op hun pad komen en reageren ze onmiddellijk met schoten. tegen dergelijke verhalen die zich voordoen.
Het plukken van de kersen wordt duidelijker naarmate we ondergedompeld raken in meer verheven of elitaire velden. In Antifragile legt Taleb uit hoe alle onderzoeksgebieden – van filosofie tot geneeskunde en economie – opscheppen over hun resultaten: 'Net als politici is

de academische wereld bedreven in het vertellen wat ze voor ons hebben gedaan in plaats van wat niet; daarmee bewijzen ze hun onmisbare methoden. ." Dit mag dan wel kersenpluk zijn, maar ons respect voor academici maakt het voor ons onmogelijk om dit te ontdekken.

Of denk eens aan de medische professie: mensen vertellen niet te roken is de grootste medische prestatie sinds het einde van de Tweede Wereldoorlog, aldus arts Druin Burch in zijn boek Taking the Medicine. Een paar kersachtige antibiotica dienen als afleiding en daarom worden medicijnonderzoekers vaak geprezen, terwijl antirookactivisten dat niet doen.

Administratieve afdelingen bij grote bedrijven hebben de neiging zich als hoteliers te gedragen door zichzelf te verheerlijken door alles aan te prijzen wat ze hebben bereikt, maar nooit te communiceren wat niet is bereikt voor het bedrijf. Wat kun je hieraan doen? Als u lid bent van de raad van commissarissen van een organisatie, vraag dan zeker naar 'overgebleven kersen', zoals mislukte projecten of gemiste doelen. Daar leert u veel meer van dan van successen! Het is verrassend hoe zelden zulke vragen ter sprake worden gebracht! Ten tweede: in plaats van een leger financiële controleurs in te zetten om de kosten tot op de laatste cent te berekenen, moet u de tijd nemen om de doelstellingen regelmatig te herzien. Het zal je misschien verbazen als je merkt dat sommige oorspronkelijke doelen in de loop van de tijd minder tastbaar zijn geworden en vervangen zijn door zelfopgelegde doelen die altijd haalbaar blijven; elke keer dat dergelijke doelwitten zich voordoen, moeten ze rode vlaggen hijsen; het zou het equivalent zijn van het afschieten van een pijl en het creëren van een schot in de roos rond de plek waar deze landt!

Opmerkingen over vooroordelen (hfdst. 13); Zelfzuchtige vooroordelen (hfdst. 45);

DE STEENTIJDJACHT OP ZONDEBOKKEN

MISLUKKING VAN DE ANALYSE VAN ÉÉN OORZAAK

Chris Matthews is een van de belangrijkste journalisten van MSNBC. In zijn nieuwsprogramma worden politieke experts geïnterviewd. Ik heb nooit begrepen wat hun baan inhield of waarom dergelijke carrières bestaan, hoewel in 2003 de Amerikaanse invasie van Irak centraal stond. Chris Matthews vroeg expert na expert naar de motieven ervan – van de terugverdientheorieën van 11 september tot de massavernietigingswapens die achter dit conflict schuilgingen – zo belangrijk waren zijn vragen: 'Wat is de motivatie voor oorlog?', tot 'waarom zijn we Irak binnengevallen, afgezien van verkooppraatjes.' En zo verder... en zo voort... en zo voort... en zo voort...

Vragen als deze passen niet meer bij mij; ze weerspiegelen een van de meest voorkomende mentale fouten – iets waarvoor geen alledaagse term bestaat; daarom zal ik in plaats daarvan ongemakkelijke taal gebruiken, zoals 'de misvatting van één enkele oorzaak'.

Vijf jaar later, in 2008, heerste er opnieuw paniek op de financiële markten en gingen de banken failliet, waardoor de belastingbetalers gedwongen werden hen te redden met belastinggeld. Beleggers, politici en journalisten hebben elk aspect van deze financiële ineenstorting onderzocht: het soepele monetaire beleid van Greenspan? Domheid van beleggers? Dubieuze ratingbureaus? Corrupte accountants? Slechte risicomodellen of pure hebzucht waren allemaal mogelijke oorzaken – ze waren allemaal in gelijke mate afkeurenswaardig. Geen enkele factor kan de enige verantwoordelijkheid opeisen, maar ze kunnen allemaal een aanzienlijke bijdrage leveren.

Een idyllische Indian Summer, de scheiding van een vriend, de Eerste Wereldoorlog, kanker, een schietpartij op een school, het wereldwijde succes van een bedrijf of zelfs het schrijven zelf zijn gebeurtenissen die worden veroorzaakt door meerdere factoren die daaraan bijdragen - toch proberen we nog steeds alle schuld in de schoenen te schuiven. één individu of ding alleen.

Wat er de oorzaak van is dat een appel rijpt en valt, is niet duidelijk: is het de zwaartekracht die hem naar de aarde trekt, is de stengel aan het verdorren onder de uitdrogende zonnestralen, is het gewicht toegenomen, zorgen windstoten ervoor dat hij omvalt of dat een gretig kind dat eronder staat, de appel wil laten vallen. om er een hapje van te maken? Er is geen enkele factor die de daling verklaart.' In Oorlog en Vrede van Tolstoj illustreert deze passage dit prachtig.

Stel je voor dat je de productmanager bent van een iconisch ontbijtgranenmerk en onlangs een biologische variant met een laag suikergehalte hebt geïntroduceerd die na een maand verkopen een overweldigende mislukking blijkt te zijn. Hoe zou u de oorzaken ervan onderzoeken? In de eerste plaats moet u begrijpen dat geen enkele factor deze mislukking kan verklaren; elke factor speelt zijn eigen rol. Neem een vel papier en schets alle mogelijke redenen, samen met de onderliggende oorzaken. Als je klaar bent, heb je een uitgebreid netwerk van potentiële beïnvloeders gecreëerd. Identificeer vervolgens degenen die je kunt veranderen (zoals de menselijke natuur), terwijl je de dingen weggooit die dat niet kunnen. Voer ten slotte empirische tests uit door de belangrijkste factoren in de verschillende markten te variëren. Dit kost tijd en geld, maar is noodzakelijk als we verder willen gaan dan oppervlakkige aannames.

De misvatting van een enkele oorzaak is zowel oud als gevaarlijk. In de loop van de millennia zijn we gaan geloven dat mensen de baas zijn over hun eigen lot; Aristoteles maakte deze bewering meer dan twee millennia geleden! Nu begrijpen we dat dit onjuist is en dat de vrije wil een open vraag is. Onze acties worden bepaald door een complex web van factoren, variërend van genetische aanleg en omgeving, opleiding, hormoonconcentratie in hersencellen, en toch houden we stevig vast aan een verouderd beeld van zelfbestuur. Deze praktijk is zowel schadelijk als moreel twijfelachtig. Zolang we geloven in unieke redenen voor gebeurtenissen of rampen, zal het altijd mogelijk zijn om de schuld bij individuen te leggen. Bovendien spelen mensen al lang dit spel van het vinden van iemand of iets dat zij de schuld geven, waardoor de perceptie ontstaat dat macht moet worden uitgeoefend door het ene individu of de andere groep.

Toch kon Tracy Chapman haar hele wereldwijde succes daarop voortbouwen, vooral via het nummer 'Give Me One Reason'. Maar speelden er niet ook andere factoren een rol?

Zie ook 'Omdat' rechtvaardiging (hfdst. 52); Vervalsing van de geschiedenis (hfdst. 78); Hindsight Bias (hoofdstuk 14) en fundamentele attributiefout (hoofdstuk 36) voor verdere uitleg.

Hoewel het misschien moeilijk te geloven is, rijden snelheidsduivels feitelijk veiliger dan zogenaamde 'voorzichtige' chauffeurs. Bedenk dit: van Miami naar West Palm Beach ligt ongeveer 75 mijl. Chauffeurs die een afstand in minder dan een uur afleggen, classificeren we als roekeloos omdat hun gemiddelde snelheid hoger is dan 120 km/uur; alle anderen vallen in onze groep van zorgvuldige chauffeurs. Welke groep ervaart minder ongelukken? Het zouden de roekeloze chauffeurs moeten zijn. Alle drie de chauffeurs legden de rit binnen een uur af en hadden dus geen ongelukken mogen veroorzaken; iedereen die wel een ongeluk heeft gehad, valt automatisch in de categorie van langzamere bestuurders. Dit voorbeeld is een voorbeeld van een verraderlijke misvatting die 'intention-to-treat'-fout wordt genoemd en die helaas geen aantrekkelijke naam heeft.

Dit lijkt misschien op de overlevingsbias (hoofdstuk 1), maar er is een belangrijk verschil. Bij een 'survivalship bias' zie je alleen succesvolle projecten of auto's die bij ongelukken betrokken zijn, terwijl bij 'intention-to-treat'-fouten deze mislukte projecten of auto's prominent maar eenvoudigweg onder een ongepaste categorie verschijnen.

Onlangs kreeg ik een opzienbarend onderzoek te zien, uitgevoerd door een bankier, waaruit een interessant feit naar voren kwam: bedrijven met schulden op hun balans zijn doorgaans aanzienlijk winstgevender dan bedrijven die alleen aandelen als financiële instrumenten aanhouden (d.w.z. geen schulden op de balans). . De bankier stond erop dat elk bedrijf naar believen zou lenen, waarbij zijn bank hiervoor de beste plaats was. Ik bekeek zijn studie nader. Hoe kan dat nou zijn? Uit de duizend willekeurig gekozen bedrijven produceerden de bedrijven die grote leningen ontvingen een hoger rendement op zowel het eigen vermogen als het totale kapitaal dan onafhankelijk gefinancierde bedrijven. Ze waren over het algemeen succesvoller. Het besef kwam al snel: niet-winstgevende bedrijven komen niet in aanmerking voor bedrijfsleningen en vallen dus in een groep met alleen aandelen, waar bedrijven met grotere geldbuffers de neiging hebben langer overeind te blijven en deel blijven uitmaken van dit onderzoek, ondanks eventuele gezondheidsproblemen die ze zouden kunnen opleveren. Aan de andere kant hebben bedrijven die zwaar lenen de neiging sneller failliet te gaan. Als ze de rente op hun schulden niet meer kunnen terugbetalen, nemen banken deze bedrijven over en verkopen ze ze; degenen die binnen de 'schuldengroep' blijven, blijven doorgaans relatief gezond, ongeacht hoeveel schulden er op hun balans staan.
Wees op uw hoede als u denkt dat u het begrijpt. Het herkennen van een 'intention-to-treat'-fout kan een uitdaging zijn; laten we medicijnen als voorbeeld nemen: een farmaceutisch bedrijf heeft een nieuw medicijn ontwikkeld om hartziekten te bestrijden. Een onderzoek 'bewijst' dat dit medicijn de sterftecijfers van patiënten aanzienlijk verlaagt in vergelijking met het nemen van alleen placebo-pillen; onder regelmatige gebruikers daalt het sterftecijfer na vijf jaar van 15% naar 11% binnen vijf jaar, en tweemaal zo hoog onder

irreguliere gebruikers die het in verschillende hoeveelheden gebruikten; Dus kan het echt als succesvol of mislukt worden beschouwd?

Problematisch is dat pillen misschien niet de bepalende factor zijn; het is eerder het gedrag van de patiënt dat er uiteindelijk toe doet. Misschien stopten patiënten vanwege ernstige bijwerkingen en bevonden ze zich in de categorie 'onregelmatige inname' of waren ze te ziek om het regelmatig te blijven gebruiken; Hoe dan ook bleven alleen relatief gezonde individuen binnen de groep van 'regelmatige inname', waardoor het medicijn veel effectiever leek dan het in werkelijkheid is; die werkelijk zieke patiënten die geen regelmatige doses konden innemen, waren degenen die de cohorten van de 'onregelmatige inname' bevolkten.

Gerenommeerde onderzoeken stellen medische onderzoekers in staat gegevens te analyseren van alle patiënten die ze aanvankelijk wilden behandelen; ongeacht of ze wel of niet aan het proces deelnamen. Helaas negeren veel onderzoeken deze regel opzettelijk of per ongeluk; wees op uw hoede: controleer altijd of proefpersonen – chauffeurs betrokken bij ongelukken, failliete bedrijven en ernstig zieke patiënten om de een of andere reden uit uw steekproefpopulatie zijn verdwenen en deponeer het onderzoek waar het thuishoort: in de prullenbak.

Zie ook: Survivorship Bias (hoofdstuk 1); Will Rogers-fenomeen (hoofdstuk 58);

Nieuws Illusie Aardbeving op Sumatra. Vliegtuigongeluk in Rusland. Man houdt dochter dertig jaar lang gevangen in kelder; Heidi Klum gaat uit elkaar met Seal; recordsalarissen bij Bank of America; aanval in Pakistan; het aftreden van de president van Mali; nieuw wereldrecord kogelstoten.

Heb je deze kennis echt nodig?

Wij zijn buitengewoon goed geïnformeerd, maar blijven toch zeer onwetend. Dat komt omdat we twee eeuwen geleden een giftige vorm van kennis hebben uitgevonden, genaamd nieuws, die de geest aanspreekt zoals suiker dat doet met het lichaam - heerlijk en toch potentieel destructief in de loop van de tijd.

Drie jaar geleden voerde ik een experiment uit. Ik stopte met lezen en luisteren naar nieuws en zegde alle abonnementen op kranten en tijdschriften op; televisie- en radiokanalen werden uit mijn aanbod geschrapt; nieuws-apps van mijn iPhone zijn helemaal verwijderd. In het begin was het moeilijk, omdat ik voortdurend bang was dat er iets belangrijks door mijn greep zou glippen; maar na enige tijd ontwikkelde ik een andere kijk. Drie jaar later werden mijn inspanningen beloond met helderdere gedachten, diepere inzichten, betere beslissingen en veel meer vrije tijd. Het beste van alles is dat ik niets belangrijks heb gemist doordat mijn sociale netwerk in de echte wereld als informatiefilter fungeerde en mij op de hoogte hield.

Allereerst reageren onze hersenen onevenredig op verschillende soorten informatie: schandalige, schokkende details stimuleren ons; abstracte, complexe of onbewerkte details hebben weinig effect. Nieuwsproducenten begrijpen deze dynamiek perfect: hun aangrijpende verhalen, opzichtige beelden en sensationele 'feiten' trekken onze aandacht terwijl adverteerders ruimte kopen zodat hun advertenties gezien zullen worden; daarom moeten alle subtiele, complexe of diepgaande verhalen zorgvuldig worden uitgefilterd, ook al hebben deze mogelijk een veel grotere impact op de samenleving als geheel. Nieuwsconsumptie verstoort ons begrip van de wereld, waardoor we leven met een onnauwkeurige weergave van de risico's en bedreigingen waarmee we daadwerkelijk worden geconfronteerd.

Ten tweede is nieuws niet relevant. De afgelopen twaalf maanden heeft u mogelijk ongeveer 10.000 nieuwsfragmenten geconsumeerd (misschien wel dertig per dag). Wees eerlijk: noem er een die je heeft geholpen betere beslissingen te nemen in het leven, carrière of zaken, vergeleken met het niet hebben van dit nieuws vergeleken met het helemaal niet hebben - uit de 10.000 geconsumeerde verhalen. Niemand die ik het vroeg kon meer dan twee nuttige stukken opnoemen uit alles wat werd geconsumeerd — een miserabel resultaat van nieuwsorganisaties die beweren dat hun informatie concurrentievoordelen biedt terwijl consumptie in werkelijkheid een economisch nadeel vertegenwoordigt; Als ze mensen verder hadden geholpen met carrièremogelijkheden, zouden journalisten dan aan de top van de inkomenspiramide staan – het tegendeel is waar

Nieuws is ook een inefficiënt gebruik van tijd: gemiddeld verspilt ieder mens een halve dag per week aan het lezen van actuele zaken, wat wereldwijd tot enorme productiviteitsverliezen leidt. Neem bijvoorbeeld de terreuraanslagen in Mumbai in 2008: alleen al uit een onlesbare honger naar erkenning hebben terroristen tweehonderd onschuldige levens gedood, puur en alleen om roem en erkenning te verwerven. Laten we zeggen dat een miljard mensen een uur lang de nasleep hebben gevolgd: updates van minuut tot minuut hebben bekeken en naar commentaren van experts en analisten hebben geluisterd - een uiterst waarschijnlijk scenario aangezien India meer dan een miljard inwoners heeft. Daarom is onze conservatieve berekening: één miljard mensen vermenigvuldigd met een uur afleiding is gelijk aan één miljard uur werkonderbreking. Als we dit aantal omrekenen naar levens die verloren zijn gegaan als gevolg van nieuwsconsumptie versus verliezen door aanvallen, komt dit aantal uit op ongeveer 2.000 sterfgevallen die alleen al door consumptie zijn verspild – een scherpe maar nauwkeurige observatie.

Je afkeren van het nieuws kan net zo diepgaande resultaten opleveren als het wegwerken van de andere achtennegentig slechte gewoonten die we hier hebben geschetst. Doorbreek uw nieuwsgewoonte volledig; lees in plaats daarvan lange achtergrondartikelen of boeken - er gaat niets boven boeken om onze wereld te begrijpen!

Zie ook Fundamentele Attributiefout (hfdst. 36); Sleeper-effect (ch. 70); Bevestigingsvooroordeel (hfst. 7-8); Informatiebias (hfdst. 59); Personificatie (ch 87) en Story Bias (ch 13) als gerelateerde verschijnselen.

EPILOOG

De paus vroeg Michelangelo: 'Vertel mij het geheim van uw genialiteit. Hoe heb je dit standbeeld van David gemaakt, het meesterwerk onder alle meesterwerken?' Michelangelo antwoordde simpelweg door alles weg te nemen wat niet David was.

Laten we duidelijk zijn. Niemand weet echt zeker wat ons succesvol of gelukkig maakt, maar we begrijpen wel wat afbreuk doet aan succes of geluk. Negatieve kennis (wat je niet moet doen) heeft veel meer potentie dan positieve kennis (wat je wel moet doen).

Michelangelo gebruikte Michelangelo's methode om helderder te denken en verstandiger te handelen: in plaats van alleen naar David te kijken, concentreer je je op alles wat hem in de weg staat en verwijder je ze stukje bij beetje; zo ook in ons geval: elimineer fouten voor beter denken!

Griekse, Romeinse en middeleeuwse denkers bedachten voor deze benadering een term genaamd via negativa - letterlijk 'negatief pad', een benadering van verzaking, uitsluiting en reductie. Theologen waren vroege pioniers van via negativa: we kunnen niet zeggen wat God is; in plaats daarvan kunnen we alleen Zijn afwezigheid definiëren; toegepast op het moderne leven: succes kan niet direct worden gedefinieerd; alleen wat de achtervolging ervan blokkeert, kan worden geïdentificeerd en geëlimineerd - in wezen alles wat we moeten weten!

Deze hete theorie van irrationaliteit borrelde eeuwenlang. Johannes Calvijn, grondlegger van het strenge protestantisme in de jaren veertig van de zestiende eeuw, geloofde dat zulke gevoelens het kwaad vertegenwoordigden en dat je ze alleen kon afweren door je tot God te wenden. Mensen die vulkaanuitbarstingen van emoties ervoeren, werden beschouwd als volgelingen van Satan; daarom volgden martelingen en moorden. Volgens de theorie van de Oostenrijkse psychoanalyticus Sigmund Freud, die suggereert dat ons ego en moralistische superego onze impulsieve identiteit beheersen en deze onderdrukken door plicht of discipline, is iets dat niet kan gebeuren. Vergeet verplichting of discipline. Denken alleen kan onze emoties niet in grotere mate beheersen dan proberen je haar alleen door wilskracht te laten groeien!

Aan de andere kant is de koude theorie van irrationaliteit nog jong. Na de Tweede Wereldoorlog probeerden velen de schijnbaar irrationaliteit van de nazi's weg te redeneren - er werden geen emotionele uitbarstingen of vurige toespraken gehoord van Hitler zelf in de leidinggevende gelederen; zelfs zijn vurige toespraken waren slechts meesterlijke uitvoeringen - het was meer koude berekening dan plotselinge uitbarstingen die hen op hun duistere pad leidden; hetzelfde geldt voor Stalin of de Rode Khmer.

Psychologen begonnen zich in de jaren zestig af te wenden van de beweringen van Freud en gingen wetenschappelijk naar ons denken, onze beslissingen en ons handelen kijken. Wat naar voren kwam was een koude theorie van irrationaliteit die postuleerde dat het denken zelf verre van puur is; zelfs zeer intelligente mensen vallen ten prooi aan cognitieve vallen die tot fouten leiden. Bovendien zijn fouten niet willekeurig verdeeld: fouten hebben de neiging zich te clusteren in voorspelbare patronen – waardoor fouten voorspelbaarder worden, maar nooit volledig kunnen worden opgelost – terwijl de bron ervan tientallen jaren onbekend was – terwijl al het andere in ons lichaam relatief betrouwbaar leek vergeleken met onze hersenen.
Waarom moeten onze hersenen voortdurend tegenslagen ondergaan?

Denken is een biologisch fenomeen, waarbij evolutie een rol heeft gespeeld bij het vormgeven ervan, net als elk ander aspect van de natuur. Stel je voor dat je 50.000 jaar teruggaat en een van onze voorouders meeneemt naar het heden - hem naar de kapper stuurt, hem rijlessen stuurt of hem leert hoe hij een mobiele telefoon moet bedienen, maar hij zou er ongetwijfeld precies in passen; de biologische evolutie heeft ons tenslotte al deze capaciteiten gegeven als jagers-verzamelaars die de pakken van Hugo Boss (of in sommige gevallen H&M) dragen! Als we precies dit zouden kunnen doen, stel je dan voor dat we 50.000 jaar teruggaan, een voorouder meenemen en hem/haar/hen meenemen in de hedendaagse tijdreizen; dan misschien, in plaats van buitengesloten te worden op straat, en hem/haar/hen vanaf die tijd in hedendaagse kleding te sturen; hem/haar wegsturen voor knippen/knippen/aankleden bij kapsalon/dressoir/kleedt hen/hen/ons aan om zich op te maken in moderne kleding/kleding? Nee; De biologie heeft alle twijfel weerlegd; fysiek en cognitief zijn we jagers-verzamelaars gekleed in Hugo Boss (of H&M trouwens).

Wat sinds de oudheid aanzienlijk is veranderd, is onze leefomgeving. De zaken waren toen eenvoudig en stabiel: mensen leefden in groepen van wel vijftig mensen zonder dat er noemenswaardige technologische of sociale vooruitgang plaatsvond. Pas in de afgelopen 10.000 jaar is onze wereld dramatische veranderingen begonnen te ondergaan, waarbij gewassen, vee, dorpen, steden, wereldhandel en financiële markten allemaal naar voren kwamen als belangrijke krachten in haar evolutie. Sinds de industrialisatie is veel van wat optimaal was voor de menselijke hersenfunctie verdwenen. Breng 15 minuten door in welk winkelcentrum dan ook, en je zult meer mensen passeren dan onze voorouders gedurende hun hele leven hebben gezien. Iedereen die beweert te weten hoe de wereld er over tien jaar uit zal zien, wordt doorgaans binnen enkele maanden na het doen van dergelijke voorspellingen een paria. Sinds 10.000 jaar hebben we een wereld gecreëerd die we niet langer begrijpen. Alles is verfijnder geworden en toch ingewikkelder met elkaar verbonden. Als gevolg hiervan is de economische welvaart omhooggeschoten, maar zijn ook welvaartsziekten (zoals diabetes type 2, longkanker en depressie) en denkfouten omhooggeschoten omdat de complexiteit alleen maar is blijven stijgen. Dit zal hun fouten alleen maar verder verergeren en vergroten.

In onze oorsprong als jager-verzamelaars bleek activiteit vaak winstgevender dan reflectie. Razendsnelle reacties waren essentieel, terwijl langdurige overpeinzingen fataal bleken. Als een van je jager-verzamelaarvrienden er plotseling vandoor ging, was het logisch om zijn voorbeeld te volgen; het maakte niet uit of een tijger of een zwijn je had gealarmeerd. Als u niet wegloopt, kan dit uw leven kosten; als daarentegen het rennen voor een zwijn een fout veroorzaakt, kost het misschien alleen maar calorieën; het bij het verkeerde eind hebben in soortgelijke zaken heeft zijn vruchten afgeworpen: iedereen met een andere bedrading vertrok voordat er zelfs maar ontmoetingen plaatsvonden - waardoor we allemaal afstammelingen zijn van die homines sapientes die de neiging hebben om snel actie te ondernemen door vroege generaties die leiding gaven. Wij zijn vandaag hun nakomelingen. De moderne samenleving is voorstander van enkelvoudige contemplatie en onafhankelijke actie; iedereen die gevallen is voor de hype op de aandelenmarkt weet dit uit de eerste hand.

De evolutionaire psychologie blijft grotendeels een hypothese, maar is toch zeer overtuigend in het verklaren van veel tekortkomingen; hoewel niet allemaal. Neem bijvoorbeeld deze uitspraak: 'Elke Hershey-reep wordt geleverd in een bruine verpakking; daarom moeten alle repen die dit kenmerk delen ook Hershey-repen zijn.' Zelfs intelligente individuen kunnen het slachtoffer worden van deze valstrik – net als inheemse stammen die onbelemmerd door de beschaving leven – net zoals onze voorouders van jager-verzamelaars nog steeds fouten in de logica konden ervaren die niets te maken hebben met veranderingen in het milieu.

Waarom is dat? Evolutie creëert geen perfecte mensen; Zolang we verder gaan dan onze concurrenten (d.w.z. de Neanderthalers verslaan), wordt gedrag vol fouten door de evolutie getolereerd. Neem de koekoeksvogel als voorbeeld – miljoenen jaren lang hebben ze eieren gelegd in zangvogelnesten waar kleinere vogels vervolgens de kuikens uit deze eieren uitbroedden en voedden – een handeling die een gedragsfout vertegenwoordigt die de evolutie niet heeft kunnen rechtzetten omdat dat niet het geval was. Door kleinere vogels wordt het niet als ernstig genoeg beschouwd.

Eind jaren negentig kwam er nog een verklaring voor onze fouten naar voren: onze hersenen zijn erop gericht zich voort te planten in plaats van te zoeken naar de waarheid; dat wil zeggen dat we onze gedachten voornamelijk gebruiken om te overtuigen en niet om de waarheid te zoeken; wie anderen kan overtuigen, verkrijgt macht en middelen – troeven die een aanzienlijk voordeel opleveren bij het paren en grootbrengen van nakomelingen. Romans verkopen doorgaans beter dan non-fictietitels, ondanks hun grotere openhartigheid.

Ten slotte kunnen intuïtieve beslissingen – zelfs die zonder enige logica – in bepaalde omstandigheden nuttig zijn. Zogenaamd heuristisch onderzoek onderzoekt dit fenomeen.

Omdat het ons vaak ontbreekt aan alle benodigde informatie bij het nemen van belangrijke beslissingen, worden mentale snelkoppelingen of vuistregels (heuristieken) onmisbaar. Bij het kiezen van romantische partners tot wie u zich aangetrokken voelt, zou de enige rationele beslissing bijvoorbeeld zijn uitsluitend op logica te vertrouwen; het gebruik van intuïtie leidt in dit geval vaak tot betere resultaten. Veel beslissingen moeten later ook gerechtvaardigd worden door redenen of een of andere rechtvaardiging - iets wat logica eenvoudigweg niet kan.
Beslissingen (carrière, levenspartner en investeringen) gebeuren vaak onbewust. Later formuleren we rechtvaardigingen zodat we het gevoel hebben dat onze keuze bewust was, hoewel dit vaak helemaal niet op wetenschappelijke methoden lijkt: in plaats daarvan verzinnen we redenen om vooraf bepaalde conclusies te rechtvaardigen in plaats van objectieve feiten.

Vergeet daarom de dichotomie tussen de linker- en rechterhersenhelft, beschreven in zelfhulpboeken; veel belangrijker is het onderscheid tussen intuïtief en rationeel denken — beide hebben geldige toepassingen; intuïtieve geesten zijn doorgaans sneller, spontaan en energiebesparend, terwijl rationeel denken veel meer energie vergt dan zijn intuïtieve tegenhanger. Daniel Kahneman heeft dit fenomeen op beroemde wijze uitgelegd in Thinking Fast and Slow.

Mensen vragen vaak hoe het mij lukt om een foutloos leven te leiden sinds mijn cognitieve fouten zich begonnen op te stapelen, maar de waarheid is dat dat niet het geval is. En het antwoord? Nee; niet eens in de buurt. Net als iedereen neem ik snelle beslissingen door niet mijn gedachten, maar mijn gevoelens te raadplegen; bij het snel nemen van beslissingen komt de vraag 'Wat vind ik hiervan?' wordt vaak vervangen door "Wat vind ik hiervan?" Het anticiperen op en vermijden van denkfouten is een kostbare onderneming;

Om de zaken eenvoudig en duidelijk te houden, heb ik mezelf de volgende regels gesteld voor het nemen van beslissingen in situaties met grote potentiële gevolgen (d.w.z. het maken van belangrijke persoonlijke of zakelijke keuzes). Ik probeer zo redelijk en rationeel mogelijk te blijven bij het kiezen tussen opties . Mijn aanpak is vergelijkbaar met die van een piloot: ik haal mijn lijst met fouten eruit en vink ze één voor één af, zoals een vliegtuigpiloot zou doen. Om mezelf te helpen efficiënter geïnformeerde beslissingen te nemen (dat wil zeggen gewone Pepsi of dieetpepsi, bruisend of plat water?), gebruik ik ook een uitstekende checklist-beslisboom. In situaties met minimale gevolgen (bijvoorbeeld bruisend versus plat water?) helpt de beslisboom enorm - bijvoorbeeld bij de keuze tussen gewoon versus Pepsi-dieet of bruisend of plat water). Vaak laat ik rationele optimalisatie achterwege en laat ik mijn intuïtie de leiding nemen. Nadenken kan vermoeiend zijn; daarom, als de potentiële schade minimaal is, span u dan niet in over triviale zaken; Dergelijke fouten zullen geen blijvende gevolgen hebben en deze manier van leven kan over het algemeen tot betere ervaringen leiden. De natuur lijkt zich geen zorgen te maken over de vraag of onze

beslissingen al dan niet perfect zijn; het enige dat telt is dat we succesvol door het leven
navigeren - zolang we maar bereid zijn rationeel te handelen als de dingen moeilijk worden.
Bovendien vertrouw ik vaak op mijn intuïtie wanneer ik binnen mijn competentiecirkel
opereer. Oefen een instrument en je vingers leren de noten ervan spelen. Na verloop van tijd
worden uw vingertoppen bedreven in het manipuleren van toetsen of snaren; partituren
verschijnen en noten worden bijna automatisch afgespeeld - Warren Buffett gebruikt
balansen zoals professionele muzikanten partituren gebruiken!
Vind uw competentiecirkel – dat gebied waarin u intuïtief begrijpt en uitblinkt – en verkrijg
een stevige greep. Tip: het kan kleiner zijn dan je denkt! Wanneer u buiten deze cirkel
consequente beslissingen neemt, pas dan harde rationele denktechnieken toe, terwijl u voor
minder dringende beslissingen uw intuïtie vrijelijk kunt gebruiken.

HET EINDE